职业教育·城市轨道交通类专业教材

Guidao Jiaotong Liansuo Shebei Weihu

轨道交通联锁设备维护

张 华 **主 编**

王丽娟 韩 蕾 刘怀昆 **副主编**

翟红兵 **主 审**

人民交通出版社股份有限公司
China Communications Press Co.,Ltd.

内 容 提 要

本书主要内容包括轨道交通联锁基础知识、联锁执行设备维护、联锁控制系统维护。本书以任务为驱动,理论联系实际,注重学生职业能力的培养,层次清晰、重点突出,全面系统地阐述了城市轨道交通联锁控制系统的基本知识和设备维护方法。

本书既可作为职业教育城市轨道交通信号专业的教材,又可作为从事城市轨道交通信号相关专业技术人员的学习参考书。

* 本书配有多媒体课件,教师可以通过加入职教轨道教学研讨群(QQ 群号:129327355)索取。

图书在版编目(CIP)数据

轨道交通联锁设备维护 / 张华主编. —北京:人民交通出版社股份有限公司, 2018.1

ISBN 978-7-114-13331-2

Ⅰ.①轨… Ⅱ.①张… Ⅲ.①城市铁路—轨道交通—联锁设备—维修—职业教育—教材 Ⅳ.①U239.5 ②U463.23

中国版本图书馆 CIP 数据核字(2016)第 220728 号

书　　　名:	轨道交通联锁设备维护
著 作 者:	张　华
责任编辑:	钱　堃
出版发行:	人民交通出版社股份有限公司
地　　　址:	(100011)北京市朝阳区安定门外外馆斜街 3 号
网　　　址:	http://www.ccpcl.com.cn
销售电话:	(010)59757973
总 经 销:	人民交通出版社股份有限公司发行部
经　　　销:	各地新华书店
印　　　刷:	北京科印技术咨询服务有限公司数码印刷分部
开　　　本:	787×1092　1/16
印　　　张:	14
字　　　数:	331 千
版　　　次:	2018 年 1 月　第 1 版
印　　　次:	2024 年 8 月　第 3 次印刷
书　　　号:	ISBN 978-7-114-13331-2
定　　　价:	39.00 元

(有印刷、装订质量问题的图书由本公司负责调换)

前言

QIANYAN

　　随着城市化的不断推进,轨道交通在现代大城市中起着越来越重要的作用。以地铁和轻轨为代表的城市轨道交通系统具有运量大、快速、安全、准时、节能、舒适、环保等特点。城市轨道交通信号系统作为行车指挥和列车运行的控制设备,尽管其投资额在城市轨道交通的整个工程中所占比例较低,但在保证行车安全、提高通过能力、节能减排及改善运输人员劳动条件等方面却起着至关重要的作用。联锁控制系统作为轨道交通信号系统的一个子系统,是保障列车运行安全、提高运输效率的核心设备。

　　城市轨道交通联锁控制系统包括正线车站和车辆段(停车场)的联锁系统,虽然和铁路的车站信号自动控制系统有许多相似的地方,但也有自身的特点。在城市轨道交通快速发展的背景下,本书编者为了将联锁控制技术引入教学中,满足城市轨道交通通信与信号专业课程教学需要,根据城市轨道交通联锁设备维护课程标准,结合职业教育的特点,采用项目导向、任务驱动的模式,编写了这部教材,供城市轨道交通通信与信号专业及相关专业教学使用,也可作为从事城市轨道交通通信与信号相关专业技术人员的学习参考用书。

　　在编写过程中,编者多次到地铁现场请教专家、收集资料,以保证教材内容贴近现场实际。本书包括轨道交通联锁基础知识、联锁执行设备维护和联锁控制系统维护三个项目。鉴于6502电气集中联锁逐渐被计算机联锁取代,本书把联锁条件的检查与联锁系统的控制功能紧密联系起来,介绍了联锁系统控制原理和控制功能。由于我国城市轨道交通所采用的计算机联锁系统类型较多,本书选取了有代表性的计算机联锁系统进行了介绍,涵盖了双机热备、二乘二取二、正线、车辆段(停车场)、国产以及从国外引进的计算机联锁系统。

　　本书由辽宁铁道职业技术学院张华担任主编,由北京铁路电气化学校王丽娟、辽宁铁道职业技术学院韩蕾和刘怀昆担任副主编，由辽宁铁道职业技术学院瞿红兵担任主审。其中张华编写项目二中单元一、项目三中任务一至任务五，王丽娟编写项目二中的单元二，韩蕾编写项目三中任务六和任务七，刘怀昆编写项目一。辽宁铁道职业技术学院瞿红兵对全书的编写工作进行了指导。同时本书得到了沈阳地铁崔铁柱、沈阳轻轨和长春地铁相关专家以及辽宁铁道职业技术学院张丽、金永亮、王海艳等老师的大力支持。

由于时间仓促，编者水平所限，书中疏漏、错误、不妥之处在所难免，恳请读者批评和指正，以便于教材修订完善。

编　者
2017 年 10 月

2

目录
MULU

项目一　轨道交通联锁基础知识

项目概述

车站和车辆段/停车场是城市轨道交通系统重要的作业场所。为了保证城市轨道交通运输安全,提高运输效率,每一车站和车辆段/停车场都必须安装安全可靠的控制设备,按照一定的制约关系实现对列车或车列的运行控制,这种制约关系叫联锁关系。学习者通过本项目的学习应熟练掌握联锁的基本概念、联锁关系及联锁设备,并且能够根据信号平面布置图编制对应的联锁表及组合排列表,以达到城市轨道交通通信与信号专业技术员的基本要求。

单元一　轨道交通联锁基础

学习目标

1. 掌握联锁的概念,掌握联锁道岔和进路的有关内容。
2. 熟练掌握进路与道岔、信号机、轨道区段间的联锁关系。
3. 熟练掌握联锁表的编制原则,并能够正确识读联锁表。
4. 能够按照车站信号平面布置图编制联锁表。
5. 树立"安全第一"的责任意识,培养遵章守纪的工作作风。

建议学时:8 学时

任务一　联锁表的识读

任务描述

根据《城市轨道交通信号系统通用技术条件》(GB/T 12758—2004)、《铁路技术管理规程》《铁路信号维护规则技术标准》的要求,熟练掌握联锁的基本概念和联锁关系,能够根据车站信号平面布置图编制联锁表。

相关知识

联锁是信号设备与相关因素的制约关系也是保证行车安全的重要技术措施。广义的联锁指的是各种信号设备所存在的相互制约关系。狭义的联锁专指车站范围内进路、信号、道岔之间的制约关系。对于城市轨道交通系统,作业场所主要包括车站和车辆段/停车场。为确保行车安全,联锁关系必须十分严密。

列车和调车车列在站内运行所经过的路径,称为进路。城市轨道交通系统中功能比较重要的车站包括正线终点站、折返站,主要线路有折返线/渡线、存车线,另外,车辆段/停车场内有许多用道岔连接着的线路。按各道岔的不同开通方向可以构成不同的进路。列车或调车车列必须依据信号的开放通过进路,即每条进路必须有相应的信号机来防护。进路上的道岔位置不正确,或已被占用,有关的信号机就不能开放;信号开放后,其所防护的进路不能变动,即此时该进路上的道岔必须被锁闭,不能再转换。信号、道岔、进路之间的这种互相制约的关系,称为联锁关系,简称联锁。

一、联锁区的划分

信号平面布置图内只包括联锁区内的线路和道岔以及与联锁区有密切联系的非联锁区线路。只有联锁区内的道岔才需要由信号楼集中控制,也只有在联锁区内的信号设备才需要考虑联锁关系。因此,确定联锁区的范围也就是确定电气集中的设计范围。

凡列车进路以及与列车进路有联系的调车进路上的道岔都应划入联锁区内。对于某些可划可不划的个别道岔,若划入联锁区比较有利,则以划入联锁区为宜。两个联锁区之间距离较近的非联锁区道岔以划入联锁区为宜。在电气集中车站,联锁区内的道岔都由信号楼集中控制,故联锁区也可以称为集中区。

二、联锁道岔

在车站或车辆段/停车场联锁区范围内参与联锁的道岔称为联锁道岔。

1.道岔的位置

道岔是将一条线路分为两条线路的转辙部分。道岔的位置是指道岔的尖轨与基本轨密贴后道岔所开通的线路状态。当道岔密贴后,岔前基本轨与直股线路开通,称道岔开通直向位置;当道岔密贴后,岔前基本轨与弯股线路开通,称道岔开通侧向位置。为了便于完成与道岔有关的设计和检查,相关规范规定了道岔的定位和反位。

所谓道岔定位是指根据车站线路的布置和作业安全的要求对道岔规定的参考位置。道岔反位是指与定位位置相反的另一密贴位置。如果道岔的直向开通为定位,则侧向开通即为反位;如果道岔以侧向开通为定位,则直向开通即为反位。信号平面图中所表示的道岔位置均是定位位置,因此有时也称道岔的定位是道岔经常所处的位置,道岔反位是建立进路时临时改变的位置。这是因为在非集中联锁的车站,道岔由扳道员手工扳动,经过道岔反位的作业完成后,扳道员必须将道岔恢复定位。采用集中控制后,由转辙机带动道岔转换,经过道岔反位建立了进路后,即使道岔解锁,也无须将道岔恢复定位。因此集中联锁的车站,道岔平时可能在定位,也可能在反位。

如果道岔既未开通直向线路也未开通侧向线路,也就是既不在定位也不在反位,或者不满足密贴标准,则称道岔为四开状态。因此道岔不仅仅有定位和反位两个位置,还可能有非正常的第 3 个无表示的位置——“四开”。

道岔定位可能开通直向位置,也可能开通侧向位置。确定道岔的定位应按照右侧行车制,尽量减少扳动次数,以保证行车和调车作业安全为前提,基本原则如下:

（1）所有正线上的道岔,除引向安全线者外,均以向该正线开通的位置为定位。

（2）引向安全线的道岔,以该安全线开通的位置为定位。

（3）车辆段/停车场内,列车进路上的道岔除引向安全线外,以向列车进路开通的位置为定位,其他道岔依据具体情况确定。

2. 对向道岔和顺向道岔

当列车迎着岔尖运行时,这组道岔称为对向道岔。当列车顺着岔尖运行时,这组道岔称为顺向道岔。对向道岔决定列车的去向,如果位置不对,将使列车进入另一条线路,可能造成列车冲突。顺向道岔虽然不决定列车的去向,但如果位置不对,也将造成道岔挤岔,甚至发生列车倾覆的危险。

3. 联动道岔

在城市轨道交通车辆段/停车场内,有许多道岔的动作和位置与其他道岔发生关联,两组道岔中经过其中一组道岔反位走车时,必然也经过另一组道岔的反位;经其中一组道岔定位走车时,虽然不经过另一道岔的定位,但也无法经过另一组道岔反位走车,而另一组道岔如果在定位则可进行平行作业。所以对两道岔的位置要求一致,称这样的两组道岔为双动道岔。有时候在排列一条进路时,两组及以上道岔要定位则同时在定位,要反位则同时在反位,这些道岔称为联动道岔。

联动道岔按包含的道岔数量可分为双动道岔、三动道岔和四动道岔。

渡线两端的道岔就是双动道岔,两组道岔必须同时转换,否则不能保证安全。如图 1-1 中的 5 号和 7 号道岔,5 号道岔定位时 7 号道岔必须在定位,5 号道岔反位时 7 号道岔也必须在反位,即 5 号道岔和 7 号道岔是双动道岔,记为 5/7 号,图中"D"代表信号机。

但是,城市轨道交通正线车站对于联动道岔的控制不同于铁路,可不按双动道岔处理,而全部为单动,在联锁系统中用侧面防护的办法来保证安全。

许多车站由于咽喉区占地面积有限,道岔铺设非常困难,因此采用复式交分道岔,即用一组道岔实现两组道岔的功能。复式交分道岔包括两组尖轨和两组可动心轨,需 4 台转辙机牵引。其中前一组尖轨和前一组可动心轨联动,后一组尖轨和后一组可动心轨联动,如图 1-2 所示。根据不同的站场布置,可能有三动道岔、四动道岔和假双动道岔的情况。所谓假双动,指室外有两台转辙机牵引,室内道岔控制电路按单动道岔处理的双动道岔。

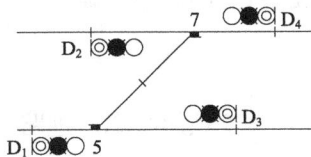

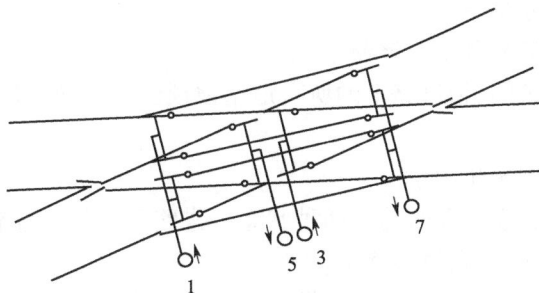

图 1-1　双动道岔　　　　　　图 1-2　复式交分道岔

4. 防护道岔

为了防止侧面冲突,有时需要使不在所排进路上的道岔处于防护位置并予以锁闭,这种道岔称为防护道岔。

经由交叉渡线的一组双动道岔反位排列进路时,应使与其交叉的另一组双动道岔防护在定位。如图1-3中经1/3号道岔反位的进路,5/7号道岔不在该进路上,但为了防止侧面冲突,应使其防护在定位。否则,排列经1/3号道岔反位的进路时,若允许再排列经5/7号道岔反位的进路,将会在交叉渡线处造成侧面冲突。将5/7号道岔防护在定位,经两组双动道岔反位的进路就不能同时建立,而且由于1/3号道岔已锁闭在反位,经两组双动道岔定位的进路也不能建立,从而避免侧面冲突的发生。防护道岔的标记为道岔号外加"[ ]",如5/7号道岔定位防护,记作"[5/7]";如果5/7号道岔反位防护,则记作"[(5/7)]"。

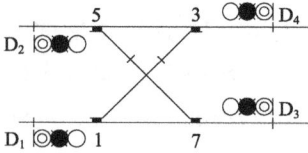

图1-3 双动道岔

三、进路

进路是车站和车辆段(停车场)内列车或调车车列由一点运行至另一点的全部路径。进路分为列车进路和调车进路。进路要求其包括的道岔必须处在规定位置。进路是由数个轨道电路区段叠加而成。

1.列车进路

列车进路分为接车进路、发车进路和通过进路。

接车进路指列车进入车站(车辆段/停车场)所经过的路径。

发车进路指列车由车站(车辆段/停车场)驶出所经过的路径。

通过进路指列车经正线不停车通过车站的进路。通过进路可看作是一条正线接车进路和一条正线发车进路的叠加。

2.调车进路

调车进路包括短调车进路和长调车进路。

建立1条调车进路,如果只需开放1架调车信号机,则称该进路为单元调车进路或短调车进路。

长调车进路则是由两个以上的单元调车进路叠加而成的进路。

长调车进路与短调车进路,不是指进路长度的长与短,而是指调车进路中同方向调车信号机是一架还是多架。

3.进路的锁闭与解锁

进路锁闭,指进路上的所有道岔被锁住,不能转换。进路解锁,即解除进路上道岔的锁闭,允许转换。

(1)进路的锁闭

进路有建立和未建立两种状态。进路建立,即进路开通且处于锁闭状态。进路未建立,即进路未开通,其在解锁状态。

进路的锁闭是为实现联锁关系而将所排进路上的各道岔限制于规定位置。联锁以道岔区段为主要锁闭对象,进路中各道岔区段的锁闭即构成该进路的锁闭。所以进路锁闭的实质是对进路上各道岔的锁闭。

道岔的锁闭,可分为进路锁闭、区段锁闭、人工锁闭。进路排出后,该进路上各区段的道岔锁闭在规定位置,即为进路锁闭。道岔区段有车占用时道岔不能转换,即为区段锁闭。人工锁闭指利用操纵设备(如单独锁闭按钮)断开道岔控制电路或用转辙机安全接点断开启动电路的单独锁闭。

在故障情况下,道岔区段被锁闭即为故障锁闭。例如,列车通过进路后因轨道电路故障使个别区段未解锁、轨道电路停电恢复后引起的区段锁闭或维修时更换继电器引起的区段锁闭等。

集中操纵的道岔受上述任一种方式锁闭时,应保证道岔均不转换。

(2)预先锁闭和接近锁闭

进路的锁闭按时机分为预先锁闭和接近锁闭。预先锁闭是在进路选通、有关联锁条件具备时的锁闭,此时列车或调车车列尚未占用该进路的接近区段。接近锁闭(又称完全锁闭)是在信号开放后接近区段有车占用时的锁闭。

对于列车进路,接近锁闭须持续到进路第一轨道区段自动解锁或人工解锁。当无接近区段时,信号开放后即构成接近锁闭。之所以设接近锁闭,是为了防止列车或调车车列接近后信号突然关闭而停不住冒进信号时,进路上道岔有可能转换导致挤岔或进异线而危及行车安全。另外,如此时进路不经延时立即解锁,其他与该进路相抵触的进路也可能建立,危及行车安全。

列车及调车进路,应设接近锁闭,其接近区段(应有足够的长度)应符合如下规定:

①接车进路的接近区段一般为信号机前方的轨道区段。有时候根据设计需要可能有多个轨道区段。

②发车进路的接近区段为发车线。

③调车进路的接近区段为信号机前方的轨道区段。当信号机前方未设轨道电路时,信号开放即构成进路的接近锁闭。

(3)进路的解锁

进路的解锁指解除对进路的锁闭。进路的解锁也是指对该进路的各区段的解锁。按不同情况,进路的解锁分为正常解锁、取消解锁、人工解锁、调车中途返回解锁和故障解锁。

①正常解锁

进路的正常解锁是指,列车或调车车列驶入被锁闭的进路使防护该进路的信号机自动关闭,在顺序出清进路上各道岔区段后,各道岔区段自动解锁。

一般采用逐段解锁的方式,即车列出清一段解锁一段。这样可以有效提高咽喉道岔的利用率,缩短两项作业的间隔时间,提高咽喉区的通过能力和调车作业效率。进路正常解锁必须检查列车或调车车列确实进入该进路使信号关闭,并占用和出清了进路上的各道岔区段。

②取消解锁

当信号机开放后,列车或调车车列尚未接近时,即进路处于预先锁闭状态,有可能未使用就要办理解锁,如试验电路时办理的进路,或进路建立后欲变更进路,或因故不再办理,都要取消已建立的进路。取消解锁不应延时。

③人工解锁

进路完成接近锁闭后,即列车或调车车列占用进路的接近区段时,如欲关闭信号机解锁进路,为保证不因进路上任一区段故障而导致进路错误解锁,必须办理人工延时解锁(简称人工解锁)。办理人工解锁手续后信号关闭,进路自动延时解锁。接车进路即有通过列车的正线发车进路人工解锁延时3min,防止信号因故障关闭(如灯丝断丝、电路断线或轨道电路故障)或改变进路时,已运行在接近区段的列车看不见突然关闭的信号,或虽看见了信号关闭但不能保证停于机外,而冒进信号造成危险,所以延时3min给司机制动时间,以保证停车后再解锁。但是在城市轨道交通信号系统中,由于列车的速度不高,为了提高运营效率,在保证安全的情况下,延时解锁的时间可适当缩短。

调车进路和其他发车进路因车速降低,故只延时30s就可解锁。

④调车中途返回解锁

转线作业包括牵出和折返两个过程。为了提高作业效率,牵出时常常不走完牵出进路就按最近的反向调车信号机的显示折返。这时原牵出进路可能有部分或全部区段未解锁,需用调车中途返回解锁电路使未解锁的区段解锁。

调车中途返回解锁是指调车中途折返时,对原调车进路上不能正常解锁的区段,在调车车列退回后能使之自动解锁。

⑤故障解锁

因故障锁闭后的区段解锁称为故障解锁。对锁闭的区段应能实施区段故障解锁。列车或调车车列占用进路后,其运行前方区段不能实施区段故障解锁,信号因故关闭,不应导致锁闭的进路自动解锁。已锁闭的进路不应因轨道电路瞬间分路不良或轨道电路停电恢复而错误解锁。

轨道电路停电恢复后,已锁闭的区段应经车站值班员办理故障解锁后才能解锁。这是因为轨道电路在停电恢复后,轨道继电器参数不可能完全一致,吸起有先有后,当吸起顺序和列车或调车车列驶过的顺序一致时,有可能造成错误解锁。所以当轨道电路停电恢复后,需经车站值班员确认无危险因素存在时再进行故障解锁。

4. 列车运行进路控制

列车进路由信号机防护,但列车在进路中的运行安全由列车自动保护系统(以下简称ATP)负责,这为城市轨道交通高密度行车提供了更可靠的安全保证。在设计中,ATP与计算机联锁功能的结合,使计算机联锁的功能得到了加强。

列车运行进路控制采用三级控制,即控制中心控制[列车自动监护系统(以下简称ATS)控制]、远程控制终端控制和车站工作站控制,如图1-4所示。

控制中心集中控制全线的列车运行[不包括车辆段(停车场)内列车的运行控制]。系统根据列车运行时刻表及列车运行状况发出列车运行控制命令,并进行自动调整。应在车站设置必要的自动控制功能,当控制中心故障时,转入站级控制。

(1)控制中心控制

中心级控制为全自动的列车监控模式。在该模式下,列车进路设置命令由自动进路设定系统发出,其信息来源于时刻表和列车运行自动调整系统。控制中心调度员也可以人工干预,对列车运行进行调整、操作非安全相关命令、排列和取消进路。

列车自动选路是ATS的一部分,其任务是与联锁设备协同为列车运行自动选出进路。其自动操作单元具有操作功能,而联锁系统根据来源于控制中心的自动进路设定系统发出进路指令,实现安全排列进路。当许可校核得出否定结果时,联锁系统将向 ATS 回送一个相应的信息,然后由 ATS 重复传输相同的控制命令,直至达到规定的次数和时间。

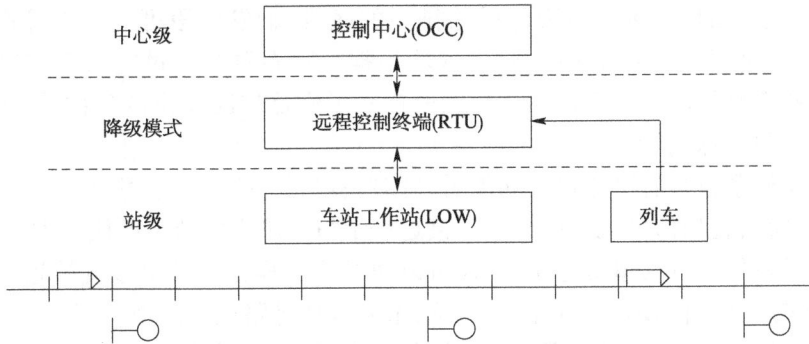

图 1-4　列车进路控制示意图

（2）远程控制终端控制

在控制中心设备故障或控制中心与下级设备的通信线路故障的情况下,控制中心将无法对远程控制终端进行控制,此时系统自动转入列车自动控制的降级模式。在降级模式下,由司机在车上输入目的代码,通过列车上的车次号发送系统发出带有列车去向的车次号信号信息,远程控制终端自动产生进路控制命令,联锁系统根据来自远程控制终端的进路信号排列进路。在这种情况下,系统不具备列车运行自动调整功能,但对于高密度的列车行进,此功能可以节省车站操作人员大量的精力。

（3）车站工作站控制

在站级控制系统模式下,列车运行的进路在车站值班员工作站执行,用于远程控制终端设备故障或其与车站的通信线路故障的情况。站级控制时,列车进路的设定完全取决于值班员的操作,由值班员选择通过联锁区的预期进路。联锁控制逻辑检查进路没有被占用,并且没有建立敌对进路,然后自动排列通过联锁区的进路,锁闭进路,在所有条件满足列车的安全运行后开放地面信号机,并允许 ATP 将速度命令传送给列车。信号机开放表示通过联锁区的进路开通。

5. 进路的特殊要求

城市轨道交通因运营的特殊性,其进路与铁路不同,如多列车进路、追踪进路、折返进路、联锁监控区段、保护区段、侧面防护等。

（1）多列车进路

进路分为单列车进路和多列车进路,这主要是因为城市轨道交通列车运行间隔小,车流密度大,列车的运行安全由 ATP 保护,所以在一条进路中可能有多列列车同时运行。

对于多列车进路,当列车 1 离开进路始端信号机后方的监控区后,可以排列第 2 条相同终端的进路。第 2 条进路排出,列车 1 通过后,进路中的轨道区段直到列车 2 通过后才解锁。

多辆列车进路排出后,如果进路中有列车运行,则人工取消进路时,只能取消最后一次排列的进路至前行列车所在位置的进路,其余进路由前行列车通过后解锁。人工取消多列车进路的前提是:进路的第 1 个轨道区段必须空闲。

（2）追踪进路

追踪进路为联锁系统本身的一种自动排列进路功能。列车接近信号机,占用触发区段(触发区段是指列车占用该区段时引起进路排列的区段,触发区段可能是信号机前方第一个接近区段,也可能是第 2 个接近区段,触发区段根据线路布置和通过能力而定)时,列车运行所要通过的进路自动排出。追踪进路排出的前提除了满足进路排出的条件外,进路防护信号机还必须具备进路追踪功能。

当一信号机被预设具有进路追踪功能时,则对规定的进路命令通过接近表示自动产生,同时调用命令被储存,直到信号机开放为止。接近表示将由确定的轨道区段的占用而触发。

当对一信号机接通自动追踪进路时,也可以执行人工操作。若接收到接近表示之前已人工排列了一条进路,则自动调用的进路被拒绝,重复排列进路也不能被储存。

假如排列的进路被人工解锁,则该信号机的自动追踪功能便被切断。

（3）折返进路

列车折返进路作为一般进路纳入进路表。通常,列车通过自动选路、追踪进路或人工排列的折返进路从指定的折返线出发。

（4）联锁监控区段

在铁路上,信号机开放必须检查所防护进路的所有区段空闲。而在装备准移动闭塞的城市轨道交通中,开放信号机前联锁设备只要检查部分区段。这些被检查的区段叫作联锁监控区段,即排列进路时信号机开放所必须空闲的区段,一般为信号机内方两个区段。如果监控区段内有道岔,则在最后一个道岔区段后加一区段作为监控区段。监控区段的长度,应足够满足驾驶模式的转换。进路设有监控区段。监控区段空闲时防护信号机可正常开放。列车通过监控区段后自动将运行模式转为自动驾驶模式(ATO 模式)或 ATP 监督人工驾驶模式(SM 模式),列车之间的追踪保护由 ATP 来实现。

（5）保护区段

为了保证列车的运行安全,避免列车由于某种原因不能在信号机前停住而导致事故的发生,充分考虑了列车的制动距离及线路等因素,在停车点后设置了保护区段,即终端信号机后方的一至两个区段为保护区段。这类似于铁路的延续进路。

进路可以带保护区段或不带保护区段排出。如进路短,排列进路时带保护区段。多列车进路无保护区段时,防护信号机可正常开放。

根据设计,保护区段可以在主体信号控制层内受到监督。此外,也有可能在进路排列时直接征用保护区段,或进路先排列,保护区段设置延时,直至进路内的接近区段被占用。设置延时保护区段是一种标准方式,为多列车进路内的每个列车提供保护区段条件。

当排列的运行进路无法成功进行保护区段设置或保护区段设置延时没有成功时,保护区段可稍后设置,只要到达线和制定保护区段的轨道区段空闲,并且设置保护区段的条件得以满足。

在设定的时间(预设值为 30s)截止之后,保护区段便会解锁。延时解锁从保护区段接近区段被占用时开始。在列车反向运行情况下,保护区段的延时解锁仍被继续。

（6）侧面防护

城市轨道交通的正线道岔控制不设双动道岔,全部设为单动,所有的渡线道岔均按单动处理,也不设带动道岔。这些都靠采取侧面防护来防止列车的侧面冲突。

侧面防护是指为了避免其他列车从侧面进入线路,与列车发生侧向冲突,类似线路的双动道岔和带动道岔的处理。

侧面防护可以分成两种:主进路的侧面防护和保护区段的侧面防护。防护主进路的侧面防护称主进路的侧面防护,防护保护区段的侧面防护称保护区段的侧面防护。

列车进路需要侧面防护,这是为了保证其运行的径路安全。侧面防护由防护道岔或者通过显示红色信号来实现。

道岔为一级侧面防护,信号机为二级侧面防护。排列进路时先找一级侧面防护,再找二级侧面防护,无一级侧面防护时,则将信号机作为侧面防护。

侧面防护必须检查侵限绝缘。

侧面防护的任务是,通过操作、锁定和检查临近分歧道岔,使通向已排运行进路的所有进路均不能建立。侧面防护也可通过具有停车显示和位于有侧面防护要求的运行进路方向的主体信号机来获得。在进路表中已为每条运行进路设计了侧面防护区域。

如果采用了一个道岔的侧面防护,而道岔的实际位置和所要求的位置不一致时,则应发出一个转换道岔位置的命令。当该命令不能执行(如道岔因锁闭而禁止操作)时,该操作命令将被存储直至要求的终端位置达到为止。否则通过取消或解锁该运行进路来取消该操作命令。

排列进路时,除检查始端信号机外,还检查终端信号机和侧防信号机的红灯灯丝,只有这两种信号机的红灯功能完好,进路防护信号机才能开放。

当要求侧面防护的运行进路解锁时,运行进路侧面防护区域也将解锁。

四、联锁关系

列车和调车车列在站内运行必须依据信号机开放的显示条件来进行,即每条进路必须有相应的信号机来防护,信号机的显示与所建立的进路相符合。如进路上的轨道区段有车占用,或道岔位置不正确,进路不能建立,有关的信号机不许开放;信号开放后,其所防护的进路不能变动,该进路上的道岔不得再转换,与此进路有关联的其他信号不能再开放。上述都属于联锁包括的基本内容,下面从三方面加以介绍。

1. 进路与道岔之间的联锁

(1)建立进路对道岔的要求

建立一条进路时,与进路相关的道岔锁闭在规定位置才能开放信号,如果与进路相关道岔开通位置不对,不许开放信号。信号开放后,与进路相关道岔必须被锁闭在规定位置,进路解锁前道岔不许转换。检查道岔在定位,直接标明道岔号;检查道岔在反位,则在道岔号外面加"( )",如23/25号道岔反位,记作"(23/25)"。

(2)防护道岔和带动道岔

对于一条进路,不仅进路之内的道岔与其相关,有时进路之外的道岔也与该进路有关。建立进路时,这些道岔也要转换和锁闭。下面分别介绍。

①防护道岔

为了保证作业安全,建立一条进路时,有时要求进路之外的某一道岔必须锁闭在规定的位置,这种道岔称为防护道岔。

经由交叉渡线的一组双动道岔反位排列进路时,应使与其交叉的另一组双动道岔防护在定位。防护道岔的标记为道岔号外加"[ ]",如5/7号道岔定位防护,记作"[5/7]";如果5/7号道岔反位防护,则记作"[(5/7)]"。

②带动道岔

在电气集中车站,如果两道岔位于同一区段,经其中一组道岔建立进路时,即使不经过另一组道岔,该道岔也受锁闭,即同一区段的道岔同时锁闭。为了满足平行作业的需要,排列进路时还需把其他不在进路上的有关道岔带动到规定位置,这种道岔称为带动道岔。除非进路调车等特殊作业外,带动道岔一般均为双动(或三、四动)道岔。

带动道岔的标记为道岔号外加"{ }",如将23/25号道岔带动到定位,记作"{23/25}";如果将23/25号道岔带动到反位,则记作"{(23/25)}"。

必须注意,防护道岔与带动道岔不同。虽然二者都是进路之外的道岔,但其含义不同,对其要求也不同。防护道岔是为了保证作业安全,对其必须进行联锁条件的检查,防护道岔不在防护位置,进路不能建立,信号不许开放。带动道岔是为了提高作业效率,能带动到规定位置就带动,带动不到(若它还被锁闭)也不影响进路的建立。即使带动道岔位置不对,也不应该影响信号开放。

2. 进路与信号机之间的联锁

由于任何一条进路都有信号机防护,当建立一条进路时,如果保证该进路的敌对进路的防护信号机不开放,自然就排除了敌对进路建立的可能。因此,下面介绍进路与信号机之间的联锁。

(1)敌对信号

建立一条进路时,用道岔位置无法区分,但又不允许开放的信号即为敌对信号。在了解敌对进路的概念后,实际上所谓敌对信号也可理解为是敌对进路的防护信号。检查了敌对信号未开放,也就防止了敌对进路的同时建立。

为保证作业安全,建立一条进路。该进路的敌对信号未关闭时,防护该进路的信号机不能开放,否则可能造成列车或调车车列的冲突。信号开放后,该进路的敌对信号也必须被锁闭在关闭状态,不能开放。

需要注意,道岔位置能够区分的抵触进路的防护信号不属于敌对信号。

(2)条件敌对信号

在较复杂的站场,建立一条进路时,进路之外的某一信号机有时不允许其开放(即为敌对信号),有时又允许其开放(即为非敌对信号),这样的信号称为条件敌对信号。

如图1-5所示站形,当建立D_1至D_5的调车进路时,如果5/7号道岔在定位,则D_6信号机是

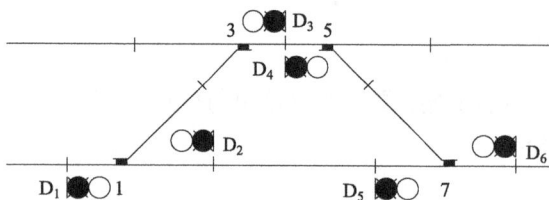

图1-5 条件敌对信号举例

敌对信号,如果5/7号道岔在反位,则D_6信号机不是敌对信号,这里的D_6信号机就属于该进路的条件敌对信号,区分条件就是5/7号道岔的位置。同理,当建立D_6至D_2的调车进路时,D_1信号机也是条件敌对信号,区分条件就是1/3号道岔的位置。条件敌对信号的标记是将

区分条件用"< >"加在信号机的名称前面,如"<5/7> D_6",表示如果 5/7 号道岔在定位,D_6 信号机是敌对信号。

在较复杂的站场,条件敌对信号较多,但一般列车进路没有条件敌对信号,而以咽喉区信号点为进路始端或终端的调车进路往往有条件敌对信号。

3．进路与轨道区段之间的联锁

联锁条件要求建立一条进路时,必须检查有关轨道区段空闲才能开放信号,否则会造成列车或调车车列的冲突。信号开放的过程中,必须始终监督有关区段空闲。

下面分析对轨道区段空闲检查的各种情况:

(1)建立列车进路时,必须检查进路范围内各轨道区段的空闲。

(2)建立调车进路时,只检查道岔区段的空闲。当调车进路最末区段为股道或无岔区段时,尽管这些区段在调车进路的范围内,但为了保证机车联挂或取送车辆的需要,当股道或无岔区段有车占用时允许向其排列调车进路,不检查其空闲。

(3)当有侵限绝缘(岔后绝缘节距警冲标不足 3.5m)时,经侵限绝缘一侧的轨道区段建立进路时,要对侵限绝缘相邻的另一区段进行有条件的检查,既要保证平行作业,又要防止发生侧面冲突。对侵限绝缘相邻区段的条件检查的标记与条件敌对相似,即区分条件用"< >"加在被检查区段的名称前面,如"<5/7> 5DG",表示如果 5/7 号道岔在定位,则应检查 5DG的空闲。

综上所述,进路空闲、道岔位置正确、敌对进路未建立(敌对信号未开放)是建立一条进路时必须检查的基本联锁条件,只有实时准确无误地检查,才能保证站内作业安全。

五、联锁表

联锁表是根据车站信号平面布置图所展示的线路、道岔、信号机、轨道电路区段等情况,按规定的原则和格式编制的。联锁表以进路为主体,逐条地把排列进路需顺序按压的按钮、防护该进路的信号机名称和显示、进路要求检查并锁闭的道岔编号和位置、进路应检查的轨道电路区段名称,以及所排进路的敌对信号填写清楚。

联锁表有以下各栏:

(1)方向栏。填写进路性质(通过、接车、发车、调车进路)和运行方向。

(2)进路号码栏。按全站列车进路、折返进路和调车进路顺序编号。

(3)进路栏。逐条列出列车进路、折返进路和调车进路。

列车进路:如将列车接至某区段时记作"至 xG"。列车由某信号机发车时记作"由 x 信号机发车"。

调车进路:如由 D_{xx} 信号机调车时记作"由 D_{xx}"。调车至另一顺向调车信号机时记作"至 D_{xx}"。调车至另一反向调车信号机时记作"向 D_{xx}"。

(4)排列进路按下按钮栏。填写排列该进路时需按下的按钮名称。

(5)确定运行方向道岔栏。当有两种以上运行方式时,为了区别开通的进路,填写关键对向道岔的位置。

(6)信号机栏。填写排列该进路时开放的信号机名称及其显示。色灯信号机按显示颜色表示。

（7）道岔栏。顺序填写进路中所包括的全部道岔的编号和位置，包括防护道岔和带动道岔。其填写方式为：1/3，表示将 1/3 号道岔锁在定位；(5/7)，表示将 5/7 号道岔锁在反位；[9/11] 表示将 9/11 号道岔防护在定位；[(9/11)]，表示将 9/11 号道岔防护在反位；{23/25}，表示将 23/25 号道岔带动到定位；{(27)}，表示将 27 号道岔带动到反位。

（8）敌对信号栏。填写排列该进路的全部敌对信号。

有条件敌对时的填写方式为：$<1>D_1$，表示经 1 号道岔定位的 D_1 信号机为所排进路的敌对信号。

（9）轨道电路区段栏。顺序填写排列进路时须检查空闲的轨道电路区段名称。其填写方式为：1DG（"DG"指轨道电路区段），表示排列进路时须检查 1DG 区段的空闲；$<9/11>$5-11 DG，表示当 9/11 号道岔在定位时排列进路须检查侵限绝缘区段 5-11 DG 区段空闲；$<(17)>$ 17 DG，表示当 17 号道岔在反位时排列进路须检查侵限绝缘区段 17DG 空闲。

在铁路车站，道岔和信号机按所处咽喉分别按单（下行）、双（上行）号顺序编号，城轨车辆段一般只有一个咽喉区，道岔和信号机不分单双号，由小到大顺序编号。

某车辆段信号平面布置图如图 1-6 所示，联锁表如表 1-1 所示。

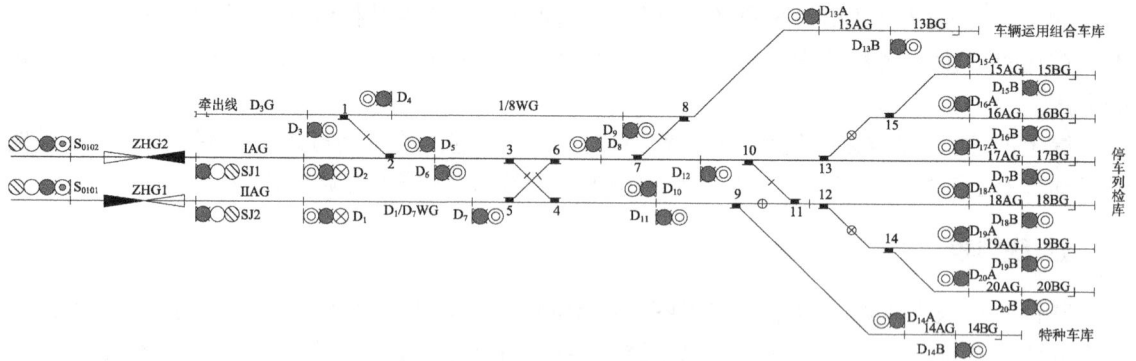

图 1-6 某车辆段信号平面布置图

某车辆段联锁表   表 1-1

方向		进路	进路号码	排列进路按下的按钮	信号机		道岔	敌对信号	轨道区段
					名称	显示			
列车进路	SJ1	至 D_2	1	SJ1A、D_2A	SJ1	L		$<1/2>D_5$	IAG
	SJ2	至 D_1	2	SJ2A、D_1A	SJ2	L		$<(5/6)>D_8$、$<3/4>D_{10}$	IIAG
调车进路	由 D_1	至 D_7	3	D_1A、D_7A	D_1	B		$<(5/6)>D_8$、$<3/4>D_{10}$	D_1/D_7WG
	D_2	至 D_6	4	D_2A、D_5A	D_2	B	1/2	D_5	2DG
	D_3	至 D_9	5	D_3A、D_4A	D_3	B	1/2	D_4、$<7/8>D_{13}$A	1DG
		至 D_6	6	D_3A、D_5A	D_3	B	(1/2)	D_5	1DG、2DG
	D_4	向 D_3	7	D_4A、D_3A	D_4	B	1/2	D_3	1DG

方向		进路	进路号码	排列进路按下的按钮	信号机名称	显示	道　岔	敌对信号	轨道区段
调车进路	由	D_5	向 D_3	8	D_5A、D_3A	D_5	B	(1/2)	D_3	1DG、2DG
			至 SJ1	9	D_5A、D_2A	D_5	B	1/2	D_2、SJ1	2DG、IAG
		D_6	至 D_{11}	10	D_6A、$D_{10}A$	D_6	B	(3/4)、[5/6]	D_{10}	3-6DG、4-5DG
			至 D_{12}	11	D_6A、$D_{12}A$	D_6	B	3/4、5/6、7/8	D_8、$D_{15}A$、$D_{16}A$、$D_{17}A$、<(10/11)>D_{18}、<(10/11)>D_{19}、<(10/11)>D_{20}	3-6DG、7DG
			向 $D_{13}A$	12	D_6A、$D_{13}A$	D_6	B	3/4、5/6、(7/8)	D_8、$D_{13}A$	3-6DG、7DG、8DG
		D_7	至 D_{11}	13	D_7A、$D_{10}A$	D_7	B	3/4、5/6	D_{10}	4-5DG
			至 D_{12}	14	D_7A、$D_{12}A$	D_7	B	(5/6)、[3/4]、7/8	D_8、$D_{15}A$、$D_{16}A$、$D_{17}A$、<(10/11)>D_{18}、<(10/11)>D_{19}、<(10/11)>D_{20}	4-5DG、3-6DG、7DG
			向 $D_{13}A$	15	D_7A、$D_{13}A$	D_7	B	(5/6)、[3/4]、(7/8)	D_8、$D_{13}A$	4-5DG、3-6DG、7DG、8DG
		D_8	至 D_5	16	D_8A、D_6A	D_8	B	3/4、5/6	D_6	3-6DG
			至 SJ2	17	D_8A、D_1A	D_8	B	(5/6)、[3/4]	D_7、D_1、SJ2	3-6DG、4-5DG、D_1/D_7WG、IIAG
		D_9	向 $D_{13}A$	18	D_9A、$D_{13}A$	D_9	B	7/8	$D_{13}A$	8DG
		D_{10}	至 D_5	19	$D_{10}A$、D_6A	D_{10}	B	(3/4)、[5/6]	D_6	4-5DG、3-6DG
			至 SJ2	20	$D_{10}A$、D_1A	D_{10}	B	3/4、5/6	D_7、D_1、SJ2	4-5DG、D_1/D_7WG、IIAG
		D_{11}	向 $D_{14}A$	21	$D_{11}A$、$D_{14}A$	D_{11}	B	(9)	$D_{14}A$	9DG、<10/11>、11DG
			向 $D_{18}A$	22	$D_{11}A$、$D_{18}A$	D_{11}	B	9、10/11、12	$D_{18}A$	9DG、11DG、12DG、14DG
			向 $D_{19}A$	23	$D_{11}A$、$D_{19}A$	D_{11}	B	9、10/11、(12)、14	$D_{19}A$	9DG、11DG、12DG、14DG
			向 $D_{20}A$	24	$D_{11}A$、$D_{20}A$	D_{11}	B	9、10/11、(12)、(14)	$D_{20}A$	9DG、11DG、12DG、14DG

续上表

方向		进路	进路号码	排列进路按下的按钮	信号机名称	信号机显示	道岔	敌对信号	轨道区段
调车进路	由	向 $D_{15}A$ (D_{12})	25	$D_{12}A$、$D_{15}A$	D_{12}	B	10/11、(13)、(15)	$D_{15}A$	10-13DG、15DG
		向 $D_{16}A$	26	$D_{12}A$、$D_{16}A$	D_{12}	B	10/11、(13)、15	$D_{16}A$	10-13DG、15DG
		向 $D_{17}A$	27	$D_{12}A$、$D_{17}A$	D_{12}	B	10/11、13	$D_{17}A$	10-13DG、15DG
		向 $D_{18}A$	28	$D_{12}A$、$D_{18}A$	D_{12}	B	(10/11)、12	$D_{18}A$	10-13DG、11DG、12DG、14DG
		向 $D_{19}A$	29	$D_{12}A$、$D_{19}A$	D_{12}	B	(10/11)、(12)、14	$D_{19}A$	10-13DG、11DG、12DG、14DG
		向 $D_{20}A$	30	$D_{12}A$、$D_{20}A$	D_{12}	B	(10/11)、(12)、(14)	$D_{20}A$	10-13DG、11DG、12DG、14DG
		至 D_4 ($D_{13}A$)	31	$D_{13}A$、D_9A	$D_{13}A$	B	7/8	D_9、$<1/2>D_3$	8DG
		至 D_8	32	$D_{13}A$、D_8A	$D_{13}A$	B	(7/8)	$<3/4>D_6$、$<(5/6)>D_7$	8DG、7DG
		至 D_{10} ($D_{14}A$)	33	$D_{14}A$、$D_{11}A$	$D_{14}A$	B	(9)	D_{11}	9DG、$<10/11>11DG$
		至 D_8 ($D_{15}A$)	34	$D_{15}A$、D_8A	$D_{15}A$	B	(15)、(13)、10/11、7/8	D_{12}、$<3/4>D_6$、$<(5/6)>D_7$	15DG、10-13DG、7DG
		至 D_8 ($D_{16}A$)	35	$D_{16}A$、D_8A	$D_{16}A$	B	15、(13)、10/11、7/8	D_{12}、$<3/4>D_6$、$<(5/6)>D_7$	15DG、10-13DG、7DG
		至 D_8 ($D_{17}A$)	36	$D_{17}A$、D_8A	$D_{17}A$	B	13、10/11、7/8	D_{12}、$<3/4>D_6$、$<(5/6)>D_7$	15DG、10-13DG、7DG
		至 D_8 ($D_{18}A$)	37	$D_{18}A$、D_8A	$D_{18}A$	B	12、(10/11)、7/8	D_{12}、$<3/4>D_6$、$<(5/6)>D_7$	12DG、14DG、11DG、10-13DG、7DG、$<9>9DG$
		至 D_{10}	38	$D_{18}A$、$D_{10}A$	$D_{18}A$	B	12、10/11、9	D_{11}	12DG、14DG、11DG、9DG
		至 D_8 ($D_{19}A$)	39	$D_{19}A$、D_8A	$D_{19}A$	B	14、(12)、(10/11)、7/8	D_{12}、$<3/4>D_6$、$<(5/6)>D_7$	12DG、14DG、11DG、10-13DG、7DG、$<9>9DG$
		至 D_{10}	40	$D_{19}A$、$D_{10}A$	$D_{19}A$	B	14、(12)、10/11、9	D_{11}	12DG、14DG、11DG、9DG
		至 D_8 ($D_{20}A$)	41	$D_{20}A$、D_8A	$D_{20}A$	B	(14)、(12)、(10/11)、7/8	D_{12}、$<3/4>D_6$、$<(5/6)>D_7$	12DG、14DG、11DG、10-13DG、7DG、$<9>9DG$
		至 D_{10}	42	$D_{20}A$、$D_{10}A$	$D_{20}A$	B	(14)、(12)、10/11、9	D_{11}	12DG、14DG、11DG、9DG

14

单元二 轨道交通联锁设备

📖 **学习目标**

1.熟练掌握联锁设备的组成及其连接关系。

2.熟练掌握信号设备平面布置示意图中的各项内容。

3.熟练掌握组合排列表的识读。

4.能够进行组合排列表的编制。

5.树立"安全第一"的责任意识,培养遵章守纪的工作作风。

建议学时:6 学时

任务二 联锁设备的布置

📋 **任务描述**

根据《城市轨道交通信号系统通用技术条件》(GB/T 12758—2004)、《铁路技术管理规程》和《铁路信号维护规则技术标准》的要求,熟练掌握联锁设备的组成和连接关系,能够根据车站信号平面布置图编制组合排列表。

✒️ **相关知识**

一、联锁设备的组成及连接关系

1.联锁设备

控制车站和车辆段(停车场)的道岔、进路和信号机,并实现它们之间联锁关系的设备,称为联锁设备。联锁设备可以采用机械的、机电的或电气的方法来实现控制,可以分散控制也可以集中控制。

联锁设备是城市轨道交通的重要信号设备,用来在车站或车辆段/停车场实现联锁关系,建立进路、控制道岔的转换和开放信号机,以及进路解锁,以保证行车安全。

城市轨道交通正线上的集中控制站和车辆段/停车场设有联锁设备。正线上的集中控制站包括本站及其所控制的非集中站的道岔和信号机,由设于该站的联锁设备控制,除了实现联锁控制外,还将有关信息传送至 ATP/ATO(列车自动运行系统的简称),并接受 ATS 的命令。通常,正线上集中控制站的联锁设备与 ATC(列车自动控制系统的简称)设备结合在一起。车辆段/停车场设一套联锁设备,用以实现车辆段/停车场的进路控制,并通过 ATS 车辆段/停车场分机与行车指挥中心交换信息。

2.联锁设备分类

集中联锁用电气的方法集中控制和监督全站的道岔、进路和信号机,并实现它们之间的联锁。集中联锁包括继电式电气集中联锁和计算机联锁。若是用继电器组成的电路来进行控制并实现联锁的设备,称为继电式电气集中联锁,简称继电集中联锁。计算机联锁用计算机程序完成联锁及控制功能。

早期的城市轨道交通联锁设备采用继电集中联锁方式,现在均采用计算机联锁系统。计算机联锁系统有国产的和从国外引进的多种型号的设备。

3. 继电集中联锁

继电集中联锁电路曾有过多种制式,在使用过程中几经改进和完善。6502 电气集中被认为是较好的定型电路,曾经得到广泛应用。

6502 电气集中是组合式电路。即按道岔、信号机和轨道电路区段为基本单元设计成定型的单元电路,称为继电器组合,简称组合。将各种组合按站场形状拼装起来即成为组合式电路。

6502 电气集中包括室内设备和室外设备,其组成如图 1-7 所示。室内设备有控制台、区段人工解锁按钮盘、继电器组合及组合架、电源屏、分线盘等。室外设备有信号机、转辙机、轨道电路,以及连接室内外设备的电缆线路。

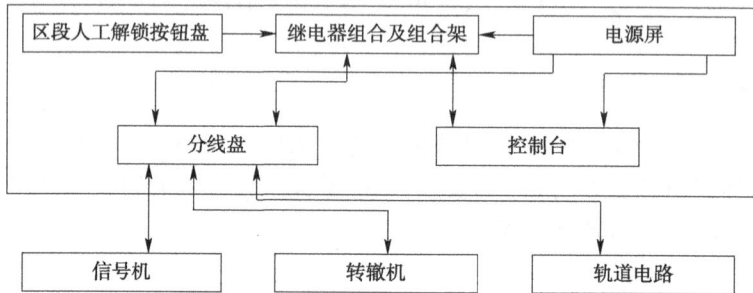

图 1-7　6502 电气集中设备组成

6502 电气集中电路的动作层次是:先选择进路,排列进路,再锁闭进路,然后开放信号,最后是解锁进路。

所有联锁关系,包括检查道岔位置正确且锁闭、轨道电路区段空闲且锁闭、敌对进路未建立且锁闭在未建立状态,都由继电电路完成。经检查联锁关系正确后,再锁闭进路、开放信号。

继电集中联锁性能较稳定,得到了普遍采用。但由于继电器组成逻辑电路难于实现复杂的逻辑关系,因而功能不够完善,安全性尚有欠缺,不便于与现代化信息系统联网,经济上没有优势,势必为更高层次的联锁设备——计算机联锁系统逐渐取代。

4. 计算机联锁系统

随着计算机技术的迅速发展,尤其是对于可靠性技术的容错技术的深入研究,出现了计算机联锁,正渐趋成熟并推广使用。计算机联锁系统用计算机和其他电子、继电器件组成具有故障—安全性能的实时控制系统。它与继电集中联锁方式相比具有十分明显的技术经济优势,无论在安全性、可靠性、经济性等方面都是继电集中联锁方式无法比拟的,而且设计、施工、维修和使用大为方便。

(1)计算机联锁系统的技术特征

计算机联锁系统是以计算机为核心构成的联锁控制系统,它与继电集中联锁方式相比,主要区别如下。

①利用计算机对车站值班员的操作命令和现场监控设备的表示信息进行逻辑运算后,完

成对信号机、道岔及进路的联锁和控制,全部联锁关系由计算机及其程序完成。

②计算机发出的控制命令和现场发回的表示信息,均能由传输通道串行传输,可节省大量的干线电缆,并使采用光缆传输成为可能。

③用屏幕显示代替表示盘,大大缩小了体积,丰富了显示内容。

④采用积木式的模块化硬件和软件设计,便于站场变更,并易于实现故障检测分析功能。

(2)计算机联锁系统的优点

与继电集中联锁方式相比,计算机联锁具有以下优点:

①进一步提高了安全性、可靠性。

②完善了联锁功能。

③方便设计。

④省工省料,降低造价。

(3)计算机联锁系统的组成

就控制的层次而言,计算机联锁系统可分为人机对话层、联锁层和执行层,相应地可由人机对话计算机、联锁计算机来承担各层的任务。这样,整个系统可以分为上下两层,即上层为人机会话层,下层为联锁层,其结构如图 1-8 所示。

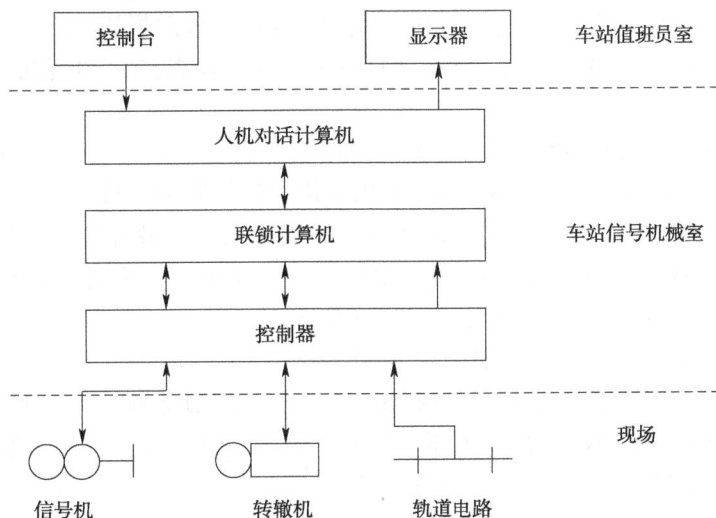

图 1-8 计算机联锁系统的组成

人机对话计算机(各种型号的计算机联锁系统称呼不一)接收来自控制台的操作输入和来自联锁计算机的表示信息。

联锁计算机实现高可靠性与高安全性的联锁功能。

现多采用输入输出接口继电器,用以与现场设备连接,完成信息采集和控制命令输出的任务,也逐渐用电子模块来代替继电器。

通常还设有维修机,可自动储存长达一个月的站场信息、车站值班员操作信息、联锁系统提供的提示信息、故障诊断信息的全部记录,并可在线以图像方式再现,便于维修。

控制台曾有多种形式,现多采用鼠标加显示器。根据需要可分设控制台,每个控制台既可分区局部控制,又可统一集中操作。

现场设备保留继电集中联锁采用的设备,道岔启动电路、信号机点灯电路、轨道电路仍采用成熟的电路。当现场设备采用计轴设备时,可不用轨道电路。

系统软件分为人机对话处理、联锁逻辑处理、执行表示三个软件包,各个软件包之间由专用的系统管理软件沟通。

（4）计算机联锁系统功能

计算机联锁系统除完成电气集中的全部功能外,还可扩展功能。

选用大屏幕显示器时,屏幕上除能显示所有表示信息外,还增加了时间显示、音响信号、语音报警和汉字提示。

该系统具有检错、诊断、储存记录功能,对故障可进行板级故障诊断。

（5）区域计算机联锁

整个控制区域只要在中心站设一套联锁主机,控制操作与联锁逻辑运算集中在中心站完成,其他车站不设联锁机和控制台,只设输入输出接口设备。各站间采用光纤构成的安全局域网连接,传输信息高速、安全,而且不需另设专用传输设备。

区域计算机联锁能在整个控制区域集中控制和调度、全面掌握全线列车运行和车站应用状态,合理指挥行车,保证列车安全、正点运营,并能提高列车通过能力。平时车站不需办理行车作业而能够节省人力。另外可节省大量室外电缆,降低工程总投资。

配备设备监视装置,在中心站能自动监测、记录全线内设备的运用情况,能完成故障定位和故障排除。

（6）计算机联锁系统在城市轨道交通中的应用

城市轨道交通的正线车站和车辆段/停车场采用计算机联锁系统。

每个正线有岔站可设一套计算机联锁系统。但最好采用区域计算机联锁,即将正线划分为几个联锁区,每个联锁区管辖几个有岔站,其中一个为集中站。只要在集中站设一套计算机联锁主机,其他各有岔站只设输入输出接口设备即可。

每个车辆段/停车场必须设一套计算机联锁系统。

车辆段/停车场全部和部分正线大多采用国产计算机联锁系统。用于城市轨道交通的国产计算机联锁系统有双机热备的 TYJL-Ⅱ型、JD-ⅠA 型、VPI 型和二乘二取二的 TYJL-ADX型、DS6-60 型、DS6-K5B 型、EI32-JD 型、iLOCK 型。

部分正线采用引进的计算机联锁系统,有西门子公司的 SICAS 型计算机联锁、US&S 公司的 MicrolokⅡ型计算机联锁系统、泰雷兹(THALES)公司的 PMI 型计算机联锁系统,以及西星公司、庞巴迪公司的计算机联锁系统。

二、信号平面布置图

信号平面布置图是编制联锁表的主要依据。为满足编制联锁表的需要,信号平面布置图上一般应有以下主要内容。

（1）联锁区范围内的线路及非联锁区有密切联系的线路布置及编号,正线应以粗线标出。

（2）正线的接车方向。

（3）联锁区范围内所有道岔的定位状态。

（4）信号机、轨道电路区段(含无岔区段)等有关设备机编号、名称和符号。

（5）信号机的灯光配列。

（6）轨道区段的划分，对不与信号机并置和不是渡线上的绝缘节，应标出其坐标，侵限绝缘节应用圆圈标出。

（7）与信号机位置有关的以及侵限绝缘节处和警冲标坐标。

（8）道岔和信号机的公里标。

某车辆段的信号平面布置图如图 1-6 所示。

三、组合排列表

组合排列表表示定型组合和非定型组合等在组合架上的位置。

1. 组合位置的编号

在继电器室内组合架的设置，1 股按每排 4 架或 5 架，进继电门，面对组合架正面，由前后顺序编排号，每排由左至右顺序编架号。用两位数字就能给每个架子编号，十位数字表示排号，个位数字表示架号。例如"12"表示第 1 排第 2 架，"24"表示第 2 排第 4 架。

组合在组合架上的位置，由下向上顺序编层号。组合架的零层可以有两种设置方法。当室内电缆在组合架顶部的走线架上敷设时，零层要设置在组合架的最高层；如果继电器室地面留有沟槽，室内电缆在沟槽内敷设，零层就设置在组合架的最低层。目前多采用前一种设置方法。这样，继电器室地面不需要夹层，造价较低，但查验零层端子稍有不便。用第 3 个数字表示组合在组合架上的层号，习惯上在层号与架号之间加一横线。每个组合的位置就可以用 3 个数字表示出来。比如"12-9"表示第 1 排第 2 架第 9 层，"24-5"表示第 2 排第 4 架第 5 层。

2. 组合排列表的编制

（1）6502 电气集中组合排列表

编制前，要统计出全站用的组合数量。既包括参加组合连接的定型组合，又要包括方向组合和电源组合，以及非定型的零散组合，例如单线继电半自动组合、移频自动闭塞结合组合等。由此确定全站需设置几个组合架，以及这些组合架在继电器室内排成几排，每排排几架等。

安排组合在组合架上的位置时，主要考虑组合之间的连线短，应避免同一架或不同架的组合间连线迂回跨越。组合连接图表示了参与拼贴的组合的连接顺序，因此，应根据组合连接图安排组合在组合架上的位置。

具体安排时，应解决两个问题：按什么顺序排列组合，按什么顺序给出组合位置号。

（2）组合的排列顺序

根据组合连接图可以有两种安排顺序的方法，一种称为"S"形排列法，另一种称为分段排列法。这两种方法都是自站外向站内、自上而下排列的。前者用于咽喉较短的车辆段，后者用于咽喉较长的车辆段。

"S"形排列法用得比较普遍，这是因为该方法一方面节省导线；另一方面，当组合架的断路器脱扣时，只影响部分进路的排列，不致影响整个咽喉。

对于较长的咽喉区，如仍用"S"形排列法，从接发车口一直排到股道，再返回来排，势必使得与双动道岔组合有联系的组合与已排过的该双动道岔组合的距离拉大，造成长的迂回跨越。为避免这种情况，可采用分段排列法。

分段排列是将咽喉区按道岔群纵向分成几段。每段内仍采用"S"形排列，段与段之间也采用"S"形排列。

一般做法是一个咽喉分段在三段或三段以下,可采用"S"形排列法,在四段及其以上,宜采用分段排列法。

(3)组合位置号的给出顺序

组合位置的排架号的给出顺序也采用"S"形。对于一个咽喉,先给出 11 架的组合位置号,然后依次给出 12 架、13 架,直到最后一个 14 架的组合位置号(假定每排有 4 个架,下同),而后再给出 24 架、23 架、22 架的,依次编排,直到将这一咽喉的组合都编上号。对于另一咽喉,则先给最后一排的组合位置号。当总共有偶数排时,先给最后一排的第一架的组合位置号,总共有奇数排时,则先给最后一排最后一架的。这样做的结果,正好使两个咽喉的排架号按给出顺序的"S"形连贯起来。

每个组合架上组合位置号给出顺序有两种:一种是"S"形顺序,第一架是从下向上的顺序,第二架是从上向下的顺序;另一种是"自上向下"顺序,无论哪个组合架,组合位置号的给出顺序都是自上向下。

(4)组合排列表

当上面两种顺序确定之后,就可以在组合连接图中各组合方框的第 4 格内,给每个组合编上组合位置号,据此编制的某车辆段的组合排列表,见表1-2。

某车辆段组合排列表　　　　　　　　　　　　　　表1-2

层＼架	11	12	13	14	21	22	23
10	方向	电源	15DG	3/4	SJ2－D1	12DG	D14A
	F	DY	Q	SDZ	YX	Q	DX
9	D3	D13A	13	3-6	SJ2-D1	12	D14B
	DX	DX	DD	Q	LXZ	DD	DX
8	1DG	D13B	10/11	5/6	D1/D7WG	14DG	
	Q	DX	SDF	SDZ	Q	Q	
7	1/2	D15A	10/11	D6	D7	14	
	SDZ	DX	SDZ	DX	DX	DD	
6	1/2,7/8	D15B	10-13DG	D5	4-5DG	D18A	
	SDF	DX	Q	DX	Q	DX	
5	D4	D16A	D8,D12	2DG	D10	D18B	
	DX	DX	DXF	Q	DX	DX	
4	1/8WG	D16B	D12	SJ1-D2	D11	D19A	
	Q	DX	DX	LXZ	DX	DX	
3	D9	D17A	7DG	SJ1-D2	9DG	D19B	
	DX	DX	Q	YX	DX	DX	
2	7/8	D17B	D8	SJ1-D2	9	D20A	
	SDZ	DX	DX	2LXF	DD	DX	
1	8DG	15	3/4,5/6	SJ2-D1	11DG	D20B	
	Q	DD	SDF	2LXF	Q	DX	

表的最上面的一行是每个组合所在组合架的编号,最左边的一列是每个组合在组合架上的层号,二者合在一起就是组合的位置号。对应每个组合位置的方框,被划分为两小方格,上面的方格填写该位置组合对应的信号设备的名称;下面的方格填写该组合的类型。

编制组合排列表时,往往未开始接线图的设计工作,对于零散继电器的设置数量很难做出精确的统计,因此,适当留一二个组合空位,以备将来放置零散组合。考虑整齐、美观,在第一排各架上不要预留空位。当控制台的零层端子以组合架为主分配时,每个组合架的零层端子只与本架组合侧面端子连接,在一个组合架上的同样类型组合数量不应超过以下限额:单动道岔组合5个,双动道岔主组合2个,列车或调车信号组合5个,道岔区段组合5个。否则,本架的零层端子将不够用。如果以控制台为主分配零层端子,则不受此限额限制。

在组合排列表所在的图纸上,还应注明定型组合中不插的继电器名称,以便准确统计各种类型继电器的数量。

思考与练习

1. 什么是联锁? 开放信号时应检查的基本联锁条件是什么?

2. 什么叫进路? 进路有哪些类型? 各种进路的范围如何划分?

3. 什么是道岔的定位与反位? 确定道岔定位有哪些要求?

4. 什么是敌对进路? 哪些进路属于敌对进路?

5. 什么是敌对信号? 它与敌对进路有何关系? 什么是条件敌对信号?

6. 建立进路时对轨道区段的检查有何要求? 有侵限绝缘时对联锁关系检查有何影响?

7. 联锁表中各栏目的含义是什么?

8. 6502电气集中车站主要有哪些设备?

9. 信号平面布置图主要包含哪些部分?

项目小结

1. 联锁是保证行车安全的重要技术措施,指的是信号设备与相关因素的制约关系。广义的联锁指的是各种信号设备所存在的互相制约关系。狭义的联锁,专指车站范围内进路、信号、道岔之间的制约关系。

2. 道岔是将一条线路分为两条线路的转辙部分,道岔的位置是指道岔的尖轨与基本轨密贴后道岔所开通的线路状态。

3. 进路是车站和车辆段/停车场内列车或调车车列由一点运行至另一点的全部径路。进路分为列车进路和调车进路。进路要求其包括的道岔必须处在规定位置。

4. 进路的锁闭按时机分为预先锁闭和接近锁闭。预先锁闭在进路选通、有关联锁条件具备时构成,此时列车或调车车列尚未占用该进路的接近区段。接近锁闭(完全锁闭)在信号开放后接近区段有车占用时构成。进路的解锁指解除对进路的锁闭。进路的解锁也是该进路的各区段的解锁。按不同情况,进路的解锁分为正常解锁、取消解锁、调车中途返回解锁和故障解锁。

5. 城市轨道交通因运营的特殊性,其进路具有与铁路不同的情况,如多列车进路、追踪进路、折返进路、联锁监控区段、保护区段、侧面防护等。

6. 列车和调车车列在站内运行必须依据信号机开放的显示条件来进行,即每条进路必须有相应的信号机来防护,信号机的显示与所建立的进路相符合。如进路上的轨道区段有车占用,或道岔位置不正确,进路不能建立,有关的信号机不许开放;信号开放后,其所防护的进路不能变动,该进路上的道岔不得再转换,与此进路有关联的其他信号不能再开放。

7. 联锁表是根据车站信号平面布置图所展示的线路、道岔、信号机、轨道电路区段等情况,按规定的原则和格式编制的。联锁表以进路为主体,逐条地把排列进路需顺序按压的按钮、防护该进路的信号机名称和显示、进路要求检查并锁闭的道岔编号和位置、进路应检查的轨道电路区段名称以及与所排进路的敌对信号填写清楚。

8. 控制车站的道岔、进路和信号机,并实现它们之间联锁关系的设备,称为联锁设备。联锁设备可以采用机械的、机电的或电气的方法来实现,可以分散控制也可以集中控制。

9. 集中联锁用电气的方法集中控制和监督全站的道岔、进路和信号机,并实现它们之间的联锁。集中联锁包括继电式电气集中联锁方式和计算机联锁系统。若采用继电器组成的电路来进行控制并实现联锁的设备,称为继电式电气集中联锁,简称继电集中联锁。计算机联锁系统用计算机及程序完成联锁及控制功能。

10. 信号平面布置图是编制联锁表的主要依据,为满足编制联锁表的需要,信号平面布置图上一般应有以下主要内容:联锁区范围内的线路及非联锁区有密切联系的线路布置及编号,正线应加粗标出;正线的接车方向;联锁区范围内所有道岔的电位状态;信号机、轨道电路区段(含无岔区段)等有关设备机编号、名称和符号;信号机的灯光配列;轨道区段的划分,对不与信号机并置和不是渡线上的绝缘节,应标出其坐标,侵限绝缘节应用圆圈标出;与信号机位置有关的以及侵限绝缘节处和警冲标坐标;道岔和信号机的公里标。组合排列表表示定型组合和非定型组合等在组合架上的位置。

项目二 联锁执行设备维护

项目概述

城市轨道交通联锁设备的任务是安全可靠地控制车站联锁区域内的信号、道岔和进路,并实现它们之间的联锁关系。而联锁室外的执行设备主要是信号机和转辙机。信号机用来指示列车及调车车列的运行条件,它直接向司机发出运行指令;转辙机用来控制道岔转换锁闭并监督道岔的位置,二者都是关系行车安全的关键要素。学习者通过本项目的学习和训练应熟练掌握各种信号机及道岔控制设备的组成、原理和常见故障处理方法,以达到信号设备维修工岗位要求。

单元一 信号点灯设备维护

学习目标

1. 熟练掌握色灯信号机的各项参数及信号点灯电路的技术要求。

2. 熟练掌握道岔防护信号机、出站信号机、防护信号机信号点灯电路的工作原理。

3. 熟练掌握双丝转换、主灯丝断丝报警电路的原理。

4. 熟练掌握信号点灯电路检修测试和常见故障分析、判断及处理方法。

5. 能够按照作业标准测试信号点灯电路的各项参数、检修信号机,并迅速准确地处理信号点灯电路各种常见故障。

6. 进一步树立"安全第一"责任意识。

建议学时:6 学时

任务一 信号点灯设备的检修测试

任务描述

根据《城市轨道交通信号系统通用技术条件》(GB/T 12758—2004)、《铁路技术管理规程》和《铁路信号维护规则技术标准》的要求,熟练掌握信号点灯电路的基本要求和基本原理,做好色灯信号机的日常检修和测试工作。发现问题,要查明原因,及时处理,保证信号显示正确无误。

相关知识

一、信号显示有关技术条件

1. 信号显示意义

（1）正线信号

①红色灯光表示停车。

②黄色灯光表示注意或降低速度。

③绿色灯光表示按规定速度运行。

④黄灯加红灯为引导信号，允许列车以不大于 20km/h 速度越过信号机，并随时准备停车。

⑤其他显示意义的信号可采用基本颜色组合或闪光，也可以用符号、数字等形式表示。

（2）车辆段（停车场）信号

①出段/场信号机显示宜与正线一致。当车辆段/停车场部分或全部纳入列车运行安全防护范围时，相应范围内的信号机及其显示宜与正线一致。

②车辆段/停车场的调车信号机宜为蓝色、白色二显示。蓝色表示禁止调车，白色表示允许调车。

2. 信号定位显示

（1）防护道岔的进、出站信号机，道岔防护信号机，进、出段（场）信号机以停车信号显示为定位，其他列车信号以进行显示为定位。

（2）调车信号以禁止调车运行的信号显示为定位。

3. 点灯电路的要求

（1）当信号点灯电路发生断线故障时，应使信号显示降级。

（2）正在点亮的信号灯光电路发生断线，信号机就要灭灯。当允许灯光灭灯时，要自动改点禁止灯光。

（3）当信号点灯电路发生混线故障时，不许错误点亮允许灯光，造成信号升级显示。

由于调车作业速度较低，因此对于调车信号机，有时降低要求。即对调车信号的白灯，可不加混线保护措施。

二、信号点灯电路的基本组成

信号机点灯电路的室内部分主要有交流信号点灯电源、灯丝继电器（简称 DJ）、断路器等。交流信号点灯电源由室内电源屏供给，可减少线路电能损耗；DJ 用来监督信号灯泡灯丝的完整性。

信号点灯电路室外部分主要由信号灯泡、信号点灯变压器、灯丝转换继电器（简称 DZJ）等构成。对应每一信号灯泡，设有一个信号点灯变压器，置于信号机处的变压器箱内，用以将 220V 交流电压降为信号灯泡所用的 12V 电压；信号机采用双灯丝灯泡，由灯丝转换继电器完成主、副灯丝自动转换。

三、信号点灯电路的基本原理

为了提高信号点灯电路的可靠性,信号灯泡采用双灯丝灯泡。正常情况下,点亮下方的主灯丝。当主灯丝断丝时,点亮上方的副灯丝。点灯电路有自动报警的功能,当出现故障时能从控制台信号复示器亮灯状态以及电铃鸣响报警得到及时发现。

1. 基本原理

图 2-1 为红灯点灯局部电路图。在双灯丝灯泡的主灯丝电路中,串接有一个灯丝转换继电器 HDZJ。因平时红灯点灯,所以,平时红灯主丝点亮,HDZJ 在励磁吸起状态;当主灯丝断丝时,HDZJ 失磁落下,所以通过它的后接点,自动地把副灯丝接在电路中,使副灯丝亮灯。由于副灯丝点亮的回路中没有串联 HDZJ 线圈,所以副丝点灯电压应比主丝点灯电压略低。

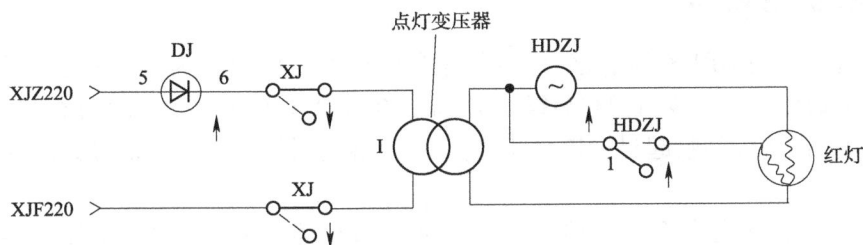

图 2-1 信号机红灯点灯局部电路

2. DDXL-34 型点灯单元

随着信号设备的不断更新,目前在信号点灯电路中大都使用点灯单元和多功能智能点灯单元。

如图 2-2 所示,DDXL-34 型点灯单元将点灯变压器和灯丝转换设备合一,还配置了 1 台检流变压器(TS126 型)和 1 个 LED 发光二极管。它的点灯变压器采用防雷装置,灯丝转换继电器采用 JZSJC 型。其控制原理并未改变,室内提供交流 220V 点灯电源,送至室外由点灯变压器隔离降压,正常点灯情况下,主灯丝点亮,同时灯丝转换继电器 DZJ 吸起;当主灯丝断丝时,灯丝转换继电器落下,通过其后接点接通副灯丝回路,点亮副灯丝;同时利用另一组接点接通断丝报警电路。

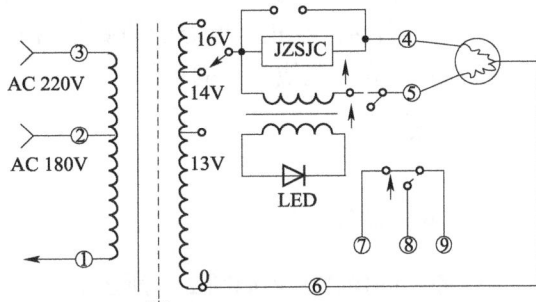

图 2-2 DDXL-34 型点灯单元电路图

另外,检流变压器的一次线圈串联在副灯丝回路中,二次线圈接一发光二极管,当主灯丝断丝点亮副灯丝时,发光二极管点亮。发光二极管还可以检查副灯丝完好性,检查的方法是:在了解联系要点登记格式后,可将 JZSJC 灯丝转换继电器线圈封连(此时一定要采取安全措施,以防发生人为故障),看点灯单元的 LED 红灯是否点亮,如果点亮说明副丝完好。

3. 多功能智能点灯单元

多功能智能点灯单元,如图 2-3 所示,它采用一体化的结构设计,集交流点灯、灯丝转换、故障定位报警为一体。它具有灯丝断丝定位报警功能,在原有点灯及报警电路的基础上,利用原有两根报警线进行传输,在信号楼内进行解码,通过灯丝断丝定位显示器显示断丝灯位。

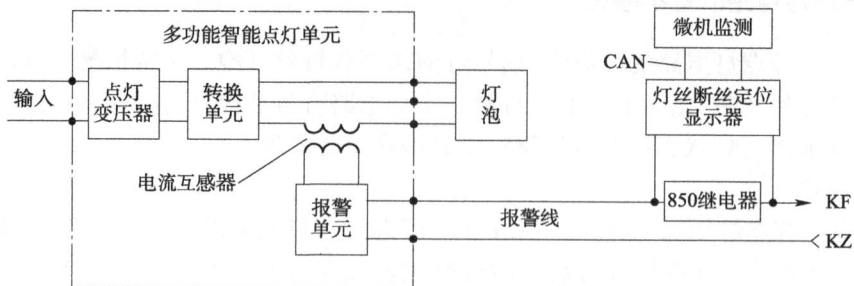

图 2-3 多功能智能点灯单元原理图

四、信号点灯电路的防护

信号点灯电路是利用室内有关继电器条件控制各种灯光显示,为防止信号显示升级,信号点灯电路应采取可靠的断线防护和混线防护,保证允许灯光灭灯时,改点禁止灯光。

(1)用信号继电器的吸起对应信号开放,用信号继电器的落下对应信号关闭,符合故障导向安全。

(2)为监督信号灯泡灯丝的完整性,在每个信号灯泡都串接有灯丝继电器 DJ,当信号点灯电路断线或灯光双丝均断而灭灯时,对应的灯丝继电器落下,从而控制信号降级显示。

(3)由于采用了室内集中供电,控制条件(继电器)在室内,控制对象(灯泡)在室外,所以,就很方便地把控制条件放在控制对象与电源之间,用位置法实现混线防护。这样,如果控制条件未接通而发生电缆混线时,信号灯光不会点亮。

(4)对于列车信号机,需防止从控制条件一侧混入一个极性的电源,使灯光错误点亮,造成信号显示升级。在正负电源的两侧分别加入控制条件,即对信号点灯电路去线和回线采用双断控制,提高了混线防护的可靠性。

任务实施

一、操作流程

任务一的操作流程如图 2-4 所示。

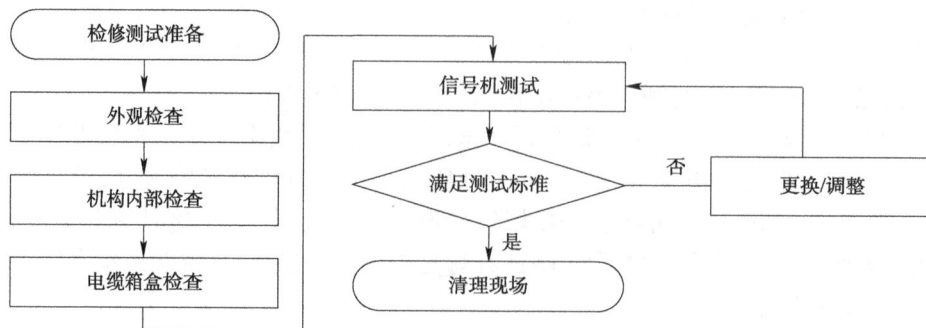

图 2-4 操作流程图

26

二、色灯信号机集中检修工作内容

1. 外观检查

(1)机柱(基础)正直,无明显倾斜,倾斜不超过36mm,信号机名称代号清晰。

(2)水泥机柱无剥落、无废孔,机顶不漏水,裂纹不超限,引线套及蛇管安装牢固、无脱落破损、作用良好。

(3)信号梯子垂直不弯扭、无损伤,各部螺栓紧固、无锈蚀,油漆良好。

(4)基础不破裂,周围除草培土情况良好。

(5)清扫良好,加锁完整。

2. 机构内外部检查

(1)机构安装牢固、平直,各部螺栓紧固完整,开口销齐全,机构各部无裂纹,门搭完好,遮沿不松动,油漆良好。透镜组严密,玻璃清洁无裂纹,各活动处注油适当。

(2)机构门严密,盘根作用良好,内部配线整齐,不破皮,无老伤,螺母垫片齐全紧固,线头不松动。灯室、灯座整洁,内玻璃清洁无破裂。

(3)灯座安装牢固,螺栓无松动,接触片接触良好,灯泡、灯丝不变形,灯头不摇动,主副丝转换告警良好,端压在10.2~11.4V范围内。

(4)各部清扫注油,加锁完整。

3. 电缆箱盒检查

(1)基础完整,不倾斜,代号清晰,培土良好,无杂草,箱盒无裂纹,不破损。

(2)箱内盘根作用良好,不进水、灰,配线整齐,不破皮,无老伤,螺母垫片齐全紧固,线头不松动,焊接良好,端子编号铭牌清晰,箱内整洁,无异物,无废孔。

(3)箱内变压器、电阻、继电器等固定良好,铭牌清楚,无过热现象,继电器防震作用良好,接插牢固,有绑扎,继电器不超过周期。

(4)各部清扫注油,加锁完整。

三、色灯信号机的测试

1. 测试内容

色灯信号机的测试内容主要包括:信号变压器一次侧电压、二次侧电压,主灯丝点灯端电压,副灯丝点灯端电压及副灯丝冷丝电压(采用可控硅灯丝转换装置时需进行冷丝端电压测量)。

2. 测试标准

(1)信号点灯变压器

①变压器一次侧额定电压为220V,允许范围为额定电压的-20%~+15%,即176~253V。

②变压器二次侧电压应根据信号灯泡端电压和变压器型号不同,调整使用端子达到使用标准。

③变压器 Ⅱ 次对地绝缘电阻值应不小于1MΩ。

(2)灯泡端电压

色灯信号机灯泡的额定电压为12V,信号灯泡的端电压应为额定值的85%~95%(调车信号灯泡端电压为75%~95%)。端电压高于额定值的95%,将缩短灯泡的使用寿命;低于额定值的85%,将影响信号显示距离。

(3)灯丝继电器交、直流电压或交流电流

JZXC-H18型:交流电压3.2~5V,直流电压1.5~3.5V,电流≥105mA;

JZXC-H18F、JZXC-H18F1、JJXC-15、JZXC-16/16型:电流≥145mA;

JZXC-H142型:电流≥50mA。

3. 测试方法

(1)用MF14型万用表交流250V挡,测试点灯变压器一次侧电压输入端子,测出一次侧电压。

(2)用万用表交流50V挡,测试点灯变压器二次侧电压引出线端子,测出变压器二次侧电压。

(3)在被测灯泡点亮的情况下测量端电压。用万用表交流50V挡,一个表笔接在灯泡公共端上,另一只表笔接在主丝灯座端子上,测出主丝端电压;然后人工切断主灯丝回路,改点副灯丝,公共端上表笔不动,另一只表笔接在副丝灯座端子上,测出副灯丝端电压。

(4)使用500V兆欧表测试,点灯变压器(点灯单元)二次对地绝缘电阻。

知识拓展

一、LED色灯信号机点灯原理

1. 电路的基本组成

LED信号机点灯系统分为室内和室外两部分。室内由交流110V电源、GTB隔离调压报警单元和集中报警设备组成(可选设备);室外为信号点灯单元。光源内由蜂房状透镜组、高亮度LED发光管和抗干扰门限辅助电路几部分组成。LED发光二极管电路为串联—并联相结合设计,将多个LED发光二极管与限流电阻串在一起,再将几组上述LED发光二极管组并联组成光源,排列成圆盘形状。

2. 计算机联锁点灯电路原理

(1)控制条件

根据行车调度计划,值班员在人—机接口界面层输入作业指令,经过计算机逻辑运算层进行运算处理,输出运算结果到联锁执行层,输出安全的控制信号,驱动联锁进路内的信号机相应的控制继电器,信号控制继电器励磁后构成需要的信号点灯电路条件,点亮相应色灯信号机,信号开放。列车根据信号机显示意义运行。

(2)电路原理

电路的基本形式是隔离、变压和整流。LED光源小型信号机构的供电电源是电源屏所供的AC110V电源,经室内变压器隔离、室外的点灯单元变压、整流转变为LED发光二极管所需的直流电源。

点灯变压器是一种新型的R型变压器,变压器额定输出功率40VA,空载电流小于5mA。光源实际消耗功率小于8W,保证电路有较高的安全可靠性。根据LED发光二极管的光电特性和考虑JZXC-H18灯丝继电器的工作值,每组LED发光二极管的管电流控制在20mA左右。

二、LED 色灯信号机检修

某地铁站 LED 色灯信号机半年检检修程序及技术标准见表 2-1。

信号机半年检检修程序及技术标准 表 2-1

设备名称	检修工作内容	检修标准	使用工具	周期
信号机	1. 检查信号机构、基础、箱盒外观	基础牢固,外观无损伤	各型螺丝刀、套筒扳手	每半年
	2. 检查紧固件及信号锁	紧固件及信号锁无锈蚀,各部加油、加锁良好	毛刷、棉丝、白布	
	3. 清扫机构内部、透镜玻璃,检查信号显示、箱盒防尘、防水状况	信号显示情况良好,箱盒防尘、防水状况良好	吹风机、棉丝、白布	
	4. 测量信号机构内部电压、电流(打开信号机构检查后,关闭灯箱盖时要注意信号机构内的电缆、导线不能与光源上的电阻接触,防止因电阻发热造成电缆、导线损坏)	变压器输入端电压(105 ± 10V);点灯端电压(42～52V);灯位工作电流(110～135mA)	数字万用表	
	5. 用手持机在报警仪上检测每个灯位的工作电流并做好记录	当工作电流超出规定范围时,要及时查出原因并排除	手持机	

任务二 信号点灯电路故障处理

任务描述

根据《城市轨道交通信号系统通用技术条件》和《铁路信号维护规则技术标准》的要求,熟练掌握站内各种信号机信号点灯电路的工作原理,发现信号机点灯电路故障,能够根据控制台现象和测试结果,按照相关技术作业要求,对信号点灯电路室内外各种常见故障进行分析、判断和处理,保证信号机能正确点亮各种灯光。

相关知识

一、信号点灯电路

城市轨道交通车站内正线及车辆段的地面固定信号机主要有进/出段信号机、出站信号机、道岔防护信号机、阻挡信号机、调车信号机等。在 CBTC 系统中,正常情况下,正线区段列车以车载信号显示作为行车凭证,CBTC 所辖区域内所有信号机灭灯或亮灯(不同的信号系统设计不同),但地面信号对列车运行已失去指示作用。只有非 CBTC 列车及地面发生故障情况降级运行的列车按地面信号机的指示进行人工驾驶。《地铁设计规范》(GB 50157—2013)对信号机显示意义未作统一规定,各地对信号的显示要求有所不同。下面以某地铁站内正线上信号机为例介绍信号机点灯电路的原理。

不同的信号系统在设计时信号继电器名称有所不同,本任务中信号继电器名称分别为:蓝灯信号继电器(AXJ)、绿灯信号继电器(LXJ)、黄灯信号继电器(UXJ)、引导信号继电器

（YXJ）。以下将各种信号机信号点灯电路简称为信号机点灯电路。

1. 防护信号机点灯电路

（1）DJ 的配置

防护信号机有四个灯位，从上到下为 U、L、H、A。信号机有蓝、红、绿、黄红四种显示。四个灯位中有时会有两个灯泡同时点亮，对于能同时亮灯的两个灯泡，不能用一个灯丝继电器进行监督，因为当两个中坏一个时，没有办法区分是哪个坏了；对于不能同时亮灯的几个灯泡，可用同一个灯丝继电器进行监督，用控制灯光的条件进行区分。

灯位中只有 U 和 H 能同时亮灯，构成引导信号显示。所以，如图 2-5 所示，A 和 H 用第一灯丝继电器 DJ（JZXC-H18）监督，而 L 和 U 用第二灯丝继电器 2DJ 监督。

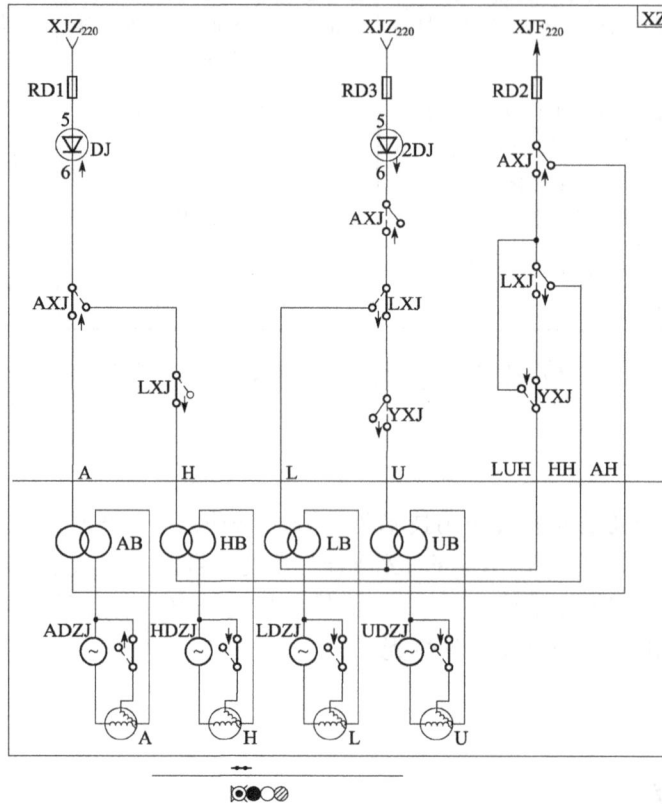

图 2-5　防护信号机点灯电路

（2）防护信号机点灯电路原理

正常情况下按 CBTC 方式运行，信号机平时点亮蓝灯，不阻拦列车；当列车按地面信号机运行时，AXJ 落下，信号机平时点红灯，开放信号时，相应的信号继电器吸起，使允许灯光点亮。

①平时（以机车信号为主）AXJ↑，经 AXJ-Q 接点接通蓝灯点灯变压器 AB，变压器 AB 次级电路闭合有输出，防护信号机点亮蓝灯。初级线圈电路中串接的 DJ 在励磁吸起条件，假如这时蓝灯灭灯（主、副灯丝都烧断），则 DJ 将因 AB 的次级断开没有输出，初级线圈电路中的电流大大减少而失磁落下，及时反映出蓝灯已断丝。

②平时（以地面信号为主）AXJ↓、LXJ↓，经 AXJ-H、LXJ-H 接点接通红灯点灯变压器 HB，信号机点亮红灯。由于 AXJ 落下后，切断 AB 初级线圈的电路，使蓝灯灭灯，此时 DJ 仍在励磁

吸起状态,用以监督红灯点灯。

③当 AXJ↓、LXJ↑时,经 AXJ-H、LXJ-Q 接点接通绿灯点灯变压器 LB,使信号机点亮绿灯。表示进路空闲,允许列车越过该信号机。由于 LXJ 吸起后,切断 HB 初级线圈的电路,使红灯灭灯。

④开放引导信号时 AXJ↓、LXJ↓、YXJ↑,经 AXJ-H、LXJ-H 接点接通红灯点灯变压器 HB,信号机点亮红灯;同时经 AXJ-H、LXJ-H、YXJ-Q 接点接通黄灯点灯变压器 UB,点亮黄灯。此时,红灯和黄灯同时点灯。允许以 20km/h 的速度越过该信号机入段,并随时准备停车。

在这里,每种信号灯光显示电路都采用了双断法。U 和 L 共用一条回线(LUH),这样,每一进段信号机室内外的联系线为 7 条电缆线。

2.出站信号机点灯电路

(1)DJ 的配置

出站信号机有 3 个灯位,从上到下为 L、H、A。有绿、红、蓝 3 种显示。图 2-6 是出站信号机点灯电路。由于灯位中 3 个信号灯光都不能同时点亮,所以由 1 个灯丝继电器进行监督。

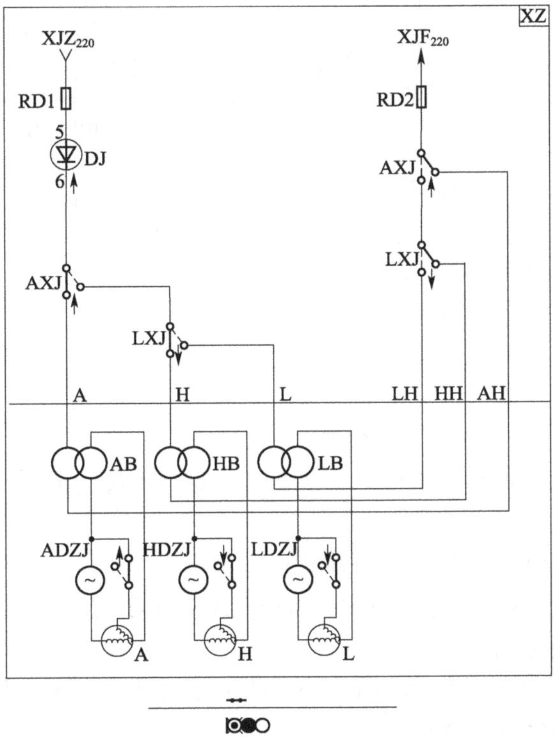

图 2-6　出站信号机点灯电路

(2)出站信号机点灯电路原理

①平时(以机车信号为主)AXJ↑,出站信号机点亮蓝灯。其原理与防护信号机点灯电路相同。

②平时(以地面信号为主)AXJ↓、LXJ↓,出站信号机点亮红灯。其原理与防护信号机点灯电路相同。

31

③允许发车时 AXJ↓、LXJ↑，出站信号机点亮绿灯，表示进路空闲，允许列车越过该信号机出站，进路中道岔开通直股。

3. 道岔防护、道岔防护兼出站信号机，点灯电路

（1）DJ 的配置

道岔防护或道岔防护兼出站信号机有 4 个灯位，从上到下为 U、L、H、A。信号机有蓝、红、绿、黄、黄红 5 种显示，由于灯位中 U 和 H 能同时亮灯，构成引导信号显示。所以，如图 2-7 所示，A 和 H 用第一灯丝继电器 DJ(JZXC-H18)监督，而 L 和 U 用第二灯丝继电器 2DJ 监督。

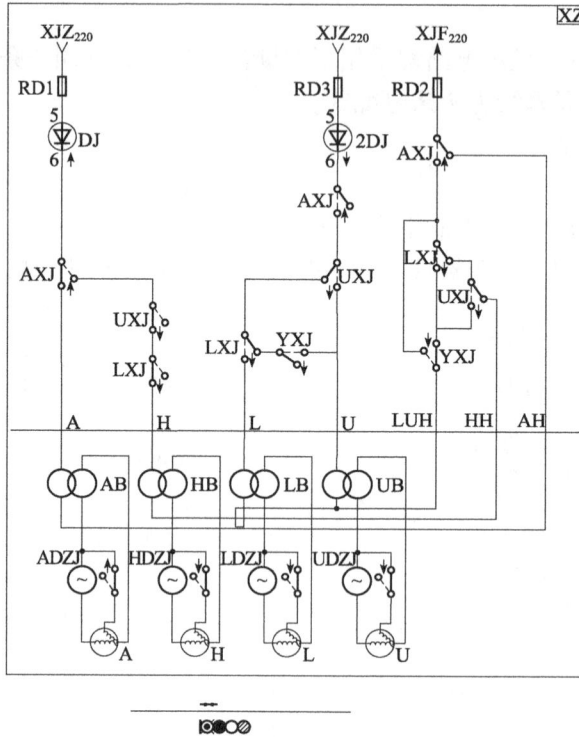

图 2-7　道岔防护、道岔防护兼出站信号机点灯电路

（2）点灯电路原理

①蓝灯点灯、红灯点灯原理与前面所述相同。

②当 AXJ↓、UXJ↑、LXJ↓，经 AXJ-H、UXJ-Q 点亮黄灯，表示进路空闲，允许列车越过该信号机，进路中道岔开通侧向。

③当 AXJ↓、UXJ↓、LXJ↑，经 AXJ-H、UXJ-H、LXJ-Q 点亮绿灯，表示进路空闲，允许列车越过该信号机，进路中道岔开通直向。

④当 AXJ↓、UXJ↓、LXJ↓、YXJ↑，经 AXJ-H、UXJ-H、LXJ-H 接点点亮红灯；同时经 AXJ-H、UXJ-H、LXJ-H、YXJ-Q 接点点亮黄灯，开放引导信号。

有的道岔防护信号机所防护道岔只开通侧向，直向位置为预留延伸线路。其信号机也有四个灯位，第二个是空灯位，从上到下为 U、空、H、A，如图 2-8 所示。信号机有蓝、红、黄、黄红四种显示。由于防护道岔只开通侧向，所以没有绿灯显示，其控制条件中不用 LXJ，电路图在图 2-7 基础上进行了简化，原理不再复述。

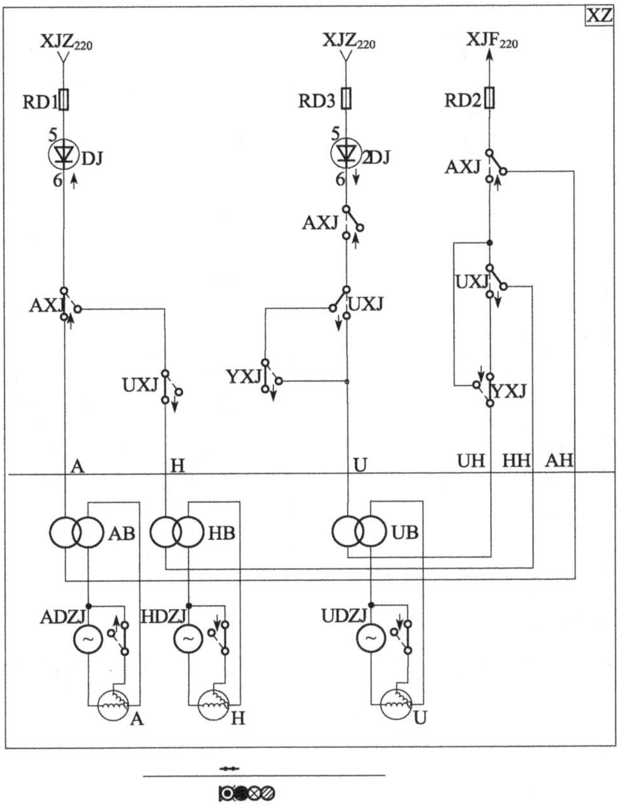

图 2-8 道岔防护信号点灯电路

4. 阻挡信号机点灯电路

图 2-9 是阻挡信号机点灯电路。平时一直点亮红灯,表示前方已无线路,严禁列车越过该信号机。

5. 调车信号机点灯电路

图 2-10 是调车信号机点灯电路。平时 DXJ 落下,经其后接点接通蓝灯变压器 AB 电路,点亮蓝灯;开放调车信号时,DXJ 吸起,经其前接点接通白灯变压器 BB 电路,点亮月白灯。

二、DZD-BT 信号点灯单元断丝报警电路

主灯丝断丝报警电路是用来监督信号机各灯泡主灯丝的完整性。当某信号机灯泡主灯丝断丝(或主灯丝回路发生断线故障)时实现报警,应及时更换灯泡,确保列车信号机不中断信号显示。由于原灯丝报警电路存在不易确定具体断丝灯位、灯丝转换继电器易出现接点老化等缺点,在这里不作介绍。

1. DZD-BT 信号点灯单元的功能

DZD-BT 信号点灯单元采用了新的报警方式,其原理如图 2-11 所示。DZD-BT 信号点灯单元是集交流点灯、灯丝转换、故障定位报警和副灯丝在线检测为一体的信号点灯单元,具有灯丝断丝定位报警功能。他利用两根报警电缆线进行传输具有代码的报警信号,在信号楼内进行采样,然后通过显示终端进行显示,最长传输距离可达 25km。

图 2-9　阻挡信号机点灯电路

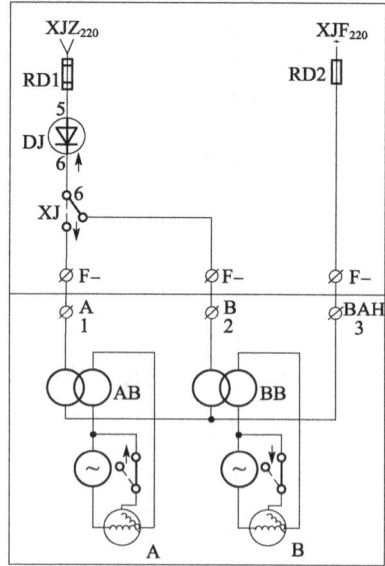

图 2-10　调车信号机点灯电路

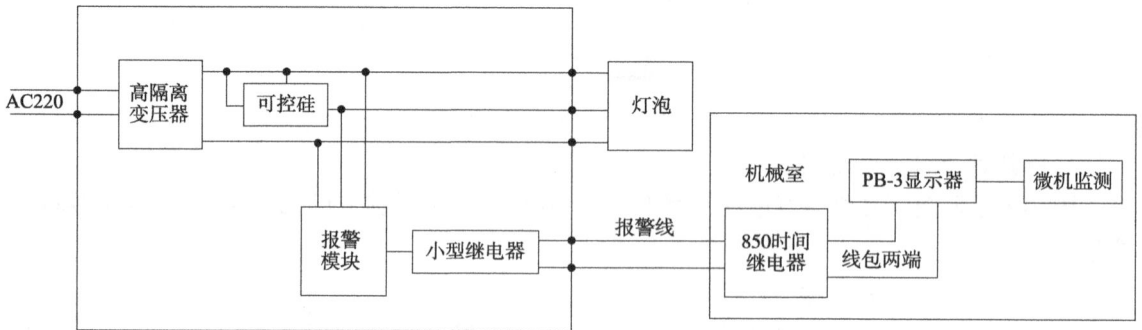

图 2-11　DZD-BT 信号点灯单元原理

DZD-BT 信号点灯单元在主灯丝工作时,内部的晶闸管和报警模块平时处于半工作状态,即所有灯光的 DZJ 平时均处于落下状态,只有当灯丝断丝时报警模块才完全工作,使 DZJ 吸起。

2. DZD-BT 信号点灯单元的原理

DZD-BT 信号点灯单元断丝报警电路如图 2-12 所示,其将每架信号机各灯位的 DZJ 前接点并联控制,由两根电缆线引入室内,控制室内的断丝报警继电器 DSBJ。当任一点亮灯光的主灯丝断丝均接通 DSBJ 电路,3s 后使 DSBJ 吸起,发出主灯丝断丝报警信号。

为了提供断丝灯位的准确位置,每架信号机的每一灯位均设定了唯一固定的地址码。各灯位的地址码可通过 DZD-BT 点灯单元主机背面的 8 位调节开关设置。点灯单元的地址码由两位代码组成,拨码开关为 8 位,4 位为一组,代表一位代码,每一组的开关可以组合成 16 种状态,对应二进制代码的 0~F,两组代码组合可设置 00~FF 地址代码。

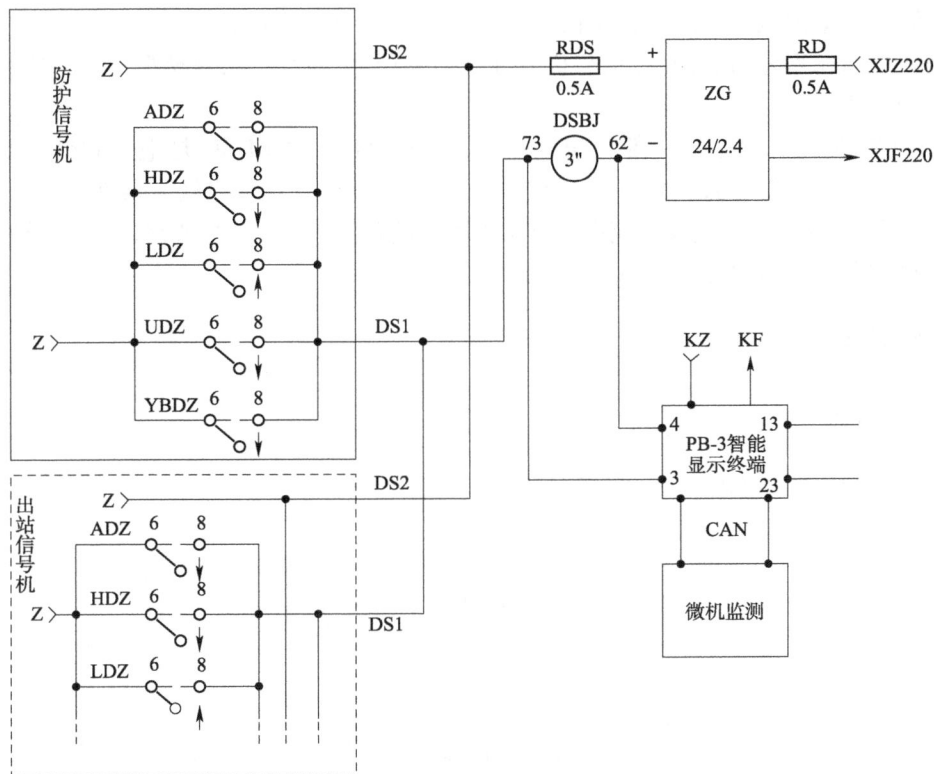

图 2-12 DZD-BT 信号点灯单元断丝报警电路

灯位代码设置后,当该灯位灯光点亮的过程中发生主灯丝断丝时,由可控硅首先控制灯丝转换,点亮副灯丝,同时报警模块检测出断丝故障后,按照代码设置首先产生代码脉冲,控制小型 DZJ 脉动。这样,代码信号即可传输到室内。由于在室内 DSBJ 的电源输入端(73、62)并联了 PB-3 智能显示终端,该终端对断丝报警电流进行取样,DZJ 脉动时,显示终端获得地址码的信号,经译码后即可提供断丝灯位的准确位置。经 3 s 后,断丝报警电路中电流变为稳定的直流,使 DSBJ 吸起时发出断丝报警信号,其表示灯和音响控制与上述相同,同时 PB-3 智能显示终端还将灯位报警信息提供给微机监测系统。

DZD-BT 单元不仅在主灯丝断丝时能给出准确的报警信息,而且由于报警模块在主灯丝工作时处于半工作状态,也能对副灯丝预热并在线检测。主灯丝点亮的过程中,如果副灯丝断丝,报警模块也同样工作,提供相同的地址代码和报警信号,只是与同一灯位主灯丝断丝报警不能区分,但这样减少了双灯丝同时断的可能,提高了信号显示的可靠性。只要发现断丝故障,无论是主灯丝还是副灯丝断丝都必须立即更换灯泡。

三、信号机点灯电路故障分析

信号机及点灯电路出现故障时,根据信号机故障现象,观察室内控制台上信号复示器亮灯状态及主灯丝断丝报警电铃是否鸣响,在分线盘处对故障回路电缆接线端子进行测试,区分故障在室内还是在室外。

经测试判断确定为室内故障时,应首先检查熔断器,检查电源是否有电,再检查测试控制条件是否满足。室内电路故障可按室内控制电路故障分析方法查找。

经确认故障在室外后,对高柱信号机应在信号变压器箱处测试,对矮型信号机应在信号机内电缆端子处测试。

(1)若有交流220V电压,一般为信号变压器故障、灯泡接触不良、灯泡主副灯丝均断丝或灯丝转换继电器故障等,当信号机内元器件故障时进行相应处理或更换元器件;

(2)若无电压则为电缆故障,应在该故障回路电缆经过的方向盒或终端盒端子处进行测试,找出故障断线点进行相应处理或换上备用芯线。

任务实施

一、操作流程

任务二的操作流程如图 2-13 所示。

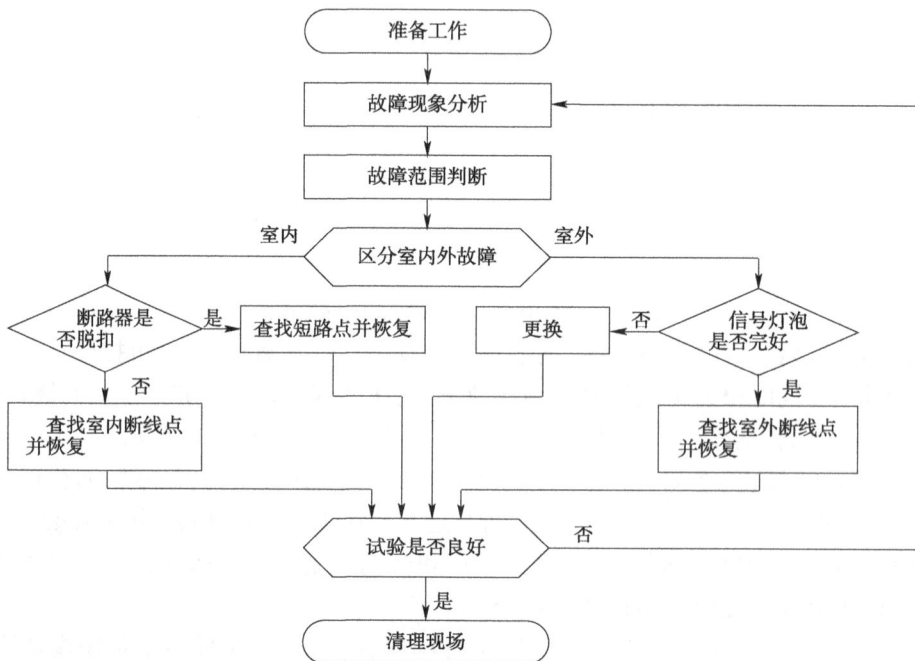

图 2-13　操作流程图

二、信号点灯电路故障分析与判断

(1)某调车信号复示器在没有办理进路时闪光,可进行排路试验,按下列步骤判断故障:

①如果调车信号正常开放,复示器显示正常,不再闪光,可能是室外蓝灯灯泡断丝、灯泡与灯座接触不良或蓝灯点灯变压器故障。

②如果调车信号不能正常开放,白灯复示器一直闪光,则可判断为信号点灯电路中断路器脱扣,白蓝灯共用部分断线。

(2)如果信号复示器平时正常,当排列进路开放调车信号时,复示器闪一下白灯又灭,可判断为白灯点灯电路故障。

当发现几架信号机的复示器同时闪光,此现象可能是信号点灯电源断路器断开。

每种列车信号灯光都有灯丝转换器监督,一个咽喉共用一套主灯丝断丝报警设备,当发现报警时,要确认是哪架信号机、哪一灯位主灯丝断丝,应进行改变信号显示试验,使各列车信号机变换灯光显示,看到断丝报警灯灭灯,即可确定该架信号机对应灯泡的主灯丝断丝。如果采用智能点灯单元,则可直接提供断丝灯泡位置,不需试验。

三、信号点灯电路故障处理

当确定为信号机的某一灯光点灯电路故障后,用万用表交流250V电压挡在分线盘上测量该灯光点灯回路对应两端子之间的电压。注意:若为允许灯光点灯电路故障时,应在重复开放信号的瞬间测量。

(1)若分线盘端子间有电压则为室外开路故障,检查处理程序如下:

①打开信号机构,检查灯泡是否断丝,如果断丝立即更换灯泡。

②如果信号灯泡完好,则用万用表交流250V挡测量点灯变压器Ⅱ次侧端子是否有电压,如果有电压,则为变压器二次侧至灯座之间断线。

③如果点灯变压器二次侧端子没有电压,则用万用表交流250V电压挡测量点灯变压器一次侧端子是否有电压,如果有电压则为点灯变压器故障,更换变压器。

④如果点灯变压器一次侧端子没有电压,则为分线盘至点灯变压器之间电缆断线,应用万用表交流250V电压挡沿电缆路径顺序查找故障点。

(2)若分线盘端子间无电压,检查处理程序如下:

①检查室内点灯电路断路器是否脱扣,若断路器完好,采用借电源法查找室内断线点。

②若断路器脱扣,则应甩开分线盘上电缆线,然后更换断路器。如果新更换的断路器又断,则为室内短路,应设法查找短路点。

③若新更换的断路器不断,则为室外短路,应先甩掉点灯变压器,用兆欧表测量点灯变压器一次侧是否短路;如果变压器正常,应查找电缆短路地点。

📖 知识拓展

LED 色灯信号机灯丝报警电路

LED色灯信号机显示的控制原理与前面所述相同,只是信号光源不再为双灯丝灯泡,而是换为多个发光二极管的串并联,供电电源是电源屏所供的AC110V电源,电路的基本形式为隔离、变压和整流。图2-14为某地铁站灯丝报警仪电路。

(1)报警信号可监测每架信号机的每个灯位,报警不需要专设报警电缆线。

(2)报警电路采用电压和电流采集方式。电流采集点对应红灯灯位;电压采集需3根电压采集线,电压采集点1(对应绿灯灯位)、电压采集点2(对应黄灯灯位)和采集回线。若一个灯丝继电器用于两个信号灯位时,需2根电压采集线,即电压采集点1或电压采集点2和采集回线;若信号机只有一个灯位时,不需要电压采集点。

(3)当电流低于设定的下限值或高于设定的上限值时,报警单元发出报警信号。报警上下限数值可在0~200mA内任意设定。

（4）短路保护功能。当 LED 信号机光源、点灯单元或电缆线路等发生短路,造成信号机灭灯时,可自动保护,避免信号升级。当禁止灯光发生短路时,则切断电源,保证 DJ 灯丝继电器失磁。当在开放允许信号时发生短路,自动关闭信号改点禁止灯光。

（5）报警输出可与传统的继电器报警电路相结合,也可与微机监测等设备相结合。

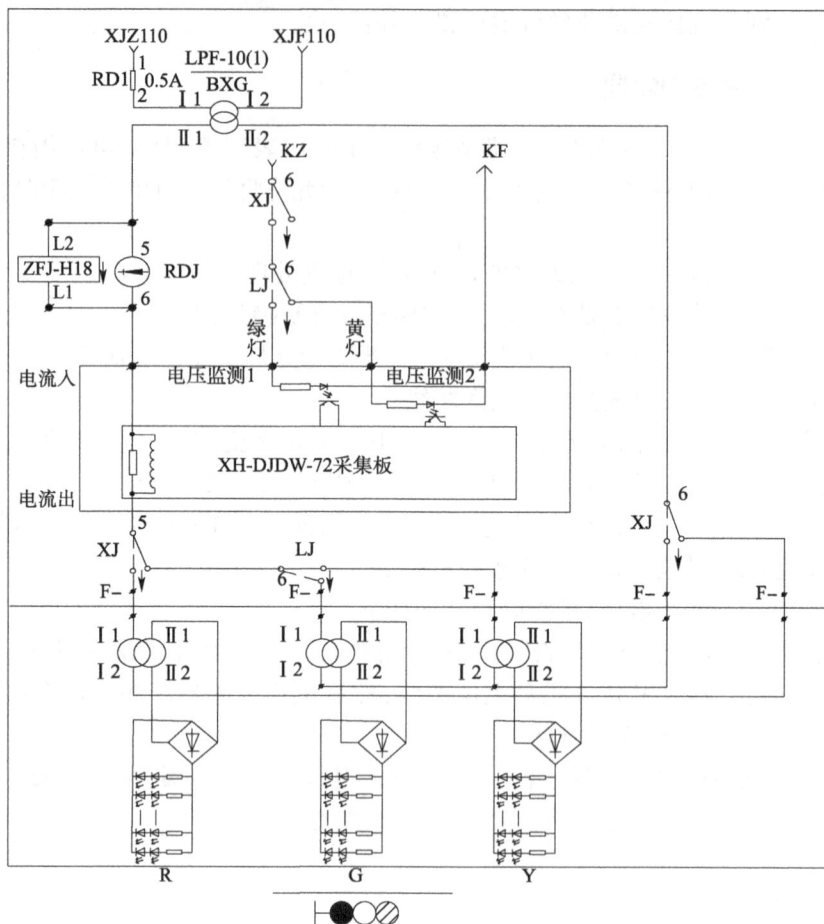

图 2-14　灯丝报警仪电路

单元二　道岔控制设备维护

📖 **学习目标**

1. 了解常见交流转辙机、直流转辙机的结构及基本原理。
2. 掌握 ZD6、S700K、ZYJ7 及 ZDJ9 等常见转辙机相关参数及调整规范。
3. 理解交流道岔控制电路和直流道岔控制电路的原理。
4. 掌握交流道岔控制电路、直流道岔控制电路分析方法。
5. 掌握道岔控制电路排查故障处理方法。

建设学时:16 学时

任务三　直流道岔控制设备维护

任务描述

1. 了解 ZD6-A 型电动转辙机的组成、技术参数及调整规范与方法。
2. 分析四、六线制直流道岔控制电路。
3. 直流道岔控制电路故障分析处理及典型案例分析。
4. 分析挤岔报警电路。

相关知识

一、ZD6 系列电动转辙机

ZD6 系列电动转辙机是城市轨道交通中使用最为广泛的电动转辙机,有 A、D、E、J 等派生型号。其中 ZD6-A 型是 ZD6 系列电动转辙机的基本机型,故以 ZD6-A 型为例简要介绍其基本结构。ZD6-A 型电动转辙机主要由电机、减速器、摩擦联结器、自动开闭器、主轴、动作杆、表示杆、移位接触器、遮断接点、外壳等组成,如图 2-15 所示。

电机:为转辙机提供动力,采用直流串激式电动机。

减速器:用来降低转速以换取足够的转矩,并完成传动。由第一级齿轮、第二级行星传动式减速器组成。第一级小齿轮带动大齿轮,减速比为 103∶27,第二级为行星传动式减速器,减速比是 41∶1。

摩擦联接器:由弹簧和摩擦制动板构成,形成输出轴与主轴之间的摩擦连接,以防止尖轨受阻时损坏机件。

自动开闭器:用来及时、正确反映道岔尖轨的位置,并完成控制电动机转动和提供挤岔报警的功能。

主轴:由输出轴通过启动片带动旋转,主轴上安装锁闭齿轮。锁闭齿轮与齿条块配合运动,将旋转运动变为水平运行,完成转换和锁闭道岔。

动作杆:动作杆与齿条块用挤切销相连。正常动作时,齿条块带动动作杆;挤岔时,挤切销折断,动作杆和齿条块分离,避免机件损坏。

表示杆:由前、后表示杆及两个检查块组成。表示杆随尖轨移动,给出道岔定位、反位表示;挤岔时断开表示电路。

移位接触器:用来监督挤切销的受损状态,道岔被挤或挤切销折断时,断开道岔表示电路。

遮断接点:用来保证维修安全。正常使用时,遮断接点接通,才能接通道岔动作电路。检修时,断开遮断接点,以防止检修过程中转辙机转动影响维修人员作业。

外壳:用来固定转辙机各部件,防护内部件免受机械损伤和雨水、尘土侵入,提供整机安装条件。

二、ZD6 系列电动转辙机的技术参数测试调整

ZD6 系列电动转辙机的型号及主要技术参数见表 2-2 所示。

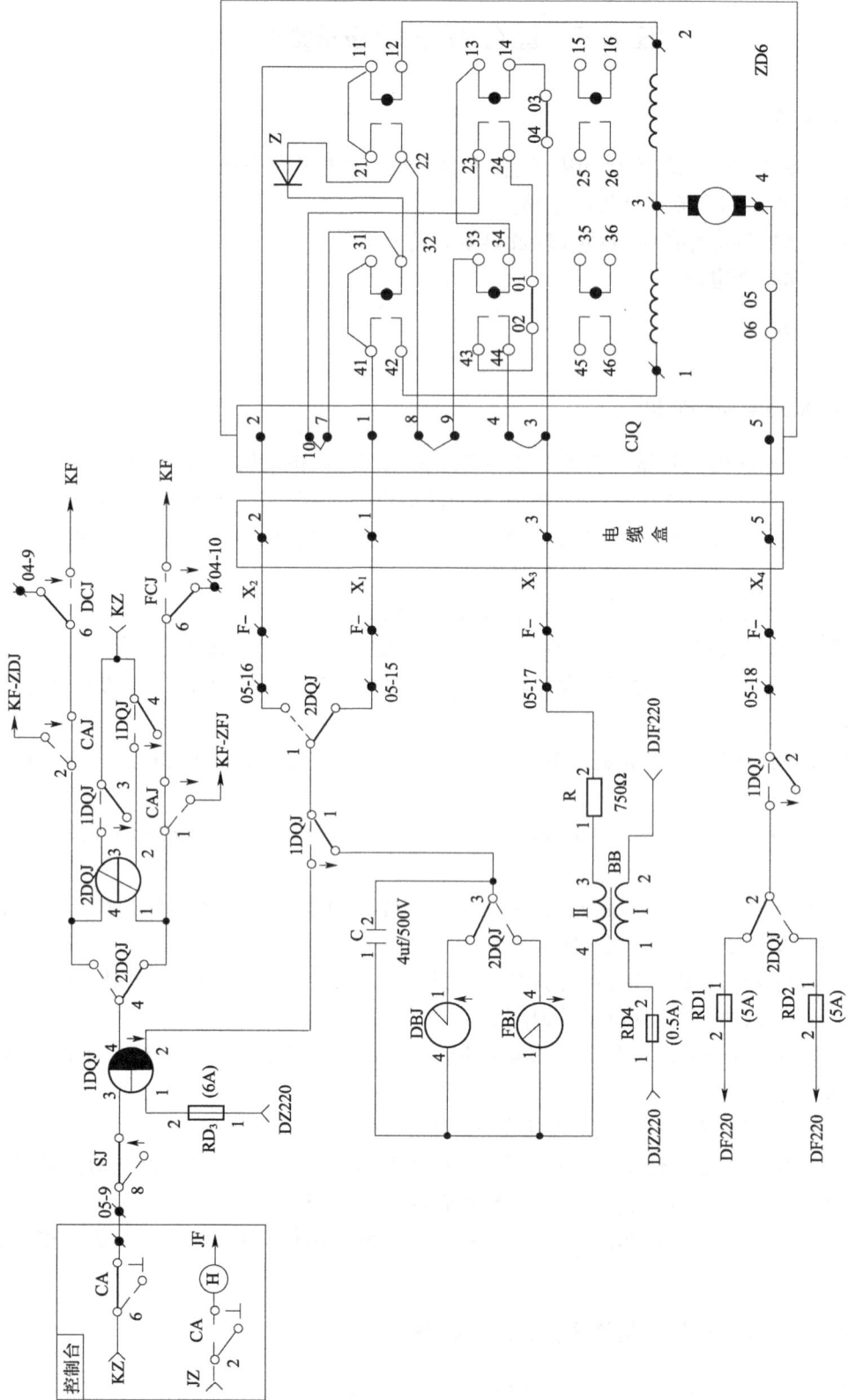

图 2-15 四线制单动道岔控制电路图

ZD6 系列电动转辙机的型号及主要技术参数　　　　　　表 2-2

型　　号	额定电压（V）	额定转换力（N）	动作杆动程（mm）	表示杆动程（mm）	转换时间（s）	工作电流（A）	主副销抗挤切力（N）	表示杆销抗挤切力（N）
ZD6-A165/250	160	2450	$165 + ^2$	135-185	≤3.8	≤2.0	主副 29420±1961	—
ZD6-D165/350	160	3430	$165 + ^2$	135-185	≤5.5	≤2.0	主 29420±1961副 49000±1961	14700~17600
ZD6-E190/600	160	5884	$190 + ^2$	140-190	≤9	≤2.0	主 49000±1961副 ≥88260	设固定检查缺口≥20000
ZD6-F130/450	160	4410	$130 + ^2$	80-130	≤6.5	≤2.0	主 29420±1961副 49000±1961	14700~17600
ZD6-G165/600	160	5884	$165 + ^2$	135-185	≤9	≤2.0	主 29420±1961副 49000±1961	14700~17600
ZD6-H165/350	160	3430	$165 + ^2$	80-130	≤5.5	≤2.0	主 29420±1961副 49000±1961	—
ZD6-J165/600	160	5884	$165 + ^2$	50-100	≤9	≤2.0	主 29420±1961副 49000±1961	—
ZD6-K190/350	160	3430	$190 + ^2$	80-130	≤7.5	≤2.0	主 29420±1961副 49000±1961	—

三、ZD6 系列电动转辙机的调整

1.ZD6 系列电动转辙机的技术规范

（1）当道岔被挤时,同一组道岔上的转辙机的表示接点必须断开,非经人工恢复不得接通电路。

（2）正线道岔不锁闭时应在转换 13s 内停止转换。

（3）ZD6 系列电动转辙机的额定工作电压是直流 160V。

（4）直流电机的碳刷与换向器呈同心弧面接触,接触面积不少于碳刷面的 3/4,工作时应无过大火花。

（5）转辙机的动作电流在 1.5A 及其以下,摩擦电流 2.3~2.9A,定位、反位偏差小于 0.3A（车辆段单动道岔:2.3~2.6A;车辆段复式交分及正线道岔:2.6~2.9A）。

（6）手摇道岔时,尖轨密贴锁闭后,转辙机减速器应有少小于 3.5 圈的余量。

（7）单机牵引 5 号道岔、7 号道岔、9 号道岔:开口量在（152±3）mm 内,左右偏差小于 2mm。

2.ZD6 系列电动转辙机调整

（1）工作电流及摩擦电流的测试

将转辙机的遮断器打开,万用表置于直流 5A 档,两表笔分别插在 05、06 插孔上。道岔动作过程中,万用表所指示的值为工作电流。在道岔第一连接杆处尖轨与基本轨之间夹入 4mm

厚,20mm 宽铁板,道岔转到底,万用表所示的数值为摩擦电流(两只表笔应注意极性,并根据道岔转换方向,变换表笔)。

(2)道岔表示继电器交、直流电压的测试

交流电压的测试,用万用表交流 100V 档测量表示继电器的 1.4 线圈上的电压。直流电压的测试,用万用表直流 100V 档在表示继电器 1.4 线圈上测量。

(3)道岔的调整

道岔调整的程序:先调密贴、后调表示缺口;先调伸出,后调拉入(伸出、拉入指动作杆的状态)。调整前工务道岔开口必须合适,一般道岔开口在 142mm 至 152mm 之间,以保证密贴调整杆的空动距离不小于 5mm。

①尖轨密贴的调整。

尖轨在转辙机的带动下到规定位置并完成机械锁闭后,必须与基本轨密贴并满足相关规定,其密贴调整是靠调整密贴调整杆上的两个轴套来完成的。当尖轨与基本轨不密贴时,可拧开螺母,退出挡环,旋动轴套,将轴套间隙缩小,当动作杆处于伸出位置时应调整内轴套,当动作杆在拉入位置时,则应调整外轴套。

当尖轨已经密贴而转辙机不能完成机械锁闭(锁闭圆弧不能进入削尖齿内)时,应将两轴套的间隙增大,当动作处于伸出位置时应调内轴套,动作杆在拉入位置时调外轴套。转辙机动作杆动程、尖轨开程、密调杆空动距离三者有如下关系:

转辙机动作杆动程 = 尖轨开程 + 密调杆空动距离 + (销孔旷量 + 杆类压力变形量)

密贴调整后要用厚 4mm 宽 20mm 的试验板夹在尖轨与基本轨间(第一连接杆处)进行 4mm 不锁闭试验,最后要紧固螺母,并加防松措施。

②表示杆缺口调整。

表示杆是用来检查道岔尖轨密贴的。

道岔密贴调整后,就要调整表示杆使检查柱落入其相应的缺口内,并满足两侧间隙为 $(1.5 + 0.5)$mm 的标准。

表示杆装在前表示杆上,前表示杆直接与尖轨相联系,在调整表示杆缺口时必须先调整表示杆伸出位置的缺口,后调整拉入位置的缺口。

调整表示杆伸出位置缺口时,须调整表示杆杆架在尖端杆上的位置:当间隙大于$(1.5 + 0.5)$mm 时,松开螺母向靠近转辙机一侧调杆架;当间隙小于$(1.5 + 0.5)$mm 时,松开螺母向外侧(不靠转辙机侧)调杆架,调整标准后紧固螺母,并加防松措施。

调整表示杆拉入位置缺口时,在表示杆伸出位置调整标准后,道岔扳到拉入位置,松开前后表示杆的紧固螺母,旋转后表示杆尾部的调整螺母,当间隙过大时顺时针方向旋转,间隙过小时逆时针旋转,调标准后,要将前后表示杆的紧固螺母拧紧。

注意:调表示杆缺口必须在尖轨与基本轨密贴后才能调整,且先调伸出位,后调拉入位,这个顺序是不能颠倒的。

③摩擦电流的调整。

打开遮断器,将万用表置直流 5A 档,两表笔接 05、06 插孔上,扳动道岔时,用 4mm 铁板夹于尖轨与基本轨之间(第一连接杆处),使电动转辙机空转。此时调整摩擦带上的弹簧螺母的松或紧即可调整摩擦电流的大小,联结过紧时摩擦电流增大,过松时电流减小,在拧动螺母而摩擦电流变化不大时,可用扳手轻轻敲击压力弹簧,摩擦电流即可调整。

四、直流道岔控制电路原理

1. 四线制单动道岔控制电路

(1)道岔启动电路。

①技术要求。

为了保证行车安全,道岔启动电路必须满足以下技术要求:

a. 有车不能转:道岔区段有车占用,或道岔区段轨道电路发生故障时,该区段内道岔不能转换。对道岔的此种锁闭称为区段锁闭。

b. 锁闭不能转:进路在锁闭状态时,进路有关道岔(包括防护道岔)不能再转换。对道岔的此种锁闭称为进路锁闭。

c. 要转转到底:道岔一经启动,就应转换到底,不受车辆进入的影响,也不受车站值班员的控制。否则,在车辆进入道岔区段时,若道岔停转或受车站值班员控制而回转,都可能造成脱轨或挤岔事故。

d. 不转就断电:道岔启动电路接通后,由于电路故障(如自动开闭器接点、电动机碳刷接触不良)使道岔未转动,应能自动断开启动电路,以免由于邻线列车震动等原因使故障消除以后造成道岔自行转换。

e. 遇阻向回转:道岔转换途中受阻(如尖轨与基本轨的轨缝夹有道砟等)使道岔不能转换到底时,应保证经车站值班员操作能使道岔转回原位。

f. 转完就断电:道岔转换完毕应能自动断开启动电路。

②道岔启动电路工作原理。

道岔启动采用分级控制方式,首先由第一道岔启动继电器 1DQJ 检查联锁条件;然后由第二道岔启动继电器 2DQJ 控制电动机旋转方向;最后由直流电动机转换道岔。

道岔控制分为进路操纵和单独操纵两种方式。进路操纵是通过办理进路,使选岔网络中的 DCJ 或 FCJ 吸起,接通道岔启动电路,转换道岔至规定位置。单独操纵是按下道岔按钮 CA,同时按下本咽喉道岔总定位按钮 ZDA 或道岔总反位按钮 ZFA,接通道岔启动电路,转换道岔至规定位置。

a. 进路操纵。

以进路的方式使进路上各组道岔按进路要求接通电动转辙机将道岔转换到定位或反位。选岔网络按照选路的要求,选出进路上各组道岔应转向的位置,即如果某道岔是定位操纵继电器 DCJ 吸起,就接通道岔启动电路使该道岔转向定位;若是反位操纵继电器 FCJ 吸起,则接通道岔启动电路使道岔转向反位。全进路上的道岔按进路要求一次排出。

图 2-15 为四线制单动道岔控制电路图,是道岔在定位状态的电路。当道岔由定位向反位转换时,道岔启动电路的 1DQJ 励磁电路为:

$$KZ—CA_{61-63}—SJ_{81-82}—1DQJ_{3-4}—2DQJ_{141-142}—CAJ_{11-13}—FCJ_{61-62}—KF。$$

1DQJ 励磁后,其前接点接通 2DQJ 的转极电路,2DQJ 的转极电路是:$KZ—1DQJ_{41-42}—2DQJ_{2-1}—CAJ_{11-13}—FCJ_{61-62}—KF。$

由于 1DQJ 的吸起和 2DQJ 的转极,接通 1DQJ 的 1-2 线圈自闭电路。其电路为:

DZ_{220}—RD_3—$1DQJ_{1-2}$—$1DQJ_{12-11}$—$2DQJ_{111-113}$—自动开闭器 11-12—电动机定子绕组 2-3—电动机转子绕组 3-4—遮断接点 05-06—$1DQJ_{21-22}$—$2DQJ_{121-123}$—RD_2—DF_{220}（电机顺时针旋转）。

1DQJ 的 1-2 线圈和电动机绕组串接在自闭电路中，1DQJ 的自闭电路即是电动机电路。

当道岔转至反位后，自动开闭器 11-12 接点断开，使电动机停转。同时断开 1DQJ 的 1-2 线圈自闭电路，使 1DQJ 缓放落下，接通道岔表示电路。若要再将道岔转回到定位，办理进路后 DCJ 吸起，重新接通道岔启动电路。

当道岔由反位向定位转换时，道岔启动电路的 1DQJ 励磁电路为：

KZ—CA_{61-63}—SJ_{81-82}—$1DQJ_{3-4}$—$2DQJ_{141-143}$—CAJ_{21-23}—DCJ_{61-62}—KF。

1DQJ 励磁后，其前接点接通 2DQJ 的转极电路，2DQJ 的转极电路是：

KZ—$1DQJ_{31-32}$—$2DQJ_{3-4}$—CAJ_{21-23}—DCJ_{61-62}—KF。

由于 1DQJ 的吸起和 2DQJ 的转极，接通 1DQJ 的 3-4 线圈自闭电路。其电路为：

DZ_{220}—RD_3—$1DQJ_{1-2}$—$1DQJ_{12-11}$—$2DQJ_{111-112}$—自动开闭器 41-42—电动机定子绕组 1-3—电动机转子绕组 3-4—遮断接点 05-06—$1DQJ_{21-22}$—$2DQJ_{121-122}$—RD_1—DF_{220}（电机逆时针旋转）。

当道岔转至定位后，自动开闭器 41-42 接点断开，使电动机停转。同时断开 1DQJ 的 1-2 线圈自闭电路，使 1DQJ 缓放落下，接通道岔表示电路。

b. 单独操纵。

为了维修、试验道岔和开放引导信号排列引导进路等，需要对道岔进行单独操纵。单独操纵道岔的方法是：按下被操纵的道岔按钮 CA，若要使它转向定位，则同时按下本咽喉的道岔总定位按钮 ZDA，接通道岔启动电路使道岔单独转至定位；若要使它转向反位，则同时按下本咽喉的道岔总反位按钮 ZFA，道岔启动电路被接通将道岔转至反位。

例如道岔由定位向反位转换，按下道岔按钮 CA 和道岔总反位按钮 ZFA，道岔按钮继电器 AJ 和道岔总反位继电器 ZFJ 吸起，条件电源 KF-ZFJ 有电。这时接通 $1DQJ_{3-4}$ 线圈的励磁电路。其电路是：

KZ—CA_{61-63}—SJ_{81-82}—$1DQJ_{3-4}$—$2DQJ_{141-142}$—CAJ_{11-12}—$KF-ZFJ$。

1DQJ 吸起后使 2DQJ 转极，接通 $1DQJ_{1-2}$ 线圈的自闭电路，使电动机转动。

1DQJ 励磁后，其前接点接通 2DQJ 的转极电路。2DQJ 的转极电路是：

KZ—$1DQJ_{41-42}$—$2DQJ_{2-1}$—CAJ_{11-12}—$KF-ZFJ$。

由于 1DQJ 的吸起和 2DQJ 的转极，接通 1DQJ 的 1-2 线圈自闭电路。其电路为：

DZ_{220}—RD_3—$1DQJ_{1-2}$—$1DQJ_{12-11}$—$2DQJ_{111-113}$—自动开闭器 11-12—电动机定子绕组 2-3—电动机转子绕组 3-4—遮断接点 05-06—$1DQJ_{21-22}$—$2DQJ_{121-123}$—RD_2—DF_{220}（电机顺时针旋转）。

单独操纵道岔时，启动电路动作与进路操纵动作基本相同，只不过负电源是条件电源 KF-ZDJ 或 KF-ZFJ，并由 CAJ 将其接入 1DQJ 和 2DQJ 的电路中。

③道岔启动电路应满足的技术条件。

a. 在第一道岔启动继电器 1DQJ 励磁电路中检查 SJ 的前接点，证明道岔既未被区段锁闭也未被进路锁闭，实现了技术条件 a 和 b；

b. 为了在道岔启动后不受区段锁闭和进路锁闭的控制,以保证道岔转换到底,增加了1DQJ 的 1-2 线圈与电动机串接的自闭电路,使电动机转动时脱离 SJ 的控制。为保证道岔转换中不受车站值班员的控制回转,选岔网络上 FCJ 和 DCJ 的励磁是互切的,同时只准一个励磁。道岔转不到底时,通过 SJ 前接点自闭的 FCJ 或 DCJ 将不会落下,只有道岔转到底 SJ 落下后,才能使道岔操纵继电器复原。另外,2DQJ 转极向电动机送电后,其有极接点将不会变动,以保持电流方向不变,使电动机向一个方向转到底,直到自动开闭器动作才切断电源,以上措施保证了第 c 项技术条件的实现。

c. 1DQJ 的 1-2 线圈阻值很小,仅为 0.44Ω,它与电动机串联,只有道岔启动使电动机转动后,有较大的电流流经它的 1-2 线圈,它才能保持吸起。若启动后,电动机回路中有某处接触不良,使流过 1DQJ 的 1-2 线圈电流大大减少,使 1DQJ 落下切断向电动机的供电电路,从而阻止此后再自动接通,实现了技术条件 d。

d. 为了使道岔因故障不能转到底时能在值班员操纵下转回原位,电路中采取了以下三项措施,以保证第 e 项技术条件的实现。

第一,在电动机启动时,自动开闭器的另一组接点马上就接通使电动机准备反转的回路。如有定位转向反位时,自动开闭器第二组动接点先动,接通 41-42 电动机准备反转的回路,当车站值班员进行回转操纵时,2DQJ 转极后,电动机回转电路就被接通。

第二,将单独操纵道岔的道岔按钮继电器 CAJ 接点接在 DCJ 或 FCJ 接点前面,它对 1DQJ 的励磁和 2DQJ 的转极比进路操纵优先。一旦选路不能使某道岔转到底时,可先按下 ZQJ,使 KZ-ZQJ-H 无电,将进路上的道岔操纵继电器复原,然后采用单独操纵道岔的方法使道岔随时转回原位。

第三,为了防止道岔因尖轨处有障碍物使电动机空转,熔断丝烧断后,不能再使电动机回转,将其 DF220 电源处分设定位熔断丝 RD1 和反位熔断丝 RD2(均为 3A)。一旦电动机空转烧断一处熔断丝后,仍然保证电动机能回转。

e. 道岔转换完毕到位密贴后,自动开闭器 21-22 接点接通,使 11-12 接点断开,从而自动切断电动机电路使电动机停转;同时使 1DQJ 的 1-2 线圈失磁,1DQJ 落下接通道岔表示电路,从而实现第 f 项技术条件。

f. 自动开闭器两组接点不同时动作,是受表示杆密贴检查缺口的控制,启动时准备接通反转电路;道岔转到底后切断电动机电路,是道岔电路的一个重要环节。

g. 为确保维修人员的安全,凡打开电动转辙机机盖后,遮断器 05-06 接点随即切断电动机动作电路,以防维修时电动转辙机被操纵。但要注意,此时仍能建立不改变该道岔的进路,仍需注意来往车辆。

h. 由于 1DQJ 从励磁转为自闭的过程中将因接点转换而瞬间断电,为保证 1DQJ 可靠自闭,采用缓放型继电器。

(2)道岔表示电路。

①技术要求。

在道岔控制电路中,当道岔启动电路工作完毕,应自动接通道岔表示电路,将道岔的实际位置反映到信号楼内,以便于车站值班员对信号设备进行监督和控制。由电动转辙机的自动开闭器接点接通道岔表示电路,用定位表示接点接通道岔定位表示继电器(DBJ)电路,用反位表示接点接通道岔反位表示继电器(FBJ)电路。定位表示继电器和反位表示继电器的位置纳入了联锁条件的检查,因此要求道岔表示电路必须是故障——安全电路,对于道岔表示电路的技术要求有以下三点:

a. 用道岔表示继电器的吸起来反映道岔的位置,不准用一个继电器的吸起和落下来表示道岔的两种位置。即只能用定位表示继电器 DBJ 的吸起,表示道岔在定位;用反位表示继电器 FBJ 的吸起,表示道岔在反位;

b. 当外线发生混线或混入其他电源时,必须保证不致使 DBJ 和 FBJ 错误励磁;

c. 在道岔转换过程中,若发生挤岔、停电、断线等故障,应保证 DBJ 和 FBJ 落下。

②道岔表示电路工作原理。

道岔定位表示继电器 DBJ 和道岔反位表示继电器 FBJ 均采用 JPXC-1000 型偏极继电器。道岔表示电路所用电源由变压器 BB 供给,该变压器是变压比为 2:1 的 BD_1-7 型道岔表示变压器。其初级输入电压为交流 220V,次级输出电压为 110V。DBJ 和 FBJ 线圈并联有 $4\mu F$、500V 的电容器 C。电路中还串接有二极管 Z。

当道岔转换到定位或反位后,自动开闭器动作接点断开 $1DQJ_{1-2}$ 线圈自闭电路,使 1DQJ 失磁,用 1DQJ 第一组后接点接通道岔表示电路。

当道岔在定位时,DBJ 的励磁电路是:$BB\,II_3$—R_{1-2}—移位接触器 04-03—自动开闭器 14-13—自动开闭器 34-33—二极管 Z_{1-2}—自动开闭器 32-31—$2DQJ_{112-111}$—$1DQJ_{11-13}$—$2DQJ_{131-132}$—DBJ_{1-4}—$BB\,II_4$。

当道岔在反位时,FBJ 的励磁电路是:$BB\,II_3$-R_{1-2}-自动开闭器 44-43—移位接触器 02-01—自动开闭器 24-23—二极管 Z_{2-1}—自动开闭器 22-21-11—$2DQJ_{113-111}$—$1DQJ_{11-13}$—$2DQJ_{131-133}$—FBJ_{4-1}—$BB\,II_4$。

从上述单动道岔的表示电路中可以看出,通过电动转辙机自动开闭器的定位表示接点接通电路,经二极管 Z 将交流电进行半波整流,整流后的正向电流方向正好与 DBJ 的励磁方向一致,使 DBJ 吸起。在交流电负半周,由于电容器 C 的放电作用,能使 DBJ 保持可靠吸起。

当道岔转换到反位后,自动开闭器反位表示接点接通,二极管反接在表示电路中,改变了半波整流后电流的方向,使 FBJ 吸起。

③道岔表示电路分析。

四线制道岔控制电路的表示电路根据转辙机的特性,从继电器类型、电路结构等方面采取措施,以满足道岔对表示电路的技术要求。

a. 道岔表示电路所用的电源由道岔表示变压器(BB)供给,该变压器是变比为 2:1 的 BD1-7 型道岔表示变压器。其初级输入电压为交流 220V,次级输出电压为 110V。道岔表示电路中运用独立的电源(隔离法),是为了保证当电路发生混线或混入其他电源时不能构成回路,DBJ 或 FBJ 不错误励磁。

b. 在道岔表示电路中,DBJ 吸起是由自动开闭器定位表示接点接通的,FBJ 吸起是由自动开闭器反位表示接点接通。通过 DBJ 或 FBJ 与自动开闭器的位置(即道岔位置)相对应,保证了道岔表示与实际位置的一致性。

c. 为保证道岔表示的正确性和可靠性,DBJ 和 FBJ 均使用 JPXC-1000 继电器。该类型继电器励磁需检查电路中的电流方向,只有通过正确方向的电流,继电器才能工作,反之则不工作。偏极继电器具有电源方向选择性。为保证表示继电器可靠工作,因此在道岔表示电路中引入整流二极管(Z)以及电容(C)。

d. 在道岔表示电路中将电容与表示继电器并联,利用了电容"储能"的特性,通过电容的充放电保证表示继电器可靠励磁。

e. 在室外设置的二极管(Z),与表示继电器串联。二极管可对道岔表示变压器(BD1-7)输出的交流110V电源进行半波整流,将正弦波的正半部分输出、负半部分消损。整流后输出的电源通过自动开闭器的接点转换分别与 DBJ 和 FBJ 的励磁方向一致,使表示继电器励磁。

f. 表示电路中串接的电阻对表示继电器和道岔表示变压器起到很好的保护作用。电路正常工作时起到分压限流作用,保证表示继电器线圈电压符合标准;当道岔表示电路出现短路时,该电阻可作为变压器二次侧的负载,保证其电流不至于过大而烧坏表示电路。

g. 在道岔表示电路中接入 1DQJ 第一组接点,保证道岔在转换过程中切断 DBJ 或 FBJ 的励磁电路,使其落下。

h. 在道岔表示电路中接入移位接触器接点(01-02、03-04),当发生挤岔时,移位接触器断开,使 DBJ、FBJ 落下,接通挤岔报警电路。

i. 在道岔表示电路中接入 2DQJ 第三组接点,其作用是区分 DBJ 和 FBJ 励磁时机,保证同时只能有一个吸起,检查表示继电器励磁状态与道岔位置的一致性。

2. 四线制双动道岔控制电路

双动道岔的两个道岔位置必须是一致的,当其中一个道岔在定位时另一个道岔也应处于定位,而当其中一个道岔转换到了反位,则另一个道岔也必须转换到反位。两个道岔由一个道岔启动电路控制,所以当道岔启动电路控制电动转辙机转换这两个道岔时,必须按规定的顺序动作。先动的道岔称为第一动道岔,后动的道岔称为第二动道岔。一般规定双动道岔中距离信号楼近的为第一动道岔,距离信号楼远的为第二动道岔。这是为了节省室外电缆芯线,避免迂回走线。

(1)道岔启动电路。

以进路操纵为例,由于单独操纵的道岔启动电路与进路操纵相似,不同之处在单动道岔控制电路处已阐述,在此不再赘述。

图 2-16 为四线制双动道岔控制电路图,是道岔在定位状态的电路。当道岔由定位向反位转换时,道岔启动电路的 1DQJ 励磁电路为:$KZ—CA_{61-63}—1SJ_{81-82}—2SJ_{81-82}—1DQJ_{3-4}—2DQJ_{141-142}—CAJ_{11-13}—2FCJ_{61-62}—KF$。

1DQJ 励磁后,其前接点接通 2DQJ 的转极电路,2DQJ 的转极电路是:$KZ—1DQJ_{41-42}—2DQJ_{2-1}—CAJ_{11-13}—2FCJ_{61-62}—KF$。

由于 1DQJ 的吸起和 2DQJ 的转极,接通 1DQJ 的 1-2 线圈自闭电路。第一动道岔转辙机电机启动电路为:$DZ_{220}—RD_3—1DQJ_{1-2}—1DQJ_{12-11}—2DQJ_{111-113}$—第一动道岔转辙机自动开闭器11-12—第一动道岔转辙机电动机定子绕组2-3—第一动道岔转辙机电动机转子绕组3-4—第一动道岔转辙机遮断接点05-06—$1DQJ_{21-22}—2DQJ_{121-123}—RD_2—DF_{220}$(电机顺时针旋转)。

当第一动道岔转辙机电动机转换到位,即第一动道岔转辙机自动开闭器动接点接通二、四排静接点时,第二动道岔转辙机电机得电旋转,其启动电路为:$DZ_{220}—RD_3—1DQJ_{1-2}—$

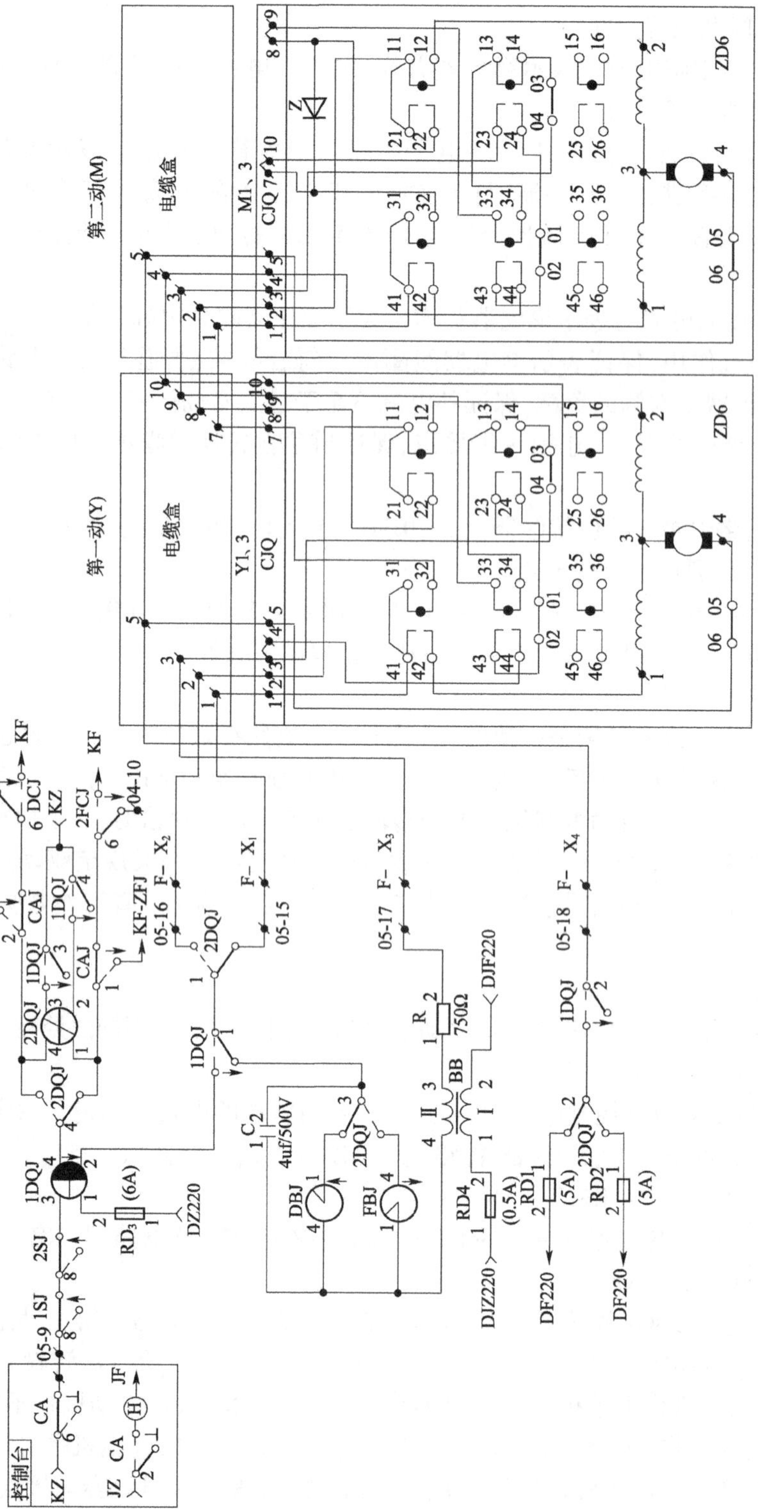

图 2-16　四线制双动道岔控制电路

$1DQJ_{12-11}$—$2DQJ_{111-113}$—第一动道岔转辙机自动开闭器 11-21-22—第二动道岔转辙机自动开闭器 11-12—第二动道岔转辙机电动机定子绕组 2-3—第二动道岔转辙机电动机转子绕组 3-4—第二动道岔转辙机遮断接点 05-06—$1DQJ_{21-22}$—$2DQJ_{121-123}$—RD_2—DF_{220}（电机顺时针旋转）。

当道岔转至反位后，第一动道岔及第二动道岔转辙机自动开闭器 11-12 接点均断开，使电动机停转。同时断开 1DQJ 的 1-2 线圈自闭电路，使 1DQJ 缓放落下，接通道岔表示电路。若要再将道岔转回到定位，办理进路后 1DCJ 和 2DCJ 吸起，重新接通道岔启动电路。

（2）道岔表示电路。

无论是进路操纵还是单独操纵，道岔的表示电路是相同的。即当启动电路控制第一动道岔和第二动道岔转换完毕后接通道岔表示电路。检查两个道岔都在定位或者反位后，使双动道岔的 DBJ 或 FBJ 吸起。

当双动道岔处于定位时，DBJ 吸起，其励磁电路是：$BBⅡ_3$—R_{1-2}—第一动道岔移位接触器 04-03—第一动道岔自动开闭器 14-13—第一动道岔自动开闭器 34-33—第二动道岔移位接触器 04-03—第二动道岔自动开闭器 14-13—第二动道岔自动开闭器 34-33—二极管 Z_{1-2}—第二动道岔自动开闭器 32-31-41—第一动道岔自动开闭器 32-31-41—$2DQJ_{112-111}$—$1DQJ_{11-13}$—$2DQJ_{131-132}$—DBJ_{1-4}—$BBⅡ_4$。

当道岔在反位时，FBJ 的励磁电路是：$BBⅡ_3$—R_{1-2}—第一动道岔自动开闭器 44-43—第一动道岔移位接触器 02-01—第一动道岔自动开闭器 24-23—第二动道岔自动开闭器 44-43—第二动道岔移位接触器 02-01—第二动道岔自动开闭器 24-23—二极管 Z_{2-1}—第二动道岔自动开闭器 22-21-11—第一动道岔自动开闭器 22-21-11—$2DQJ_{113-111}$—$1DQJ_{11-13}$—$2DQJ_{131-133}$—FBJ_{4-1}—$BBⅡ_4$。

（3）道岔控制电路分析。

从电路分析不难看出，双动道岔控制电路与单动道岔控制电路原理基本相同。因为双动道岔控制电路的控制对象是两个道岔，其启动电路和表示电路与单动道岔不同之处有以下几个方面。

a. 在道岔启动电路的室内部分，$1DQJ_{3-4}$ 线圈励磁电路上串接有 1SJ 和 2SJ 两个锁闭继电器的第八组前接点。这是因为双动道岔设有两个 SJ，而且 1SJ 和 2SJ 分属于不同的道岔区段，当任意一个道岔处于区段锁闭或进路锁闭状态时，1SJ 或 2SJ 落下，$1DQJ_{3-4}$ 线圈励磁电路被切断，该双动道岔无法转动。

b. 在进路操纵的电路条件中，将单动道岔的 DCJ 接点换成双动道岔的 1DCJ 和 2DCJ 的第六组接点并联，将单动道岔的 FCJ 接点用双动道岔的 2FCJ 第六组接点代替。这是因为选双动道岔定位时，双动道岔的 1DCJ 和 2DCJ 分别在上、下两条平行网络中，他们不一定同时被选出，所以应将两个 DCJ 接点并联起来。而选双动道岔反位时，双动道岔的 1FCJ 和 2FCJ 动作一致，而且 2FCJ 总是后吸起，所以只需用 2FCJ 接点即可。

c. 在启动电路室外部分，由于两个道岔顺序动作，当第一动道岔转换完毕后，才能接通第二动道岔电动机电路。例如双动道岔由定位向反位转换时，第一动道岔转换到反位后，自动开闭器第一排接点 11-12 断开，切断第一动电动机电路，同时接通 21-22 接点，经第一动道岔与第二动道岔之间的连线，将 DZ220 电源经第二动道岔的自动开闭器第一排 11-12 接点送至第二动道岔的电动机定子绕组 2 端子。电源 DF_{220} 经 X_4 及第一动与第二动道岔之间的连线送至第二动道岔电动机转子绕组 4 端子,构成第二动道岔的电机电路。当第二动道岔转换至反位后,自动开闭器第一排接点 11-12 断开,于是第二动道岔电机停转,1DQJ 落下,断开双动道岔启动电路,由 1DQJ 第一组后接点接通双动道岔表示电路。

d. 双动道岔表示电路是由两个道岔自动开闭器的表示接点串联起来组成,二极管 Z 设于第二动道岔处。当启动电路控制第一动道岔和第二动道岔转换完毕后接通道岔表示电路。检查两个道岔都在定位或者反位后,使双动道岔的 DBJ 或 FBJ 吸起。

五、ZD6 系列电动转辙机道岔控制电路故障分析与处理

(1)故障分类

①从结构上可分为电路故障和机械故障。

②从电路动作程序上可分为启动电路故障和表示电路故障。

③从设备位置上可分为室内设备故障和室外设备故障。

④从故障现象上可分为道岔不启动、空转和无表示三种故障。

(2)室内室外故障的区分

①道岔启动电路的区分

当道岔启动电路发生故障时,可单独操纵道岔,道岔原来位置表示灯不灭,说明 1DQJ 未励磁;道岔原来位置表示灯熄灭,但是松开单操按钮时,道岔原来位置表示灯又点亮,说明 2DQJ 不转极。上述两种故障现象,可判断故障在室内。

当道岔定、反位表示灯均无表示,且发生挤岔报警时,不能单独操纵道岔,应在分线盘有关端子上测启动电路回路电阻,以区分室内、室外故障。

对于四线制道岔来说,X_1 为定位的启动和表示公用线,X_2 为反位的启动和表示公用线,X_3 为定、反位表示公用线,X_4 为定、反位启动公用线。因此,道岔在定位,X_2 与 X_4 之间应该是通的;道岔在反位,X_1 与 X_4 之间应该是通的。以道岔在定位为例,X_2 与 X_4 之间不通,说明故障在室外,如果 X_2 与 X_4 之间有电阻,一般可确定为室内电路开路。为可靠起见,可单独操纵道岔,用万用表直流 250V 电压接在分线盘处测 X_2 和 X_4 有无直流电压,如果无电压,肯定故障在室内;如果有电压,故障在室外。当判断故障在室内时,应首先查看室内道岔启动电路的熔断器,如果熔丝熔断,应换上熔丝后试验一次,再熔断,则为混线故障。区分混线故障在室内还是在室外,应再次在分线盘处测试。拆下分线盘处故障道岔的 X_2 或 X_4 的电缆芯线,测启动电路室内侧的电阻,如果电阻无穷大(开路),则为室外混线故障;如果有电阻,则为室内混线故障。对于双动道岔,单独操纵后电流表指针摆动一次为室外故障。

②道岔表示电路的区分

对于四线制道岔控制电路,定位无表示时,在分线盘处测 X_1 和 X_3 的交流电压;反位无表示时,在分线盘处测 X_2 和 X_3 的交流电压。若测得交流电压有 110V,说明室外开路。若测得电压为 0V,应断开 X_3 电缆芯线再测电压,有 110V 左右电压则为室外短路,仍为 0V 则室内开路。室外短路时,在室内测 750Ω 电阻上应有交流电压,但无直流电压,则不必断 X_3。

(3)混线故障分析

①X_1 与 X_2 相混

故障现象:道岔原在定位,向反位操纵时,道岔启动后熔断反位熔断器 RD2,不能转换到

底,无位置表示。

故障分析:当道岔向反位启动后,接通了自动开闭器第1、4排接点,由于X_1与X_2相混,使反位启动的DZ电源从室内经X_2送出后又传到X_1,经自动开闭器41-42接点送到定子线圈的1端子上,使道岔又有往回转的趋势。这样,两定子线圈的自感电势相互抵消,导致回路电流过大,熔断反位的熔断器,使道岔停止转换。

道岔原在反位,向定位操纵时,道岔启动后熔断定位的熔断器RD1,使道岔不能转换到底,无位置表示。原因分析同上述。

②X_1与X_3相混

故障现象:道岔原在定位,无位置表示,向反位操纵后,道岔能转换到底,但在反位密贴处来回窜动,控制台上电流表指针往返摆动,一直无位置表示。

故障分析:由于X_1与X_3相混,当道岔向反位转换完毕后,断开自动开闭器第一排接点,接通第二排接点,虽然反位启动电路被断开,但因1DQJ有缓放作用,在接点转换过程中能一直保持吸起,启动电源没有断开。于是DZ经自动开闭器11-21-22—Z1-2—自动开闭器23-24—移位接触器01-02—自动开闭器43-44—X_3—X_1—自动开闭器41-42—电动机1-3—电动机3-4—遮断开关05-06—X_4—DF接通定位启动电路,使道岔向定位转换。但只要道岔向定位启动,自动开闭器接点立即变位,断开第二排接点又接通第一排接点,即断开刚接通的定位启动电路,重新接通了反位启动电路,又使道岔向反位转换。反位刚转换完毕,自动开闭器动接点又迅速打向第二排静接点,于是定位启动电路又被接通。就这样,循环往复出现道岔在定位密贴处来回窜动的现象。

道岔原在反位,有反位表示;操纵至定位,能转换完毕,但无定位表示;再操纵反位出现道岔在反位密贴处来回窜动的现象。原因分析同上。

③X_2与X_3相混

故障现象:道岔原在定位,有定位表示,操纵至反位,道岔能转换到底,无反位表示。

故障分析:因为X_2与X_3混线,反位表示电源短路造成道岔无反位表示。道岔原在反位,反位无表示,操纵至定位后,有定位表示。

④X_1与X_4相混

故障现象:道岔原在定位,有定位表示,操纵至反位时,先后熔断定位、反位的熔断器RD1和RD2,道岔不能转换到底,一直无位置表示。

故障分析:由于X_1与X_4混线,道岔由定位操纵至反位时,在1DQJ刚一吸起、2DQJ未转极的瞬间,直接将DZ、DF电源短路,熔断定位的熔断器RD1;当2DQJ转极后,DZ和反位DF可正常供出,使道岔启动,但当自动开闭器动接点变位接通第四排静接点时,X_4的DF经X_1和自动开闭器41-42接点,直接接到定子绕组1端子上,将转子线圈短路,导致熔断反位的熔断器RD2,道岔将停止转换,定位和反位均无表示。同理可分析道岔从定位操纵向反位时的故障现象。

⑤X_2与X_4相混

故障现象:道岔原在定位,操纵向反位时,只要2DQJ转极,直接熔断反位的熔断器RD2,道岔不能启动,无道岔位置表示。

故障分析:道岔原在反位,操纵向定位时,1DQJ 吸起,直接熔断反位的熔断器 RD2,2DQJ 转极后,道岔刚一启动,烧断定位的熔断器 RD1,无道岔位置表示。

⑥X_3 与 X_4 相混

故障现象:道岔原在定位,操纵至反位时,道岔能转换到底,且有反位表示,但反位的熔断器 RD2 熔断。

故障分析:由于 X_3 与 X_4 混线,当道岔向反位转换完毕,虽然反位启动电路被断开,但 1DQJ 有缓放作用,缓放过程还可能送出 DZ 和 DF 电源,于是 X_2 上的 DZ 经自动开闭器 11-21-22—Z1-2—自动开闭器 23-24-43-44—X_4—DF,从而将 DZ 与 DF 短路,熔断反位熔断器 RD2。

(4)道岔空转故障分析

电动转辙机转换道岔的空转故障属于机械故障,常见以下三种情况:不解锁空转、解锁空转和密贴空转。

①不解锁空转:原因有摩擦电流偏小、动接点轴锈蚀、检查柱与表示杆缺口卡阻、锁闭圆弧与齿条块缺油等。

②解锁空转:原因一般是存在异物卡阻,当发现存在异物卡阻时,要区分电动转辙机箱内还是箱外卡阻。

③密贴空转:有锁闭空转与不锁闭空转。锁闭空转一般是启动电路混线造成的;不锁闭空转是因为道岔密贴杆带动道岔的动程大于尖轨走行的动程造成的,重新调整后即可恢复。

任务实施

一、抢修人员的分工

当班人员在接到行车值班员故障通知时应分两组进行故障的排查工作:一组到综控室单元台上了解故障情况,观察故障现象,立即通知项目部调度员,并负责室外组的联系登记工作;另一组以最快的速度直接赶赴室外道岔位置,与室内人员联系,共同查找故障点。为了方便起见,称前一组为室内组、后一组为室外组,责任划分如下。

1. 室内组

室内组负责室内设备故障排查,了解故障时的行车情况,观察控制台现象,协调行车部门为处理故障提供条件,测试数据,判断室内外故障范围。室内故障时:检查转辙机控制电路所含的所有配线、接线端子、继电器、熔丝报警装置以及电源等设备。室外故障时:通知室外抢修人员具体查找故障原因与测试数据。

故障恢复后,室内组在销记时应详细记录故障的通知人员与时间、记点时间、消点时间、影响行车情况以及故障记录的详细情况。

2. 室外组

室外人员根据通报的数据在室外排查。排查分为两部分。一是电路检查:检查分线箱、电缆盒、转辙机配线以及机内各端子、动静接点、遮断器、电机、碳刷。二是机械检查:检查转辙机机内各机械器件的运转情况,检查各杆件联结装置、道岔滑床板、尖轨与基本轨密贴状况。会同线路公司抢修人员恢复道岔转换装置。

故障排除后,室外抢修人员应配合行车部门恢复电动转辙机遮断器,试验良好后,检查机盖加锁良好,清理现场后撤离,通知室内组抢修人员销记。

二、典型故障处理

故障处理顺序一般是先处理机械故障、后处理电气故障。

1. 挤岔事故的处理

当挤岔事故发生时,由线路部门确认尖轨未受损时,检查确认密贴调整杆、表示杆、尖端杆无明显损伤,电动转辙机内部无损伤时可更换主、副挤切销,交流转辙机可恢复挤脱器。检查确认各种杆件及转辙机有无明显变形或损坏,有无造成尖轨第一连接杆处与基本轨不密贴。

当道岔无须更换时,取出动作杆、表示杆的联结销子,甩开两杆,积极配合有关单位抢修,恢复行车,并在适合的情况下尽快修复。当道岔需要更换时,准备工具(活口扳手、钳子、锤子等)和密贴调整杆、表示杆、尖端杆及绝缘件、螺栓、开口销等,拆除并更换密贴调整杆、表示杆、尖端杆和绝缘件,最后进行电动转辙机的调整与试验。

当尖轨已确认损坏时,积极配合有关部门重装或调整安装密贴调整杆、表示杆、尖端杆和绝缘件,并进行电动转辙机的调整与试验。

2. 非挤岔故障的处理

(1)ZD6 四线制启动电路断线故障

单操纵道岔原表示灯不灭,是 $1DQJ_{3-4}$ 电路有故障。检查 KZ、KF24V 电源以及 YCJ、DGJ 是否在吸起状态。

单操纵道岔原灯熄灭,松开原表示灯又亮,是 2DQJ 电路有故障。检查 1DQJ 第三和第四组接点以及 2DQJ 线圈。单操纵道岔原灯熄灭,单元台电流表表针不动、无表示,分线盘上直流电压挡测 X_2 和 X_4 间电压,电压为零,说明电源没送出,故障在室内;测有电压,说明电源已送出,故障在室外。打开室外电机,测 11 和 05 间电压,电压为零,则回路断,测出电压,说明故障在机内,定/反操纵都不动,回路线 4 线断。从定往反操纵不动,回路线中 2 线断。从反往定操纵不动,回路线中 1 线断。

(2)ZD6 四线制表示电路混线故障

单操纵道岔灯熄灭,电流正常无表示。在分线盘上测 X_1 和 X_3 线,测得无电压,说明外线断,测得有电压混线,故障就在室外。打开箱盒,测 X_1 和 X_3 线,有无电阻细观看,测得阻值为零时,则传输回路有混线;测得阻值正常时,则故障在机内。

3. 典型故障案例分析

故障现象:由定位向反位单独操纵道岔,道岔定位表示灯熄灭,道岔反位表示灯不点亮,同时挤岔表示灯点亮,挤岔电铃鸣响。

故障分析:

(1)由定位向反位单独操纵道岔时,观察控制台上电流表,电流是否正常。

电流开始为 2.6A 左右,0.5s 后电流即降为 1A 左右,又过 3s 后电流升至 2.6A 左右,然后恢复零位。说明电流正常,并且道岔已转换完毕,则说明是道岔表示电路故障。

(2)用万用表 250V 交流电压挡测量分线盘该道岔的 X_2、X_3 端子上的电压值为交流

160V,再用万用表直流电压挡测量电压值为直流150V,说明表示电路半波整流回路已构成,X_2、X_3 端子上产生交流160V高电压,说明表示电路唯一并联电路中的负载——表示继电器线圈1-4 断线或其他连线断线。

经过分析,得出室内道岔表示电路继电器电路断路故障。

故障处理:

用万用表250V交流电压挡测量该道岔组合侧面端子05-16(X_2)、05-17(X_3)的交流电压值,如果测量出交流电压有160V,则把一支表笔固定在组合侧面端子05-17(X_3)上,另一支表笔沿表示电路顺序测量 $2DQJ_{131-133}$→FBJ_{4-1}→电容器1,有电压与无电压之间即为故障点。

测试后找到故障位置是反位表示继电器与继电器插板座插接触不良,进行更换即可。

知识拓展

1.六线制双动道岔控制电路

当轨道线路采用AT道岔时,需采用双机牵引。在双机牵引道岔方式中,一般ZD6-E型转辙机用在第一牵引点,而ZD6-J型转辙机则用在第二牵引点。双机牵引道岔一般采用六线制道岔控制电路,如图2-17所示。

(1)六线制直流双电动转辙机控制电路的特点

①双电动转辙机牵引中,设在第一牵引点的电动转辙机称为主机,设在第二牵引点的电动转辙机称为副机。在控制电路中,主机和副机并联运行,同步动作,但动程不同,当尖轨与基本轨密贴后,两机同时锁闭道岔。

②由于2DQJ继电器接点不够用,故增加第二道岔启动继电器复示继电器2DQJF,其型号与2DQJ相同,目的是使主机和副机同步动作。使用中将2DQJF的第一组和第二组极性接点并联后从室内经分线盘引向室外电动转辙机,作为主机和副机的启动电路和表示电路的公用线。

③直流双电动转辙机表示电路室内部分共用,室外部分经主机和副机的自动开闭器表示接点串联,检查两台电动转辙机同步动作,并经过设在副机内的二极管Z整流后,使DBJ或FBJ励磁,给出道岔位置的正确表示。

(2)六线制双机牵引道岔控制电路原理

六线制道岔控制电路与四线制道岔控制电路原理基本相同,不同之处仅在于增加了 X_5 和 X_6 两条控制线,X_5、X_6 与 X_1、X_2 并联,使双机同时动作。为此还增加了2DQJF。因此对六线制双机牵引道岔控制电路简要分析如下。

①当操纵道岔由定位向反位转时道岔启动电路为:首先1DQJ吸起,使2DQJ转极,2DQJ转极后,使2DQJF的第一和第二组接点同时向两台转辙机送出启动电流,使两台转辙机同时动作。转辙机同时启动的电路有两条。一条为:DZ_{220}—RD3 —$1DQJ_{1-2}$—$1DQJF_{12-11}$—$2DQJF_{121-123}$—副机转辙机自动开闭器11-12—电动机定子绕组2-3—电动机转子绕组3-4—遮断接点 05- 06—$1DQJ_{21-22}$—$2DQJ_{121-123}$—RD2 —DF_{220}。另一条为:DZ_{220}—RD3 —$1DQJ_{1-2}$—$1DQJF_{12-11}$—$2DQJF_{111-113}$—主机转辙机自动开闭器11-12—电动机定子绕组2-3—电动机转子绕组3-4—遮断接点05-06—$1DQJ_{21-22}$—$2DQJ_{121-123}$—RD2 —DF_{220}。

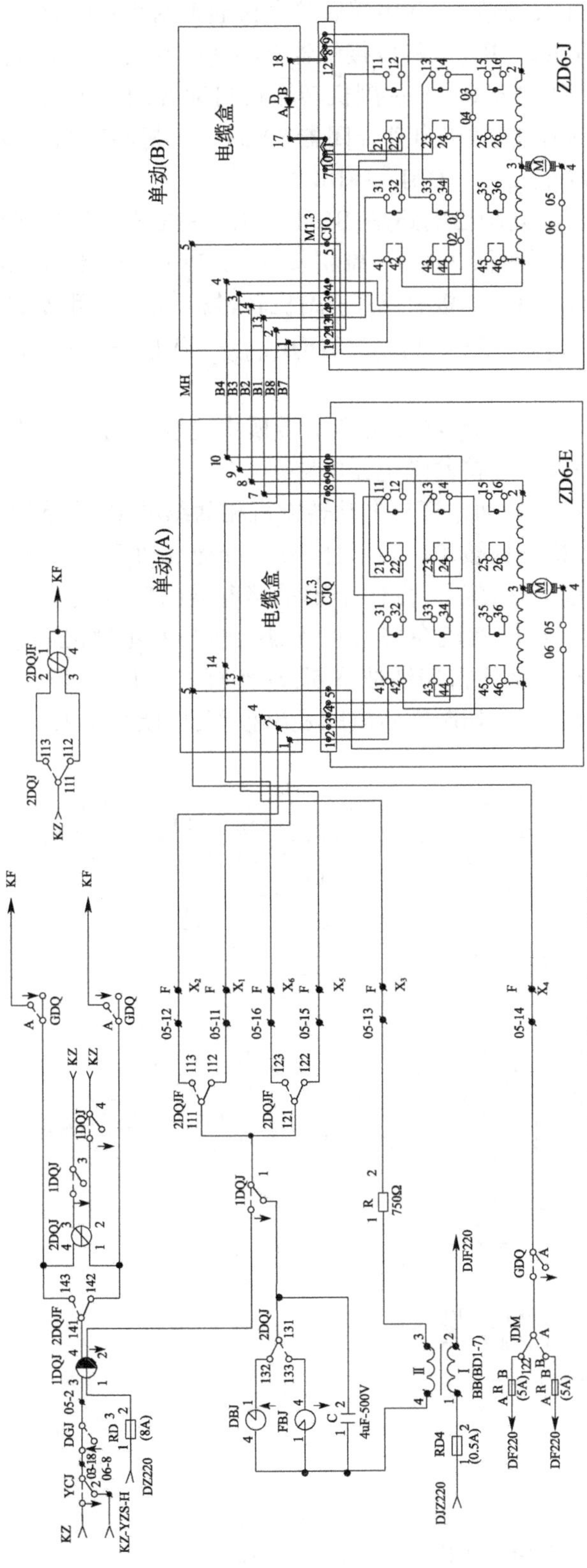

图 2-17 六线制双动道岔控制电路

单动双机1、3排接点闭合，六线制（ZD6）

②当道岔转换到位后,1DQJ 失磁落下,并用其后接点接通道岔表示电路,当道岔处于定位时,DBJ 吸起,其励磁电路是:BBⅡ$_3$—R$_{1-2}$—移位接触器 04-03—主机转辙机接点 14-13—主机转辙机自动开闭器 34-33—移位接触器 04-03—副机转辙机自动开闭器 14-13—副机转辙机自动开闭器 34-33—二极管 Z$_{2-1}$—副机转辙机自动开闭器 32-31—主机转辙机自动开闭器 32-31-41—2DQJF$_{112-111}$—1DQJF$_{11-13}$—2DQJ$_{131-133}$—DBJ$_{1-4}$—BBⅡ$_4$。

当道岔处于反位时,FBJ 吸起,其励磁电路是:BBⅡ$_3$—R$_{1-2}$—主机转辙机接点 44-43—移位接触器 02-01—主机转辙机自动开闭器 24-23—副机转辙机自动开闭器 44-43—移位接触器 02-01-副机转辙机自动开闭器 24-23—二极管 Z$_{1-2}$—副机转辙机自动开闭器 22-21—主机转辙机自动开闭器 22-21-11—2DQJF$_{113-111}$—1DQJF$_{11-13}$—2DQJ$_{131-133}$—FBJ$_{4-1}$—BBⅡ$_4$。

2. 挤岔报警电路

当道岔发生挤岔或者因为尖轨有障碍物使得道岔转换中途受阻时,为了使车站值班员和信号维护人员及时发现,全站设置一套挤岔继电器电路。

通过道岔被挤时其电动转撤机的动作杆与电动转辙机相联结的主、副挤切销被挤断,使与动作杆一起动作的表示杆移位,检查柱被顶出表示杆缺口,带动自动开闭器动接点组断开表示接点,从而使平时吸起的 DBJ(或 FBJ)落下,由两个表示继电器的后接点使挤岔继电器励磁,发出挤岔报警。为使 ZD6 系列电动转辙机在挤岔时造成尖轨与基本轨之间较小不密贴也能被反映出来,设置了移位接触器,只要主挤切销被挤断,动作杆上的顶杆即可将移位接触器接点(反位时 01-02,定位时 03-04)断开,切断表示电路发出报警,以便维修人员及时发现。挤岔继电器电路,如图 2-18 所示。

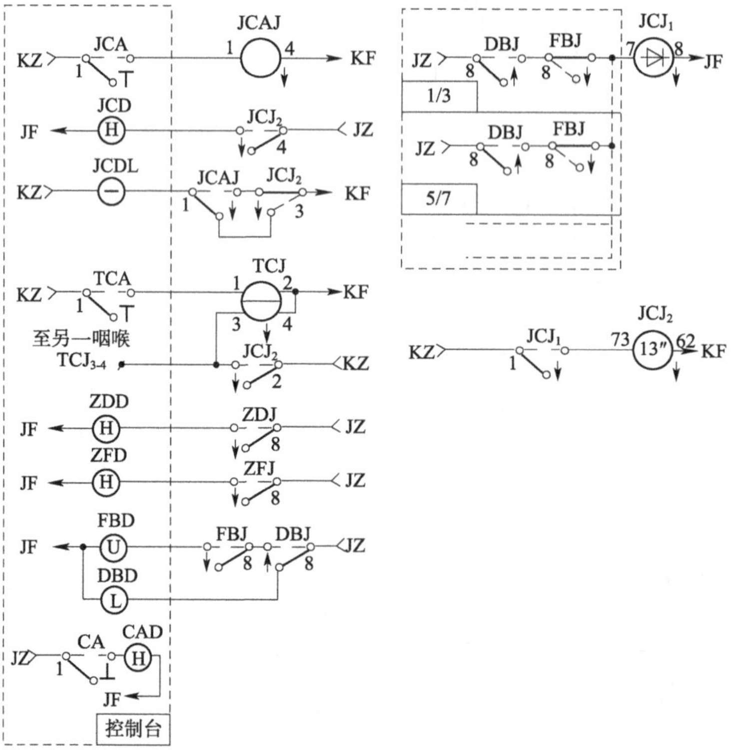

图 2-18 道岔表示灯及挤岔报警电路

任务四　交流道岔控制设备维护

任务描述

1. S700K 型、ZYJ7 型及 ZD(J)9 型转辙机的结构、动作原理及参数测试调整。
2. S700K 型电动转辙机道岔控制电路原理分析。
3. ZYJ7 型电动液压转辙机道岔控制电路原理分析。
4. 交流道岔控制电路故障处理方法及典型案例分析。
5. 采用电子模块的道岔控制电路分析。

相关知识

一、交流电动转辙机

1. ZD(J)9 型电动转辙机

(1) ZD(J)9 型电动转辙机的特点

ZD(J)9 型系列电动转辙机是一种能适应交、直流电源的新型转辙机。它有着安全可靠的机内锁闭功能,因此既可适用于联动内锁道岔,又可适用于分动外锁道岔,既适用于单点牵引,又适用于多点牵引,安装时,既能角钢安装,又能托板安装。

(2) ZD(J)9 型电动转辙机的结构

ZD(J)9 电动转辙机主要由电动机、减速器、摩擦联结器、滚珠丝杠、推板套、动作板、锁块、锁闭铁、接点座、动作杆、锁闭(表示)杆等零部件组成,结构采用模块化设计,便于维护和维修。

(3) ZD(J)9 型电动转辙机的动作原理

①电动转辙机接通电源后,电机上的小齿轮通过齿轮箱中的传动齿轮进行两级减速把动力传递到摩擦联结器的齿轮上。

②通过摩擦联结器中的内外摩擦片的摩擦作用,齿轮的旋转运动传递到滚珠丝杠上。滚珠丝杠把传动齿轮的旋转运动转为滚珠丝杠联结的推板套的水平运动。

③推板套水平运动,推动安装在动作杆上的锁块,在锁闭铁的辅助下使动作杆水平运动,完成道岔的锁闭功能。

④动作板开始运动后,动作板滑动面一端的斜面推动与起动片联结的滚轮,切断表示,同时接通下一转换方向的动作接点;当动作到位时,滚轮从动作板滑动面落下,动作接点断开,同时表示接点接通,给出道岔表示。在这一过程中,滚轮通过左右支架的作用,使锁闭柱(检查柱)抬起或落入锁闭(表示杆)槽内,达到检测道岔状态的作用。

(4) ZD(J)9 型电动转辙机的参数测试调整

①表示缺口的调整

安装转辙机后,调整道岔尖轨密贴后,调整锁闭杆锁闭表示缺口与锁闭柱的间隙,一般 A、C 型为每侧 2mm,其调整量为 0 ~4mm。第二牵引点用的 B 和 D 型表示杆内检查块与检查柱的间隙为每侧 4mm,其调整量为 0 ~8mm,正常检查表示缺口与检查柱的间隙为每侧 2mm。在第二牵引点因尖轨变形而允许在密贴时留有 4mm 间隙也可以调整使用。对于联动道岔表示缺口的调整,其调整次序为,先调整拉入的表示缺口,再调整伸出的表示缺口。

锁闭杆挤岔表示斜缺口与锁闭柱斜面间隙为每侧 18mm,当在分动外锁闭道岔上使用,其适应尖轨动程为尖轨标准动程 ±18mm。当在联动内锁闭道岔上使用,其左右锁闭杆或表示杆可以调整左右两杆锁闭缺口的相互位置,如 ZD6 型电动转辙机的表示杆那样,调整量为 ±20mm,适应尖轨动程为尖轨标准动程 ±20mm。

②摩擦联接器的调整

转辙机摩擦联接器在出厂时,按照转辙机技术条件规定的不同型号的标准值已调整好。对符合标准的道岔,其转换力不超过标准值,本机摩擦联接器不需任何调整既能满足使用要求。如道岔转换力过大(或有其他非正常情况)时,转辙机就会出现摩擦联接器打滑。确认各部件工作正常,仅道岔转换力过大导致不能正常转换时,此时可用本机附带的专用工具进行调整,右旋调节可增大摩擦力,左旋可减小摩擦力。调整完成后,可用销式或无销式转辙机测力仪测试转换力及摩擦转换力。建议摩擦转换力不宜过大,否则有烧电机的可能。

2. S700K 型电动转辙机

(1)S700K 型电动转辙机的结构

S700K 型电动转辙机由三相交流电动机、摩擦联结器、滚珠丝杆、保持联接器、动作杆、检测杆、速动开关组、遮断开关、齿轮组组成。

(2)S700K 型电动转辙机的动作原理

S700K 型电动转辙机的动作程序与 ZD6 型电动转辙机的动作程序大致相同,即断表示—解锁—转换—锁闭—给出另一位置表示。

(3)S700K 型电动转辙机的参数测试调整

分动外锁闭道岔调整的基本顺序是:先调整第一牵引点,再调整第二牵引点;先调密贴,再调锁闭量,最后调表示缺口。

①密贴调整

外锁闭道岔可通过以下方式调整尖轨与基本轨的密贴。

a. 通过增加或减少锁闭铁与锁闭框之间的调整垫片来调整。

b. 通过转动偏心滑块来调整。每转动偏心滑块的一个面,厚度变化 1mm,最厚面与最薄面相差 3mm。

②锁闭量调整

定反位锁闭量之差大于 3mm 时,可通过减少密贴调整片,同时在尖轨连接铁和尖轨间增加调整垫来调整。

③转辙机表示缺口调整

当尖轨与基本轨处于密贴状态时,观察缺口标记是否处于检测缺口的中心位置,如偏离可调整与尖轨连接的外表示杆的长度,使缺口至最佳位置(1.5±0.5)mm。心轨表示缺口不论定位、反位均要求达到(1.5±0.5)mm。如不符合规定,则可调整外表示杆的长度来实现。调整时,应先调伸出位置缺口,后调整缩进位置缺口。

3. ZYJ-7 型电动液压转辙机

(1)ZYJ-7 型电动液压转辙机的结构

ZYJ-7 型电动液压转辙机由主机和 SH6 型转换锁闭器两部分组成,分别用于第一牵引点和第二牵引点。ZYJ-7 型电动液压转辙机主机主要由电动机、油泵、油缸、启动油缸、接点系统、锁闭杆、动作杆等部分组成。SH6 型转换锁闭器(亦称副机)主要由油缸、挤脱接点、表示杆、动作杆组成。

(2)ZYJ-7 型电动液压转辙机的参数测试调整

①密贴调整

根据到位尖轨与基本轨的间隙,增减锁闭铁与锁闭框之间的调整垫片的数量进行密贴调整。

a.9 号道岔:在单操电动液压转辙机动作拉杆中心处的尖轨与基本轨间插入 4mm 厚、20mm 宽的铁板,电动液压转辙机不锁闭且不得接通机内表示接点,插入 2mm 厚、20mm 宽的铁板,电动液压转辙机必须锁闭且接通机内表示接点。

b.12 号道岔:在单操电动液压转辙机尖轨第一、第二牵引点锁闭装置锁闭杆中心处的尖轨与基本轨间插入 4mm 厚、20mm 宽的铁板,在尖轨第一、第二牵引点间的尖轨与基本轨之间任一点插入 10mm 厚、20mm 宽的铁板时,外锁闭和电动液压转辙机不锁闭且不得接通机内表示接点。插入 2mm 厚、20mm 宽的铁板,外锁闭和电动液压转辙机必须锁闭且接通机内表示接点。

②表示缺口调整

调整安装装置的长、短表示杆使密贴轨的锁闭柱与锁闭杆缺口间隙为:9 号道岔锁闭柱与锁闭杆缺口间隙为(1.5 ± 0.5)mm;12 号道岔密贴轨(第一牵引点)的锁闭柱与锁闭杆缺口间隙为(2 ± 0.5)mm,密贴轨(第二牵引点)的检查柱与表示杆的缺口间隙为(4 ± 1.5)mm。

二、交流道岔控制电路原理

三相交流转辙机采用五线制道岔控制电路,该电路由启动电路和表示电路组成。道岔动作电源为三相交流 380/220V 电源。为了对三相交流电源进行监督,设置了断相保护器和保护继电器。表示电路采用了二极管与表示继电器并联的旁路控制电路,取消了滤波电容器,提高了电路的可靠性。

1.道岔断相保护器

交流转辙机采用三相交流电源,供电电压为 380V。为防止在三相交流电源断相情况下烧坏电动机,在交流转辙机控制电路中设有断相保护器(DBQ)。断相保护器由 3 个电流互感器、桥式整流器和保护继电器(BHJ)三部分组成。三个电流互感器的一次侧线圈分别串联在三相交流电路中,二次侧线圈首尾相连,经桥式整流后,输出端接保护继电器。

当三相交流电源正常供电,电动机定子绕组中三相电流流过,电流互感器工作在磁饱和状态,二次侧感应电流中的三次谐波经桥式整流后输出直流电,保护继电器由于得到直流电而吸起,用保护继电器的接点作为道岔控制电路的条件。当道岔转换到底后,由于三相负载断开,保护继电器复原落下。

三相交流电源出现断相故障时,若 B 相断电,则 A、C 两相供电,其线电压加至电流互感器一次侧,而二次侧两电流互感器电压反向串联、互相抵消,桥式整流器无输出,使保护继电器落下,从而断开 1DQJ 电路和三相交流电动机电路,防止因断相运行而烧坏电动机。

2. ZD(J)9 型电动转辙机道岔控制电路原理

(1)道岔启动电路

ZD(J)9 道岔控制电路如图 2-19 所示,当进路操纵道岔由定位向反位转换时,使 1DQJ 吸起,电路为:KZ—CA$_{61-63}$—SJ$_{81-82}$—1DQJ$_{3-4}$—2DQJ$_{141-142}$—CAJ$_{11-13}$—FCJ$_{61-62}$—KF。1DQJ 吸起后,1DQJF 随之吸起,电路为:KZ—1DQJF$_{1-4}$—TJ$_{33-31}$—1DQJ$_{32-31}$—KF。1DQJF 吸起后接通 2DQJ 转极电路,其电路为:KZ—1DQJF$_{32-31}$—2DQJ$_{2-1}$—CAJ$_{11-13}$—FCJ$_{61-62}$—KF。

当 1DQJ、1DQJF 吸起,2DQJ 转极后构成三相交流电动机电路,A、B、C 三相交流电源经 RD$_1$ ~ RD$_3$ 进入断相保护器 DBQ,接通电动机定子绕组电路,分别是:A 相—RD$_1$—DBQ$_{11-21}$—1DQJ$_{12-11}$—电动机 A 绕组;B 相—RD$_2$—DBQ$_{31-41}$—1DQJF$_{12-11}$—2DQJ$_{111-113}$—转辙机接点 11-12—电动机 C 绕组;C 相—RD$_3$—DBQ$_{51-61}$—1DQJF$_{22-21}$—2DQJ$_{121-123}$—转辙机接点 13-14—遮断开关 K—电动机 B 绕组。

三相交流电动机相序为 A、C、B,电动机反转。三相交流电流经 DBQ,使 BHJ 吸起,接通 1DQJ 自闭电路。电动转辙机转换完毕,无电流流经 DBQ,BHJ 落下,断开 1DQJ 电路,随之断开 1DQJF 电路。

1DQJ 自闭电路为:KZ—1DQJ$_{1-2}$—BHJ$_{32-31}$—TJ$_{33-31}$—1DQJ$_{32-31}$—KF。

当进路操纵道岔由反位向定位转换时,1DQJ 吸起,1DQJF 吸起使 2DQJ 转极,构成电动转辙机启动电路。三相交流电 A、B、C,经 RD$_1$ ~ RD$_3$ 进入断相保护器 DBQ,分别接通电动机定子绕组,其电路是:A 相—RD$_1$—DBQ$_{11-21}$—1DQJ$_{12-11}$—电动机 A 绕组;

B 相—RD$_2$—DBQ$_{31-41}$—1DQJF$_{12-11}$—2DQJ$_{111-112}$—转辙机接点 43-44—遮断开关 K—电动机 B 绕组;

C 相—RD$_3$—DBQ$_{51-61}$—1DQJF$_{22-21}$—2DQJ$_{121-122}$—转辙机接点 41-42—电动机 C 绕组。

三相交流电动机相序为 A、B、C,电动机正转。

单独操纵道岔时,1DQJ 励磁电路、2DQJ 转极电路与四线制直流电动转辙机电路原理相同。1DQJ 自闭电路、三相交流电动机电路与上述进路操纵交流转辙机电路原理相同。

(2)道岔表示电路

交流转辙机道岔表示电路由道岔表示继电器线圈与半波整流二极管并联的方式构成。以说明道岔表示电路的工作原理。

①定位表示:DBJ 励磁电路在电源负半周接通。

正半周:BD$_{II-3}$—R$_1$—1DQJ$_{23-21}$—2DQJ$_{131-132}$—1DQJF$_{13-11}$—2DQJ$_{111-112}$—转辙机接点 33-34—转辙机接点 15-16—二极管 Z$_{2-1}$—R$_2$—转辙机接点 36-35—电动机绕组 B—电动机绕组 A—1DQJ$_{11-13}$—BD$_{II-4}$。

负半周:BD$_{II-3}$—R$_1$—1DQJ$_{23-21}$—2DQJ$_{131-132}$—DBJ$_{4-1}$—转辙机接点 11-12—电动机绕组 C—电动机绕组 A—1DQJ$_{11-13}$—BD$_{II-4}$。

在电源正半周时,经整流二极管 Z 构成回路,电能消耗在电阻 R$_2$ 上。在电源负半周时,二极管不导通,使 DBJ 吸起。DBJ 吸起检查了电动转辙机的定位接点接通。

②反位表示:FBJ 励磁电路在电源正半周时接通。

正半周:BD$_{II-3}$—R$_1$—1DQJ$_{23-21}$—2DQJ$_{131-133}$—FBJ$_{1-4}$—转辙机接点 41-42—电动机绕组 C—电动机绕组 A—1DQJ$_{11-13}$—BD$_{II-4}$。

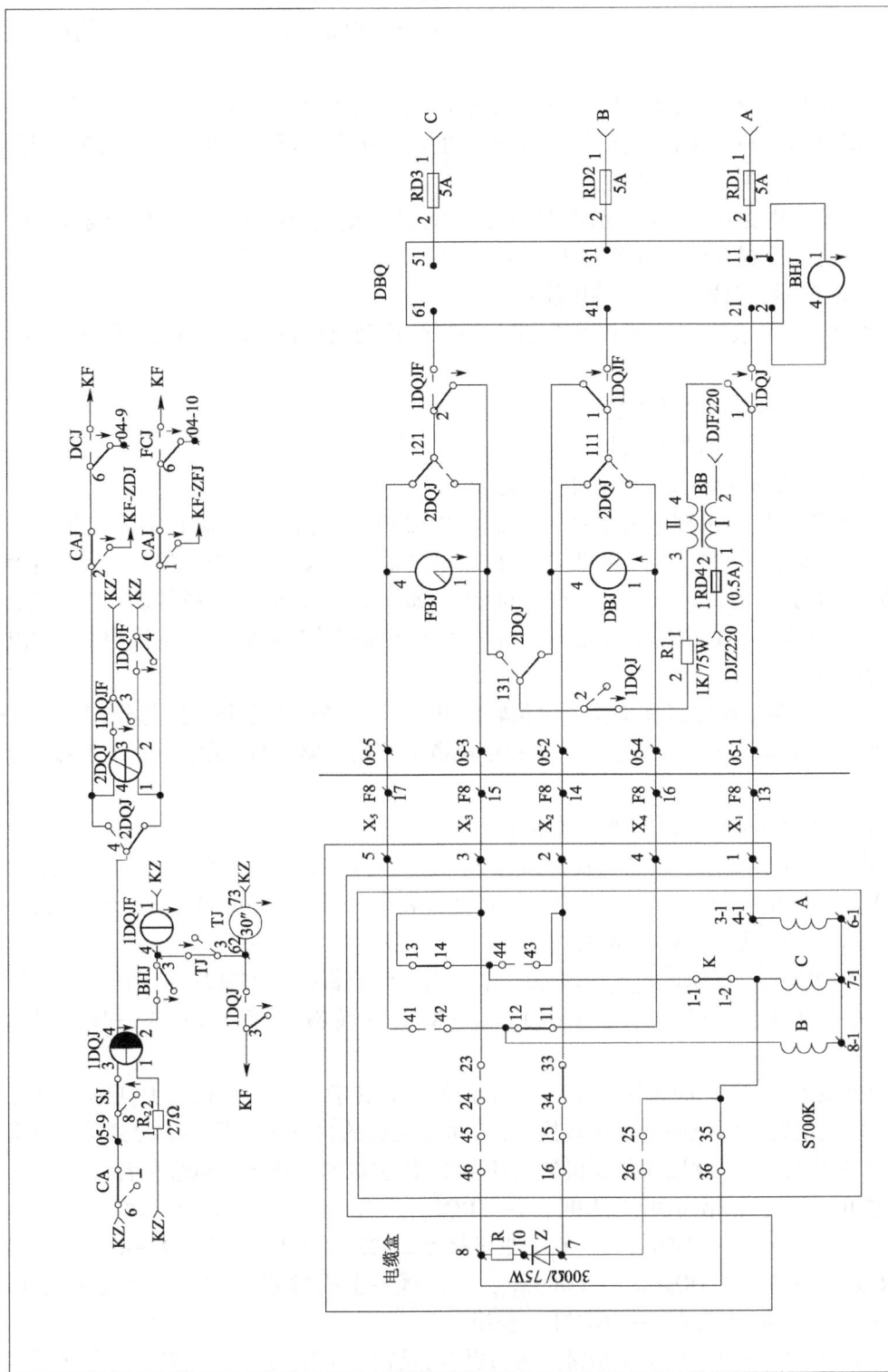

图 2-19 ZD(J)9 型转辙机道岔控制电路

负半周：BD_{II-3}—R_1—$1DQJ_{23-21}$—$2DQJ_{131-133}$—$1DQJF_{23-21}$—$2DQJ_{121-123}$—转辙机接点 23-24—转辙机接点 45-46—R_2—二极管 Z_{1-2}—转辙机接点 26-25—电动机绕组 B—电动机绕组 A—$1DQJ_{11-13}$—BD_{II-4}。

在电源正半周时，经整流二极管构成回路，电能消耗在电阻 R_1、R_2 上。在电源负半周，二极管不导通，FBJ 吸起。FBJ 吸起检查了电动转辙机的反位接点接通。S700K 型电动转辙机道岔控制电路与 ZD(J)9 相似，不再赘述。

五线制道岔控制电路中，定位表示电路用外线 X_1、X_2、X_4，反位表示电路用外线 X_1、X_2、X_5。可见五线制道岔控制电路五条线的分工使用如下：

　　a. X_1 是启动、表示、定位、反位的共用线；

　　b. X_2 和 X_3 是启动、表示的交叉共用线，定位向反位启动及反位表示用 X_3，反位向定位启动及定位表示用 X_2；

　　c. X_4 是定位启动和表示的共用线；

　　d. X_5 是反位启动和表示的共用线。

3. ZYJ-7 型电动液压转辙机道岔控制电路原理

ZYJ-7 型电动液压转辙机控制电路室内电路与 ZD(J)9 型交流电动转辙机室内电路相同，在室外电路部分略有差别，主要考虑双机同步，控制电路需分别使用主、副机接点。启动电路中主、副机的接点是并联的，当主、副机动作不同步时，如主机先转换到位，虽其动作接点已断开，但仍能经另一排接点和副机的动作接点接通电源，使副机未转换到位前，主机中的三相电动机仍能继续转动。

因此本部分按进路操纵方式使道岔由定位转向反位，只简单介绍室外电路部分，室内电路部分不再赘述。图 2-20 为 ZYJ-7 型电动液压转辙机道岔控制电路，该图是定位时 1、3 排接点闭合。

(1)ZYJ-7 型电动液压转辙机室外启动电路

ZYJ-7 型电动液压转辙机室外的启动是通过 X_1、X_2、X_3、X_4、X_5 来完成的，由定位向反位启动由 X_1、X_3、X_4 完成；由反位向定位启动由 X_1、X_2、X_5 完成。主机启动电路为：A 相—DLQ—DBQ_{11-21}—$1DQJ_{12-11}$—X_1 线—电动机 W 绕组；

B 相—DLQ—DBQ_{31-41}—$1DQJF_{12-11}$—$2DQJ_{111-113}$—X_4—转辙机接点 11-12—电动机 V 绕组；

C 相—DLQ—DBQ_{51-61}—$1DQJF_{22-21}$—$2DQJ_{121-123}$—X_3 线—转辙机接点 13-14—安全接点 K—电动机 U 绕组。

此时电动机绕组 W、U、V 同时接通了三相电源，便开始转动，相序为 W、V、U，启动转辙机向反位转换。若主机转换到位而副机未转换到位，此时主机的自动开闭器接点接通第 2、4 排接点，断开第 1、3 排接点，也就接通了副机的启动电路，使主机的三相电动机继续转动。

副机启动电路为：A 相—DLQ—DBQ_{11-21}—$1DQJ_{12-11}$—X_1 线—电动机 W 绕组；B 相—DLQ—DBQ_{31-41}—$1DQJF_{12-11}$—$2DQJ_{111-113}$—X_4—主机接点 21-22—副机接点 11-12—电动机 V 绕组；C 相—DLQ—DBQ_{51-61}—$1DQJF_{22-21}$—$2DQJ_{121-123}$—X_3 线—主机接点 23-24—主机接点 45-46—副机接点 13-14—安全接点 K—电动机 U 绕组。

在电动机的启动电路中串接了安全接点 K，其作用是在人工摇动道岔时断开电机的启动电路，保证作业人员的人身安全。转辙机再由反位向定位转换的电路动作顺序与上述基本相

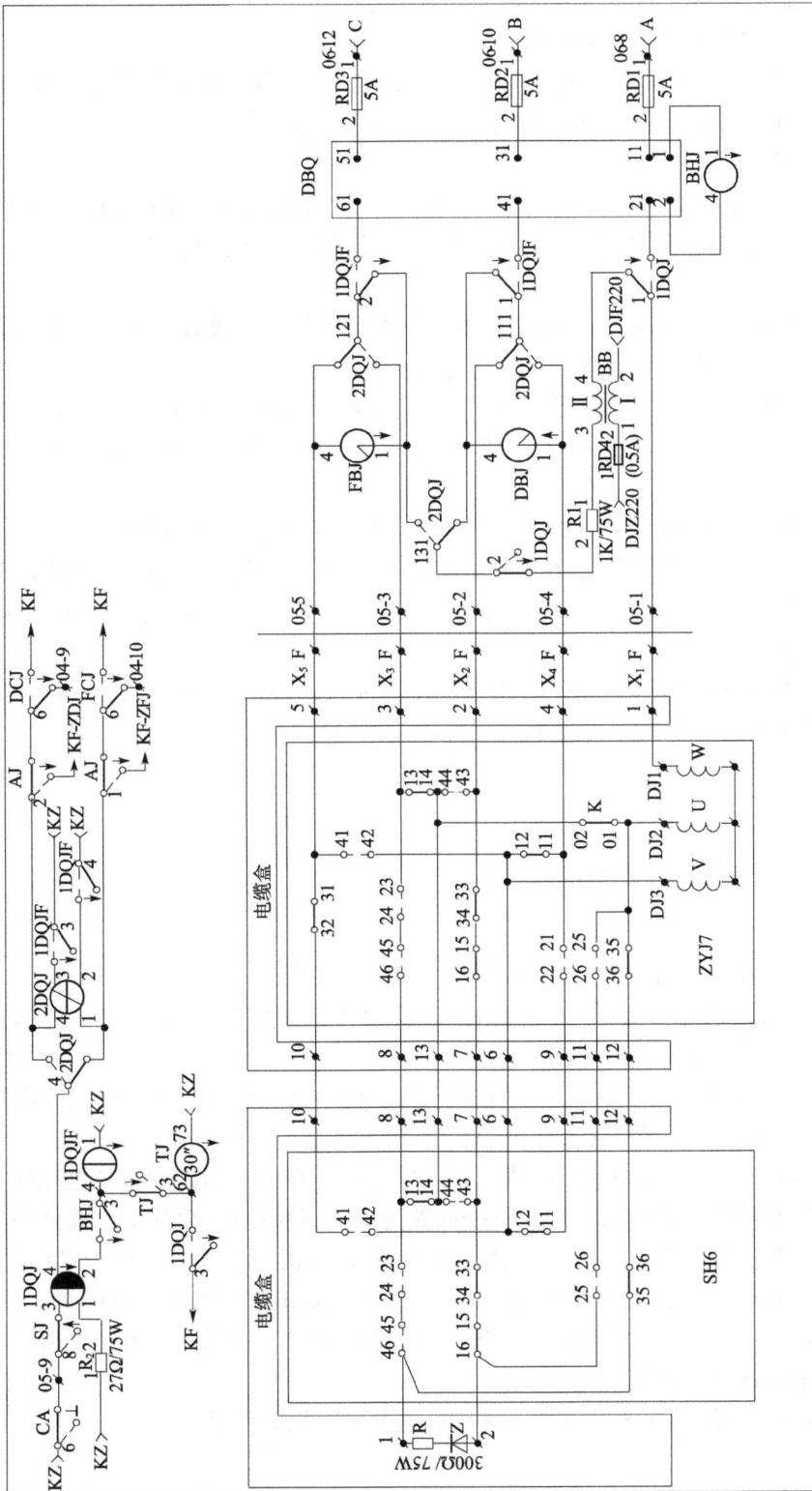

图 2-20　ZYJ-7 型电动液压转辙机单机双点牵引道岔控制电路

同,只是接入的控制线和检查的启动接点不同,不再赘述。

（2）ZYJ-7 型电动液压转辙机表示电路

ZYJ-7 型电动液压转辙机的表示电路室内部分与 ZD(J)9 型电动转辙机的表示电路相同,只是室外部分必须检查 SH6 型转换锁闭器的接点。简述如下:

①定位表示电路

在交流正半周时,电路为:X_2—主机接点 33-34—主机接点 15-16—副机接点 33-34—副机接点 15-16—二极管 Z—R—副机接点 35-36—主机接点 36-35—电动机绕组 U—电动机绕组 W—X_1。

由于 DBJ 是并联在道岔表示变压器二次侧,所以当二极管导通时,二极管将整流后的电压加在了 DBJ 线圈两端,构成了 DBJ 的励磁电路。

DBJ 的励磁电路为:X_2—主机接点 33-34—主机接点 15-16—副机接点 33-34—副机接点 15-16—二极管 Z—R—副机接点 35-36—主机接点 36-35—电动机绕组 U—电机绕组 V—主机接点 12-11—X_4。

在交流负半周时,电路为:X_4—主机接点 11-12—电动机绕组 V—电动机绕组 W—X_1。

从以上电路接通过程中可以看出:在电源负半周时,整流二极管 Z 不导通,但表示变压器二次交流电源经过 DBJ 线圈,同时检查了转辙机定位接点的动作一致性及电机绕组的完整性。

②反位表示电路

FBJ 表示电路的接通与定位表示基本相同,只是接入的表示回线(X_2、X_4 线换成 X_3、X_5 线）和检查的代表道岔位置的表示接点不同。

任务实施

一、交流转辙机道岔控制电路故障分析

（1）启动电路

启动电路发生故障时,应首先区分故障是在室内还是在室外。

①观察控制台的提速道岔启动表示灯是否亮灯,判断道岔是否启动。如果灯亮说明道岔已经启动;灯亮 13s 灭灯,说明室外道岔故障。

如果操纵道岔后,启动表示灯不亮,说明室外道岔未转动。此种情况下应在室内检查,首先判断 1DQJ、2DQJ 是否动作,在 DBQ 的 11、31、51 端子测量是否有电源。

②为区分故障在室内还是在室外,应拔掉表示熔断器后在分线盘处测室外电缆回路电阻。三相交流电动机三相线圈绕组约为 7.5Ω,一个回路为两相线圈绕组,再加上电缆回路电阻,一般为 50Ω 左右,如果三相间都是 50Ω 左右,则说明室外设备正常。这时应检查室内插接件是否牢固、配线及继电器有无故障,更换 DBQ、继电器即可恢复正常。如果在分线盘处测得三相电缆回路电阻,其中有一个回路电阻值为无穷大,则说明室外设备有故障,可能有电缆断线、转辙机接点开路或电机绕组断线等。

③如果道岔已经启动,尖轨与基本轨不密贴,一般为室外机械故障。

（2）表示电路

①首先判断是室内故障还是室外故障。

应断开 X_1 端子后再测室内 X_1 与 X_2 间是否有交流电压,若无交流电压,则故障在室内,应检查室内保险是否良好,或者配线及接点是否开路。若有交流电压 110V 说明室外有断路故障。

②查找室外断路故障,应从主机电缆盒开始,测 1、2 号端子无交流电压,说明是电缆断线;有交流电压 110V,说明是转辙机内部断线。

二、ZD(J)9 转辙机道岔控制电路典型故障分析

1. 启动电路故障分析

故障现象:某组道岔单独操纵到反位不动作。

故障分析:(1)首先检查 1DQJ、1DQJF 是否吸起,2DQJ 是否转极。如果控制电路部分继电器动作不正常,应按动作逻辑关系式进行检查:CAJ↑ 及 ZFJ↑（或 FCJ↑）→1DQJ↑→1DQJF↑→2DQJ 转极。

(2)当确定室内道岔控制电路动作正常后,应进一步观察 BHJ 是吸起后再落下,还是根本不吸起。

①若 BHJ 根本不吸起,应检查组合侧面的 380V 是否正常,熔断器是否良好。若电源正常,但到分线盘测试时电源缺相（X_1、X_3、X_4）,则可能是 DBQ 到 1DQJ 及 1DQJF 的相应接点间断线,也可能是 DBQ 内部故障。

②若在分线盘测试电源正常,则应到室外重点检查转辙机遮断开关及速动开关的接点接触情况。可用电压法检查（将道岔向定位扳动）,操作方法如下:将一表笔置于 X_1,另一表笔接到 X_3,看有无电压。若无电压说明 X_3 断线（前提有定位表示）;若有电压说明 X_3 电缆良好,应进一步测量 X_4 看有无电压。若有电压说明 X_4 经转辙机至 X_3 良好,可能是 X_4 电缆断;若无电压说明 X_4 经转辙机至 X_3 间有断线故障,应进一步检查,即从 X_3 端子顺序测量电缆盒3、速动开关 13-14、电门 11-12、电机、速动开关 12-11、电缆盒端子4,哪个地方无电压说明此处断线。

③若 BHJ 先吸起,然后又落下,说明三相负载部分良好,重点观察 BHJ 和 1DQJ 落下的先后顺序。若 BHJ 先落下,一般来说可能是 DBQ 不良,可换一台试试;若 BHJ 在 1DQJ 落下后再落下,则说明可能是 1DQJ 自闭电路有问题,例如 QDJ 在吸起状态。

2. 表示电路故障分析

故障现象:某组道岔定位向反位动作不正常（包括继电器动作情况;道岔动作情况）。

故障分析:根据故障现象分析该故障在表示电路与动作电路的公共部分,应将道岔置于定位进行检查。

(1)测量分线盘 X_1 与 X_2 端子,检查有无交、直流电压。①无交、直流电压,说明室内组合架 $1DQJ_{11}$ 到分线盘的 X_1 断线或 $1DQJF_{11}$ 到 $2DQJ_{11}$ 之间断线。②若交、直流电压均有,说明电机 W 绕组、U 绕组及 X_2、X_1 电缆良好。故障可能在 V 绕组、转辙机 11-12 接点及 X_4 电缆或室内配线部分。③若有交流电压但偏高,且无直流,说明室外 X_1 电缆、W 绕组、V 绕组部分有断线,应到室外电缆盒及转辙机进一步查找确定。

(2)当测量分线盘 X_1 与 X_2 端子间交、直流电压均有,应进一步测量分线盘 X_2 与 X_4 端子。①若交、直流电压均有,说明 X_4 电缆及转辙机 11-12 接点、V 绕组良好,故障在室内 X_4 部分。②若交、直流电压均无,说明故障在 X_4 或转辙机 11-12 接点或 V 绕组。

三、ZYJ-7 型电动液压转辙机道岔控制电路故障分析

故障现象:单独操纵道岔,道岔控制台表示灯不熄灭。

故障分析:控制台表示灯不灭,说明 1DQJ 未吸。此时测量 1DQJ3-4 线圈是否有 24V。如有,为 1DQJ 不良,更换即可;若无电源,确认线圈 3 无 KZ,还是线圈 4 无 KF。若无 KZ,可能是 CAJ 接点不良或 SJ 接点不良。若无 KF,可能为 CAJ 接点不通或没有 KF—ZDJ 或 KF—ZFJ 电源。

思考与练习

1. 信号机的检修内容有哪些?

2. 简述信号机的测试项目、测试标准、测试方法。

3. 画图解释信号点灯电路中双丝转换的控制原理?

4. 当两个灯光构成一种信号显示时,为什么要用不同的 DJ 监督?为何先点亮第二个灯光后点亮第一个灯光?

5. 道岔防护信号最多有几种灯光显示?各种灯光显示是如何点亮的?

6. 有两个发车去向的出站兼调车信号机,各个方向发车出站信号机如何显示?

7. 信号点灯电路采取哪些措施实现断线和混线防护?为何采用双断法?

8. 信号开放的过程中,若允许灯光主灯丝断丝,控制台有何现象?信号能否继续开放?如何确定断丝的灯泡?此时应如何处理?

9. 如何判定信号点灯电路的故障范围?发现信号点灯电路故障时应如何处理?

10. 简述转辙机的作用及对转辙机的基本要求。

11. 简述转辙机的分类。

12. 简述 ZD6 系列电动转辙机的传动原理。

13. 如何调整 ZD6 系列道岔的密贴、表示缺口及摩擦电流?并说明各项调整标准。

14. 分析四线制直流道岔控制电路。

15. 分析六线制直流道岔控制电路。

16. 若出现道岔由反位向定位单独操纵道岔,道岔定位表示灯熄灭,道岔定位表示灯不点亮的现象时,试分析并处理该故障。

17. 若四线制道岔控制电路 X_1 和 X_2 混线,试分析故障现象,并进行故障分析及处理。

18. 若 ZD6 系列电动转辙机解锁并空转,如何处理?

19. 如何调整 S700K 型电动转辙机?

20. 简述道岔故障处理流程。

21. 当出现单独操纵道岔控制台定位表示灯不灭的故障时,如何处理?

22. 四线制道岔控制电路由什么组成?其电路是如何动作的?

23. 如何区分四线制道岔控制电路启动电路和表示电路室内外故障范围?

24. 如何查找四线制道岔控制电路室外断线及混线故障?

25. ZD(J)9 型电动转辙机道岔五线制交流道岔控制电路由什么组成?其电路是如何动作的?

26. 画出提速道岔表示电路等效电路图,并说明当整流匣开路、短路,电机绕组开路、短路时控制台有何现象? 为什么?

27. ZYJ-7 型电动液压转辙机道岔五线制交流道岔控制电路由什么组成? 其电路是如何动作的?

28. 如何区分五线制交流道岔控制电路启动电路和表示电路室内外故障范围?

29. 如何查找五线制交流道岔控制电路室外断线及混线故障?

项目小结

本项目的主要内容是介绍室外执行设备的控制原理及维护,包括色灯信号机的检修测试及信号点灯电路的技术要求、工作原理和常见故障分析、判断及处理方法;以 ZD6、ZD(J)9、S700K 及 ZYJ7 为例,介绍了交、直流道岔控制设备的组成、技术参数调整、道岔控制电路的原理,以及常见故障分析与处理方法。本项目的主要内容简要概括如下。

1. 信号机检修的主要任务是检查信号机的外观是否有异常、信号的显示距离是否符合要求;测试的主要任务是测试信号点灯变压器及信号灯泡的端电压是否符合标准,信号灯泡是否完好,双丝转换是否良好。当发现信号机及信号点灯器材失格时,应及时更换或调整。

2. 信号点灯电路的基本原理是室内提供交流 220V 点灯电源,由相关信号继电器控制送至室外点灯变压器隔离降压,点亮相应信号灯光。正常点灯情况下,主灯丝点亮,同时灯丝转换继电器 DZJ 吸起;当主灯丝断丝时,灯丝转换继电器落下,通过其后接点接通副灯丝回路,点亮副灯丝;同时利用另一组接点接通断丝报警电路。为保证信号机可靠点亮对应灯光,当列车信号主灯丝断丝时应立即确定断丝灯泡,及时更换。

3. 信号点灯电路是用有关继电器条件控制各种灯光显示,为防止信号显示升级,信号点灯电路采取可靠的断线防护和混线防护,保证允许灯光灭灯时,改点红灯。

4. 当信号机及点灯电路发生故障时,根据控制台现象和相关的测试,准确判断故障范围,迅速处理设备故障。

5. 直流道岔控制电路涵盖四线制单动道岔控制电路、四线制双动道岔控制电路以及六线制双动道岔控制电路。六线制道岔控制电路与四线制道岔控制电路原理及分析方法基本相同,不同之处仅在于增加了 X5 和 X6 两条控制线,X5、X6 与 X1、X2 并联,使双机同时动作。其中四线制道岔控制电路适用于普通道岔单动、双动、交分岔的尖轨或可动岔心的牵引;六线制道岔控制电路适用于 60kgAT 型尖轨双机牵引道岔,其中尖轨第一牵引点用 ZD6-E 型;第二牵引点用 ZD6-J 型。无论是四线制还是六线制其电路分析方法大致相同。

6. 交流道岔控制电路中以 ZD(J)9 为主介绍其道岔控制电路的原理,采用五线制道岔控制电路,该电路由启动电路和表示电路组成。道岔动作电源为三相交流 380/220V 电源。为了对三相交流电源进行监督,设置了断相保护器和保护继电器。表示电路采用了二极管与表示继电器并联的旁路控制电路,取消了滤波电容器,提高了电路的可靠性。

7. 当道岔控制电路出现故障时,根据控制台现象及相关测试进行判断,区分故障点位置(室内还是室外)及故障类型后处理故障。

项目三 联锁控制系统维护

项目概述

　　联锁控制系统的任务是通过继电逻辑控制电路或计算机控制系统实现对联锁条件的严格检查，从而实现对信号、道岔和进路的可靠控制和监督。联锁控制系统是保证列车和调车作业安全的核心系统。目前，我国轨道交通联锁控制系统主要有以继电器为核心的6502电气集中联锁控制系统（以下简称6502电气集中）和以计算机为核心的计算机联锁控制系统。受技术条件的限制，继电联锁控制系统存在着设计与维护工作量大、投资费用高、占地面积大等缺陷。随着计算机技术的迅速发展，计算机联锁控制技术已日趋成熟，必将逐步取代继电联锁控制系统。城市轨道交通基本上都是应用计算机联锁控制系统。我国应用较多的计算机联锁控制系统都是以6502电气集中为基础研发出来的，其操作方法、室外控制对象、联锁条件的要求、控制方式等均与6502电气集中大同小异。学习者通过本项目的学习和训练应熟练掌握各种条件下城市轨道交通联锁控制的各个环节应满足的技术要求和联锁控制系统应检查的联锁条件，掌握电气集中联锁控制系统和计算机联锁控制系统的控制原理和控制功能，以及城市轨道交通联锁控制系统开通试验的基本步骤、基本内容，掌握联锁控制系统的常见故障的处理方法，以达到熟练掌握联锁控制系统维护岗位的要求。

单元一 联锁控制与联锁试验

学习目标

　　1. 熟练掌握联锁控制设备操作使用的基本要求和基本方法。

　　2. 熟练掌握车站联锁控制系统应满足的技术要求和应检查的联锁条件。

　　3. 基本掌握电气集中联锁控制系统的控制原理、控制功能。

　　4. 熟练掌握计算机联锁控制系统的控制原理、控制功能和常见故障的处理方法。

　　5. 能够按照作业标准测试、检查计算机联锁设备的各项技术参数，并迅速准确地处理计算机联锁控制系统的常见故障。

　　6. 根据车站联锁控制系统的技术要求，熟练掌握联锁试验的内容、方法和步骤，能够完成车站室内外信号设备的联锁试验。

　　7. 树立"安全第一、遵章守纪、精益求精"责任意识，培养遵章守纪、规范作业的工作作风。

建议学时:18 学时

任务一　联锁设备的操作与使用

任务描述

熟练掌握继电集中联锁车站、计算机联锁车站操作显示设备的功能,各种按钮的用途及各种表示灯的显示意义,按照联锁设备的操作要求熟练正确地进行各种操作,根据表示现象正确地分析设备的工作状态。

相关知识

一、6502 电气集中联锁控制台按钮及表示灯

6502 电气集中联锁控制系统(以下将联锁控制系统简称为联锁系统)的室内设备主要有单元控制台、人工解锁按钮盘、继电器组合架和电源屏,室外设备主要有色灯信号机、电动转辙机和轨道电路。

单元控制台(以下简称控制台)是用各种标准单元块拼凑成的,用于控制和监督道岔、进路和信号机。人工解锁按钮盘是辅助设备,用于办理故障解锁或强制关闭信号。继电器组合架是实现联锁的控制设备。电源屏是电气集中联锁的供电设备。色灯信号机用于提供各种信号显示,电动转辙机用于转换道岔,轨道电路用于监督进路是否空闲。

在单元控制台盘面上装有站场线路的模拟图形、按钮和表示灯。车站值班员利用按钮集中控制全站的道岔和信号,并通过表示灯和光带监督设备状态和线路占用情况。

1. 与进路有关的按钮及表示灯

(1)进路按钮:在控制台的站场模型上,对应每一信号机设一个进路按钮(A);为了排列变通进路,有时在站场模型适当位置需设置变通按钮(BA);没有对应的信号机时,进路终端也须专设终端按钮(ZA)。

(2)进路排列表示灯:用于显示排列进路的状态。

2. 与道岔有关的按钮及表示灯

(1)道岔按钮及表示灯:对应每组道岔设置的单独操纵按钮简称道岔按钮(CA)。道岔按钮采用三位带灯按钮,按下为自复式,拉出为非自复式。每一道岔按钮的上方有两个表示道岔位置的表示灯,道岔在定位时绿灯亮,道岔在反位时黄灯亮,道岔四开时无表示。

(2)道岔总定/反位按钮及表示灯:在控制台上方,对应一个咽喉设置了二位自复式的道岔总定位按钮(ZDA)和道岔总反位按钮(ZFA),用于控制道岔单独操作。对应道岔总定位按钮上方设总定位表示灯(绿色),对应道岔总反位按钮上方设总反位表示灯(黄色)。

(3)接通道岔表示按钮:在控制台下方,对应一个咽喉设置一个两位非自复式接通道岔表示按钮,用于检查道岔位置。按下此按钮后根据道岔位置点亮各道岔表示灯。

(4)切断挤岔电铃按钮:在控制台下方对应全站或每个独立车场设置一个两位自复式带灯的切断挤岔电铃按钮。当道岔转换受阻或发生挤岔长时间(超过 13s)无表示时,挤岔表示灯亮红灯,挤岔电铃鸣响。按下切断挤岔电铃按钮可切断响铃电路,待道岔修复后,红灯熄灭,

挤岔电铃会再次鸣响,此时按下切断挤岔电铃按钮,电铃停响,恢复正常。

3. 总取消按钮、总人工解锁按钮和表示灯

控制台咽喉区下部设有一个总取消按钮(ZQA)和带铅封的总人工解锁按钮(ZRA),用于办理取消进路和人工解锁进路。操作带铅封按钮时,需输入口令密码(相当于破铅封)才能生效。对应两按钮均设有红灯。在总人工解锁按钮的上方还设有延时解锁表示灯(30s、3min)。

4. 引导信号相关按钮及表示灯

在控制台下部对应每架可办理引导信号的信号机设有一个带铅封的二位自复式按钮(YA),对应整个咽喉区设一个带铅封的二位非自复式按钮(YZSA),对应两按钮分别设有白色表示灯。

5. 区段故障解锁按钮

在区段人工解锁盘上,对应每一个道岔区段或有列车进路经过的差置信号机之间的无岔区段,均设一个二位自复式带铅封的事故按钮,用于办理故障解锁和强制关闭信号。

6. 信号复示器

信号复示器反映室外信号机的显示状态。6502 电气集中联锁信号复示器与室外信号机显示的关系为:信号复示器平时亮红灯,表示信号机在关闭状态;信号复示器亮绿灯,表示信号机可正常显示灯光;信号复示器亮红灯和白灯,表示信号机可开放引导信号。

当信号机红灯因故灭灯时,信号复示器闪红灯;信号机开放后,绿灯或黄灯因故灭灯时,信号复示器由绿灯变为红灯;当引导信号开放后,室外白灯因故灭灯时,信号复示器红灯点亮白灯闪光,室内无红灯的信号复示器,室外红灯或蓝灯灭灯,室内白灯闪亮。

7. 接通光带表示按钮

对应每一咽喉区,在控制台下方设有一个二位自复式接通光带表示按钮。按下时点亮白光带,可检查进路开通状态。

8. 轨道光带表示灯

轨道光带表示灯不亮,表示进路没有锁闭,轨道区段空闲。进路锁闭后,对应进路范围内白光带亮灯;按下接通光带表示按钮,相应道岔位置轨道光带表示灯也点亮白灯。只要轨道区段有车占用,不管是否建立进路,该区段红光带亮灯,列车或车列在轨道区段出清后,红光带熄灭;轨道区段故障,故障区段红光带亮灯。

9. 接近或离去表示灯

在接近和离去区段设有表示灯。当列车进入接近区段时,接近表示灯亮灯,并瞬间响铃;当列车进入离去区段时,离去表示灯亮灯;当列车在接近或离去区段出清后,表示灯熄灭。

二、计算机联锁系统屏幕显示

计算机联锁系统控制的车站室内设备主要有联锁机柜、继电器组合架、电源屏、分线盘、行车操纵台(包括鼠标、显示器、音箱)、电务维修台(包括鼠标、键盘、显示器、打印机)等室外设备与6502 电气集中联锁的设备相同。随着计算机科学的发展,计算机联锁系统不断升级换代,操作工具不断更新,各种类型计算机联锁系统的操作方法不完全相同,但基本原则一致。计算机联锁系统的屏幕显示由上至下主要有道岔按钮显示部分、站场图形显示部分、菜单选取

部分、信息提示框部分以及按钮部分。

1. 道岔按钮显示部分

道岔按钮可以显示道岔的位置及状态。道岔在定位时,按钮呈绿色;道岔在反位时,按钮呈黄色;道岔在转换时,按钮呈灰色;道岔挤岔时,按钮呈红色;道岔单封时,按钮呈蓝色;道岔单锁时,按钮呈红色。

2. 站场图形显示部分

(1)站场图形显示。屏幕上的站场图形与信号平面布置图的站形是基本一致的,线路中道岔部分以实线表示时,其对应的线路经由道岔而延伸的方向为线路的开通方向。

(2)信号复示器的设置及显示。对应站场图中的每一列车或调车信号机的位置均设有信号复示器,列车或调车信号复示器显示的颜色均与室外信号机的显示完全一致。当灯泡主副灯丝均断丝时,信号复示器闪光。

(3)站场图上的道岔显示。道岔的开口表示当前线路断开的一侧;道岔暂时(如正在转换)失去表示时,线路断开;道岔挤岔时,对应道岔的岔心处闪红光,并有语音报警;道岔单锁时,对应道岔的岔心处出现红色圆点;道岔单封时,对应道岔的岔心处出现蓝色圆点。

3. 菜单选取部分

屏幕下方有菜单框,菜单按钮多为非自复式。用鼠标点击某一菜单框时,框中出现"√"符号表示曾被点击过,同时屏幕上显示相应的信息;再次点击该框时,"√"及相应的信息随之消失,按钮复原。菜单框包括汉字提示(显示或隐藏在站场图中的汉字名)、按钮名称、信号名称、道岔名称、区段名称、语音暂停、时钟设定、单屏、多屏、铅封记录等。

4. 信息提示框部分

(1)操作或联锁出现异常的提示框。异常的提示框包括操作错误、操作无效、进路选不出、进路不能锁闭、信号不能开放、信号不能保持、灯丝断丝、命令不能执行、不能自动解锁等提示。

(2)故障报警框。当发生灯泡断丝、熔丝断丝、道岔挤岔、发码故障等情况时,框内提供汉字报警信息,且该框的红、蓝底色交替闪光。

(3)延时报警框。延时报警框反映人工解锁等延时时间的情况,框内显示信号名、区段名和倒计时信息。

(4)联机信息框。联机信息框反映上位机、联锁机、电务维修机,以及上位机与联锁机之间的通信网状态。

(5)系统时钟框。系统时钟框显示系统内部表达当地标准时间的时钟,它不同于驱动计算机工作的时钟。在系统中(包括电务机),凡需要标明时间的设备状态、行车过程以及各种数据,均以系统时钟的时间为准。该时钟与标准时间误差不能超过1min。系统时钟的底色不断变化时,表明上位机正在运行。

(6)电源屏供电框。电源屏供电框反映电源屏当前是主电源供电还是副电源供电。

5. 按钮部分

(1)进路按钮

信号机对应按钮、进路终端按钮、变通按钮的设置及用途与6502电气集中联锁系统相同。

每一可开放引导信号的信号复示器的前方设置一个白色的引导信号按钮,用于引导接车。

(2)功能按钮

为了减少按钮数量和简化操作,把具有相同功能的操作设计为由一个按钮完成。

①进路总取消按钮。进路总取消按钮是为取消预先锁闭的进路而设置的按钮。当防护信号机已开放的对应接近区段未被列车或机车车列占用时,若要解除已锁闭的进路,则须办理进路取消手续。为此,需设总取消按钮(总取消)。它需与进路始端按钮配合使用。

②进路总人工解锁按钮(带铅封)。当防护信号机开放后,其接近区段被列车或机车车辆所占用,这时要解除已锁闭的进路,须办理进路的人工解锁(限时解锁)手续。为此对应全站(或每一咽喉区)设一个带铅封的总人工解锁按钮(总人解)。它需要与进路始端按钮配合使用。

③轨道区段故障解锁按钮(带铅封)。当计算机联锁系统供电,交流电停电恢复或列车通过进路后,因轨道电路故障而使部分乃至全部轨道电路区段未正常解锁时,为了解除上述轨道区段的进路锁闭,设置一个带铅封的按钮。它取消了人工解锁盘,需与区段名配合使用。

④道岔总定位操纵按钮(总定位)。为了将道岔操纵到定位,对应全站(或每一咽喉区)的道岔设置一个共用的带灯的按钮。它配合道岔按钮把该道岔操纵至定位。

⑤道岔总反位操纵按钮(总反位)。为了将道岔操纵到反位,对应全站(或每一咽喉区)的道岔设置一个共用的带灯的按钮。它配合道岔按钮把该道岔操纵至反位。

⑥道岔单封按钮(单封)。道岔单封按钮是同意电务人员对道岔进行维修的按钮。它需与道岔按钮配合使用。

⑦道岔解封按钮。道岔解封按钮是解除单封的按钮。它需与道岔按钮配合使用。

⑧道岔单锁按钮。道岔单锁按钮是在特殊情况下(例如特种列车通过道岔时)将道岔单独锁闭的按钮,需与道岔按钮配合使用。

⑨道岔单解按钮(单解)。道岔单解按钮是解除道岔单锁的按钮。它需与道岔按钮配合使用。

⑩按钮封锁按钮(列车按钮封锁)。按钮封锁按钮是禁止对按钮操作的按钮。它需与列车信号按钮配合使用。

⑪坡道解锁(带铅封)按钮(坡道解锁)。在接车进路的延续进路锁闭后,一般情况下自列车头部驶入股道开始,延时3min后延续进路才能自动解锁。为了缩短延迟时间,车站值班人员确认列车完全进入股道并已在股道停稳后,可按压特设的带铅封的坡道解锁按钮,使延续进路提前解锁。

(3)专用按钮

①道岔按钮。对应每组道岔(共用同一控制电路)会设一个带显示的按钮。道岔按钮需与道岔功能按钮(如道岔总定位或总反位操纵按钮)配合操作,才能控制道岔。

②引导总锁闭(带铅封)按钮(X、S引总锁)。当道岔失去表示、无法办理进路时,需将所在咽喉区(以下简称咽喉)中的全部道岔锁闭后才能办理引导接车。为此,对应每一咽喉设置一个带铅封带灯的按钮。

③清除按钮(清除)。为清除不带铅封的操作按钮信息、"进路控制异常信息框"中的显示等,对应全站设一个清除按钮。

任务实施

一、操作流程

任务一的操作流程如图 3-1 所示。

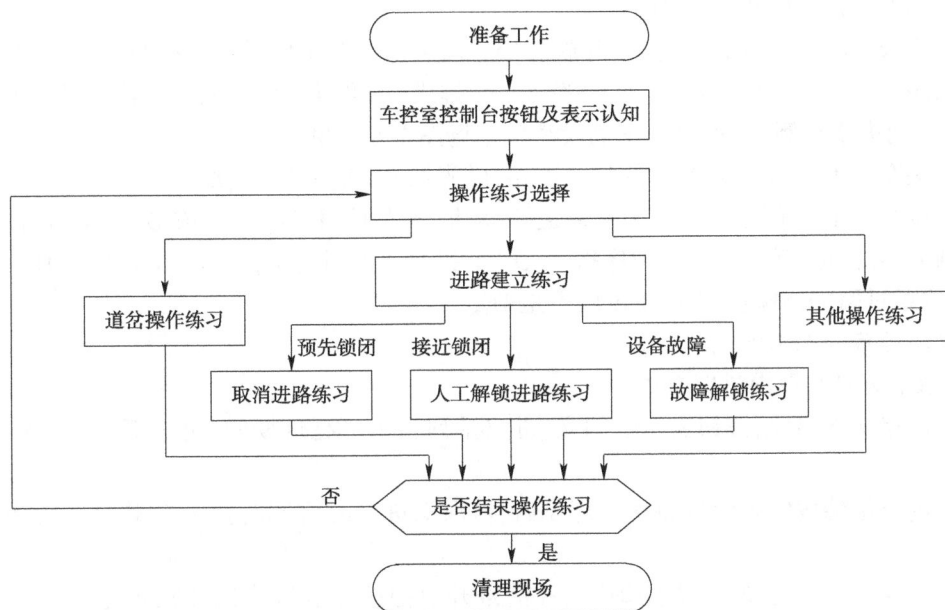

图 3-1 操作流程图

二、6502 电气集中联锁控制台操作方法

1. 进路的建立与正常解锁

(1)基本进路

①排列基本进路的方法:顺序按下始端、终端进路按钮。

始端按钮:需要开放哪架信号机,对应信号机设置的进路按钮即为始端按钮。

终端按钮:对应信号机设置的进路按钮,既可作始端按钮又可兼作同性质反方向进路的终端按钮使用。单置调车信号机(设在咽喉区岔群中的单个信号机)设置的调车按钮不能用作终端按钮。由于单置调车信号机不能阻拦反方向的调车车列,因此,对应单置调车信号点的调车信号机按钮(DA)只能作同方向调车进路的终端按钮使用。

由于同一个按钮,既可作一条进路的始端按钮,一般又可作另一条同性质反方向进路的终端按钮,因而,同一咽喉不允许同时选两条进路。

②进路的正常解锁:列车或车列正常使用进路后,进路分段自动按正常顺序解锁,即列车或车列出清一段,解锁一段。

73

（2）变通进路

当两点之间有两条或两条以上路径时,选择其中一条路径最短,经过道岔最少,对平行作业影响最小的路径经常使用,此路径称为基本进路;其他路径则为变通进路。有两条及两条以上路径时,应按上述原则确定进路的优先选择顺序。

①排列变通进路的方法:按顺序先按下始端按钮,再按下一个或多个变通按钮,最后按下终端按钮。列车进路中能起区分作用的各调车按钮均可兼作变通按钮使用;调车进路,只有单置调车按钮可兼作反方向进路的变通按钮使用,其他情况可分段排列;专设的变通按钮在排列列车或调车变通进路时均可使用。

②排列长调车进路的方法:需要开放两架或两架以上调车信号机的进路称为长调车进路,既可以顺序按下长调车进路的始、终端按钮一次排成,也可以按单元调车进路分段排列。

（3）排列进路举例(以项目一车辆段举例站场图 1-6 为例)

排列接车至 18G 停车列检库的基本进路,应先按 SJ2A,后按 $D_{18}A$。

排列接车至 18G 停车列检库的变通进路,应顺序按下 SJ2LA、D_8A 或 $D_{12}A$,再按 $D_{18}A$。

排列 D_{13}-D_4 的调车进路,应顺序按下 $D_{13}A$ 和 D_9A。因为 D_9A 与 $D_{13}A$ 能互为始终端按钮,所以这条进路的终端按钮是 D_9A 而不是 D_4A。

2. 取消进路和人工解锁

（1）取消记录与取消进路

①在进路未选出前,按钮表示灯闪光,进路排列表示灯亮灯期间,可按下总取消按钮取消记录。

②在进路始端按钮表示灯亮稳定灯光后,欲取消进路时应同时按下总取消按钮和进路始端按钮。

③在进路处于预先锁闭(进路锁闭后,信号开放但接近区段空闲或接近区段有车但信号未开放)状态时,办理取消解锁,应同时按下总取消按钮和进路始端按钮,使信号关闭,进路立即解锁。

（2）人工解锁

当进路处于接近锁闭(信号开放后,列车或车列进入信号机的接近区段)状态时办理人工解锁,应按下总人工解锁按钮(登记破铅封操作),同时按下进路始端按钮,进路经延时后解锁。接车进路及有正线通过作业的发车进路,延时 3min;其他发车进路和调车进路延时 30s。在延时期间,对应的延时解锁表示灯亮红灯。

3. 区段故障解锁和强制关闭信号

当发生停电恢复或漏解锁等使故障区段不能按进路方式解锁时,在确认本区段空闲的情况下,一个人进行破铅封操作并按下控制台上的总人工解锁按钮,另一个人同时按下区段人工解锁按钮盘上要解锁区段的事故按钮,该区段立即解锁。当设备发生故障,以正常手续不能关闭信号灯时,可以一个人进行破铅封操作并按下控制台上的总人工解锁按钮,另一个人同时按下进路中任一区段的事故按钮,即使该区段不能解锁,也可使信号灯强制关闭。

4. 道岔单独控制

（1）单操道岔。单操道岔至定位/反位时,需同时按下该道岔按钮和总定位/总反位按钮。

（2）单锁与单解。单独锁闭道岔时需拉出道岔按钮,按钮上表示灯亮红灯,再排列进路时,该道岔不能转动。恢复道岔按钮,解除单独锁闭。

5. 重复开放信号

信号开放的过程中因故关闭,当故障恢复后,若进路仍在锁闭状态,可按下进路始端按钮使信号重新开放。

6. 其他操作

(1)挤岔报警:道岔表示灯13s无表示时的报警(JCD亮红灯,JCDL鸣响,按下JCA电铃停响,故障恢复又响铃,恢复JCA电铃停响)。

(2)接通道岔:按下TCA道岔表示灯亮灯,定位亮绿灯,反位亮黄灯。

(3)接通光带:按下TGA轨道光带点亮,松开TGA光带熄灭。

7. 注意事项

(1)排列进路时,根据进路的性质列车与调车按钮作为始终端要分开使用(尽管有时错误按下终端按钮进路也能排成)。

(2)在进路排列表示灯未灭前,同一咽喉不能再办理其他进路。

(3)排列进路时,有一个按钮表示灯闪光,进路不能锁闭,信号机不能开放。重复开放列车信号机及进路已接近锁闭的调车信号机时,不松开始端按钮信号机不能开放。

(4)当控制台上信号复示器闪光或开放信号机后无表示时,如确认地面信号机显示良好,可继续使用,应通知信号工区修理。装设灯丝转换报警的车站,当信号灯主灯丝断丝,副灯丝点亮时,控制台上断丝表示灯亮红灯,同时响铃,按下切断灯丝电铃按钮,电铃停响。修复后,表示灯红灯熄灭,电铃又响,拉出按钮即恢复正常。

(5)在同一咽喉区,同时只能办理一条进路的人工延时解锁,即本咽喉一条进路正在延时解锁期间不允许办理第二条进路的人工解锁。

(6)使用总人工解锁按钮和人工解锁盘办理故障解锁时,必须认真核对故障解锁按钮的名称与解锁的区段是否一致,确认解锁区段无车占用。

(7)禁止经过正在锁闭的道岔排列储存进路。一条渡线的两组道岔,一组解锁,另一组仍在锁闭时,禁止经过解锁道岔排列改变渡线道岔位置的进路。不准由两个方向同时向同一个无道岔区段调车。

(8)道岔区段故障出现红光带时,该区段内道岔不能解锁。此时,若需办理非正常行车作业需改变道岔位置,经严格登记后,可使用手摇把转动道岔。

(9)在进路排列过程中,有道岔转换受阻时,应先将进路取消后再将道岔操作回原位。清扫或维修道岔时,应得到车站值班员同意,登记后方可进行,值班员应将有关道岔单独操纵按钮拉出。

三、计算机联锁系统的操作

1. 操作说明

(1)对于不带铅封的按钮,通过鼠标点击该按钮,该按钮的操作立即生效。对于带铅封的按钮,当点击该按钮后,屏幕上立即弹出"口令保护操作,请输入口令"窗口(简称"口令窗"),要求操作者输入口令(相当于破铅封)并确认。

（2）当顺序操作多个按钮而不符合配对规则时,屏幕上会弹出"操作错误"提示窗口,要求操作者点击窗口内的"确认"键消除不正确的操作信息。

2. 操作方法

（1）进路的排列与取消

计算机联锁系统的下列操作与 6502 电气集中联锁完全相同:排列进路(排列列车进路、调车进路,包括排列基本进路、变通进路)、重复开放信号机、取消进路。

（2）人工解锁

操作:总人解锁按钮 + 输入口令 + 进路始端按钮。

条件:进路处于接近锁闭状态,进路空闲,道岔表示正确。

（3）轨道区段故障解锁

操作:区段故障解锁按钮 + 输入口令 + 待解锁的区段按钮。

条件:被解锁的区段不在列车或车列运行的前方而且该区段轨道电路无故障。

在连续解锁多个区段的情况下,除了解除第一个区段时需按上述操作外,解锁其他区段只需点击"区段故障解锁"和"区段名"按钮,而不需输入口令码,以便提高操作效率。在解锁多个区段期间,如果误按了其他(非区段)按钮,则区段故障解锁操作信息失效,必须重新按压区段故障解锁按钮和输入口令,再进行区段解锁。在进路处于接近锁闭状态和列车未驶入进路的情况下,进路因轨道电路故障而不能人工解锁,须按区段故障解锁方式解锁。在此情况下,必须先使进路内某一轨道区段按故障解锁方式延时解锁。该区段需延时 3min 或 30s 才能解锁,以后各区段解锁不用延时。在延时期间办理其他区段解锁无效。为了保证安全,系统初次通电后,全站所有轨道区段均处于锁闭状态。需按"区段故障解锁"方式使各区段解锁。

（4）道岔的单独控制

道岔的单独控制包括道岔单操、道岔单封、道岔解除封锁、道岔单锁和道岔单解操作,其方法是先按压相应的功能按钮,再按压道岔按钮。

（5）其他操作

①按钮的加封与解封。

按钮加封/解封:按钮封锁/按钮解封按钮 + 列车信号按钮。

②信息清除。

a."错误操作"信息清除。当操作顺序或按钮配对不符合规定时,屏幕上出现操作错误的汉字提示,同时有提示窗口弹出,点击窗口的"确认"键,将错误操作信息清除。否则,后续操作均无效。

b.非"错误操作"信息的清除。当按压某一不带铅封的按钮后发现操作不当时,应及时按压清除按钮,使其无效。当按压带铅封的按钮后发现操作不当时,应及时按压口令窗内的取消键予以清除。

c.提示信息的清除。有些特殊信息,如站场图中的设备名称,办理进路异常信息提示框中的汉字提示等,认为无保留必要时,可按压清除按钮予以清除。

③系统时钟的设定或调整。

a.设定或调整时钟时间时必须输入口令。因此,在点击"时钟设定"框时,屏幕上首先出现"口令保护窗口"(简称口令窗)。

　　b.输入口令码并点击"确认"键后,口令窗自动地转换成"新时间值输入窗口"(简称时间窗)。窗口内出现待调整的时间——"时：分：秒",并在时间值的右下方出现一条黑色短线——位标。

　　c.调整时间值时,需按时→分→秒顺序进行。点击位标移动键"←",将位标向左移到需要修正的时间值下方。按照标准的时间值,分别点击数字键,得到新的时间值。确认无误后,及时点击"确认"键。于是时间窗口消失,新的系统时间设定完成。

　　3.注意事项

　　现场应用的其他类型的计算机联锁设备,操作方法与上述内容大同小异,具体操作前应阅读设备操作说明书。

知识拓展

一、继电联锁设备引导进路办理

　　1.按进路锁闭方式引导接车

　　①办理时机：当轨道电路故障或进站(接车进路)信号机不能开放正常的接车信号,但进路中道岔位置正确、表示完好,需将列车接入站内时,应按进路锁闭方式办理引导接车。

　　②办理方法：值班员应先按排列进路的方式将进路排通,然后取消；或用单独操纵的方式将道岔转换到规定位置(如轨道电路故障时,还应对故障区段的道岔实行单独锁闭,以防故障恢复后该区段道岔错误解锁),人为确认进路空闲后,按下引导信号按钮锁闭进路、开放引导信号。控制台上有白光带表示(故障的区段仍为红光带)。如采用排列进路的方式转换道岔,进路开通后,应将该进路取消再按下引导按钮。否则,道岔将受双重锁闭。

　　③解锁时机及方法：当列车的第一轮对越过进站(接车进路)信号机后,引导信号自动关闭。列车进入股道后,进路仍不解锁,值班员应确认列车整列到达后,同时进行破铅封操作并按下总人工解锁按钮和进路始端按钮,使引导接车进路一次解锁。

　　④取消方法：引导信号开放后又需关闭时,值班员可同时按下总人工解锁按钮和进路始端按钮,使引导信号关闭,引导接车进路一次解锁,白光带熄灭。

　　2.引导总锁闭接车

　　①办理时机：当道岔实际位置正确,但因故失去表示或向非接车线接车时,应采取引导总锁闭方法办理引导接车。

　　②办理方法：在开放引导信号前,值班员须确认道岔位置正确、进路空闲、敌对进路未建立。对于失去表示信号的道岔,应确认尖轨密贴且用钩锁器加锁。然后,按下引导总锁闭按钮将全咽喉区道岔锁闭,此时引导总锁闭表示灯亮白灯,但无白光带表示。最后,再按下引导信号按钮开放引导信号。

　　③解锁时机及方法：列车的第一轮对越过信号机后,引导信号自动关闭,值班员应确认列车整列到达后,将引导总锁闭按钮拉出,引导总锁闭表示灯熄灭,全咽喉区道岔立即解锁。

　　④取消方法：引导信号开放后又需关闭时,值班员可拉出引导总锁闭按钮,使引导信号关闭,全咽喉区道岔解锁。

无论采用哪种方式进行引导接车,当进路内第一区段轨道电路故障时,值班员必须一直按下引导信号按钮,直至列车进站才能松手,否则引导信号不能保持开放状态。

二、计算机联锁设备引导进路的办理

计算机联锁设备引导接车进路有三种办理方式:一是接车进路已锁闭后转为引导方式;二是接车进路未锁闭时,按进路锁闭方式引导接车;三是全咽喉区道岔引导总锁闭接车。

(1)接车进路锁闭后转为引导方式

①开放引导信号:引导按钮 + 输入口令。

②解锁进路:办理解锁必须在列车未驶入进路或列车完全进入股道后。列车在进路内运行时禁止办理引导解锁。由于该进路受双重锁闭,解锁进路时必须先解除引导锁闭,再解除进路锁闭。

(2)按进路锁闭方式引导接车

接车进路因轨道电路故障等情况不能建立时,只要进路中道岔表示正确即可按此方式引导接车。

①办理引导接车:引导按钮 + 输入口令 + 接车股道入口处列车信号(接车进路终端)按钮。

按上述操作后,无故障区段中的道岔按引导进路的要求自动转换到规定的位置,并实现引导进路锁闭,控制台显示白光带后,开放引导信号。

②解除引导锁闭的方法:同接车进路锁闭后转为引导方式。

(3)引导总锁闭接车

引导总锁闭的条件和要求与 6502 电气集中联锁相同。

①开放引导信号:引导总锁闭按钮 + 输入口令 + 引导信号按钮 + 输入口令。

②解除引导总锁闭:列车进入股道,按下引导总锁闭按钮即可。

无论采用哪种方式,当进站内第一个轨道电路区段发生故障时,开放信号后,应重复点击引导信号按钮,间隔时间不能超过 14s。直至列车驶入进站信号机内为止。

任务二 联锁控制功能的实现

任务描述

根据《铁路信号维护规则技术标准》和《城市轨道交通信号系统通用技术条件》(GB/T 12758—2004)的要求,熟练掌握铁路车站作业的技术要求,熟练掌握车站联锁控制系统各个控制环节应检查的技术条件,通过学习 6502 电气集中联锁系统的控制原理和控制功能,把联锁条件的检查与联锁系统的控制功能紧密联系起来,牢固树立车站联锁的概念,深刻领会检查各种联锁条件的意义,进而掌握计算机联锁系统应具有的联锁控制功能。

相关知识

为了保证作业安全,提高运输效率,每一个轨道交通车站都必须装设一套车站联锁控制系统。车站联锁控制系统也是随着控制技术的发展而不断进步的。由早期的机械控制为主,发

展为电气控制为主,近年来已大量采用计算机控制技术,特别是城市轨道交通控制领域的联锁控制系统均已采用计算机联锁系统。但是,无论采用何种控制系统,实现联锁控制的基本要求都是一致的,只是技术越先进,检查越严密、越可靠。

在计算机联锁系统广泛应用之前,我国轨道交通车站(包括城市轨道交通)联锁控制领域应用的控制系统主要是 6502 电气集中,它是通过一套严密的继电逻辑电路实现对车站信号、道岔、进路的自动控制和监督的。目前我国应用的各种型号的计算机联锁系统都是以 6502 电气集中为基础,其联锁控制功能与 6502 电气集中基本相同。

计算机联锁系统是通过联锁软件来实现联锁条件检查的,仅仅了解和掌握计算机联锁的技术设备,不掌握联锁系统的技术要求和控制原理,会很难搞清楚如何实现联锁控制,也就难以胜任联锁设备的维护工作。因此,本任务仍然以 6502 电气集中为参照,介绍联锁控制的有关知识。车站信号设备平面布置示例如图 3-2 所示。

由于 6502 电气集中电路庞大、结构复杂,短时间掌握困难很大,本任务以介绍联锁条件检查、联锁控制功能的实现为主,附带介绍 6502 电气集中一些控制电路的基本原理。读者如果要深入了解 6502 电气集中的原理,可参考有关教材。

联锁控制系统按照控制功能和设备动作程序划分,大体上可分为进路选择与排列、信号开放与关闭、进路锁闭与解锁 3 个部分,分别介绍如下。

一、进路选择与排列控制

从前面介绍的联锁设备操作使用方法中已经知道,车务人员在控制台上顺序按压进路的始端、终段按钮,只要操作正确,进路就会自动锁闭、信号就会自动开放。实际上在此之前,首先要由电路控制选择进路、排列进路。所谓选择进路是指在进路始、终端之间选择一条符合操作人员操纵意图的路径,即预先确定进路中各个道岔的位置;所谓排列进路是指按照选路的思路将进路中的有关道岔转换到规定的位置。选路过程只是电路动作,时间短暂;而排路过程需要转换道岔,时间相对较长。因此,无论是 6502 电气集中联锁还是计算机联锁,都把进路的选择和排列分开,以便于提高控制系统动作的效率。

进路选择与排列控制主要包括操作记录控制、进路选择控制、进路排列控制、接续记录控制、进路选排校核控制,分别介绍如下:

1. 操作记录控制

为了简化操作手续,控制台上的进路按钮都是两位自复式,即进路按钮松开后会自动恢复到原位,因此,必须用有关继电器将操作命令记录下来。6502 电气集中用按钮继电器和方向继电器来实现操作记录控制。

(1)技术要求

在形成操作记录的同时,必须能够分析操作命令是否正确;如果是错误的操作,不允许执行操作命令。因此,对操作进路控制电路提出以下技术要求:

①为防止误碰进路按钮,错误发出操作命令,至少应按下两个进路按钮才能形成操作命令,即双按钮选路。

②只有进路的始、终端按钮性质一致,才能选路。即如果始端按下列车按钮(LA),终端也必须按下 LA;如果始端按下调车按钮(DA),终端也必须按下 DA。否则,不形成选路命令。

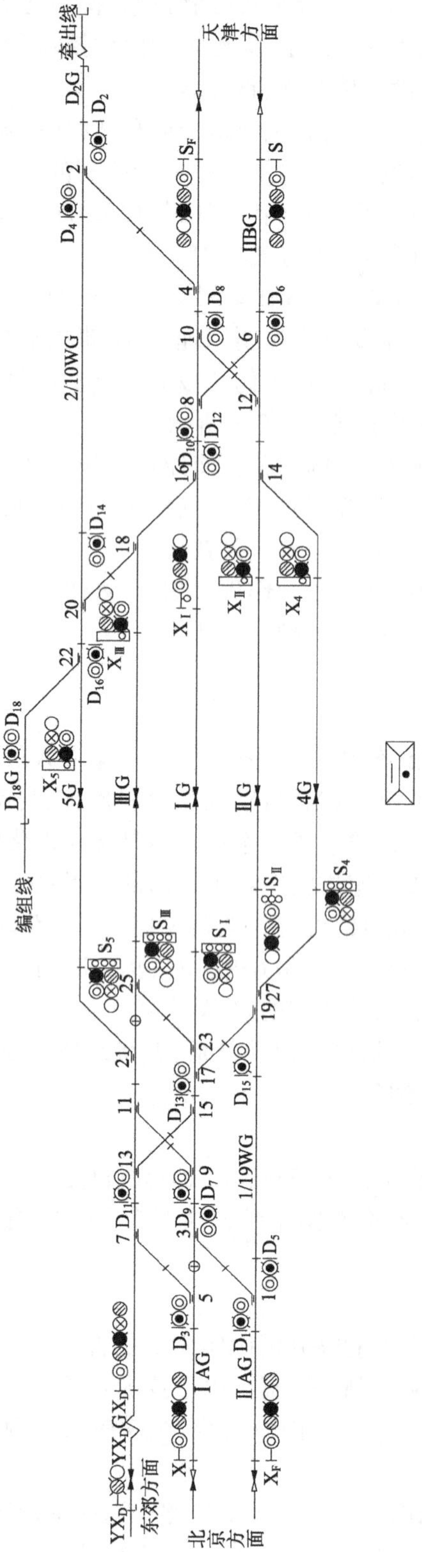

图 3-2 车站信号设备平面布置示例

③为了防止在一个咽喉区同时有多个进路始、终端,造成选路混乱,一个咽喉区同时只允许记录一条进路的选路命令。

④操作记录应保持到进路选出,进路选出后记录电路应及时复原,以便选下一条进路。

⑤进路因故不能选出,办理取消,应能自动取消操作记录。

(2)电路控制原理

6502 电气集中对应每一进路按钮(单置调车信号点除外)设置一个按钮继电器 AJ,对应 LA 设置一个 LAJ,对应 DA 设置一个 DAJ。对应单置调车信号点由于无法用进路方向区分其作始端或终端,因此设置了三个(至少应设置两个)按钮继电器(1AJ、AJ、2AJ)。

为了记录进路按钮的按压顺序,确定进路的方向和性质,在每一个咽喉区,设四个方向继电器,分别是:列车接车方向继电器 LJJ、列车发车方向继电器 LFJ、调车接车方向继电器 DJJ、调车发车方向继电器 DFJ。

调车信号点的 AJ 电路(其他信号点略)如图 3-3 所示,方向继电器电路如图 3-4 所示。

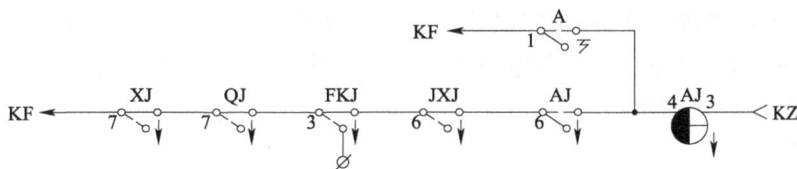

图 3-3 尽头线调车按钮继电器电路

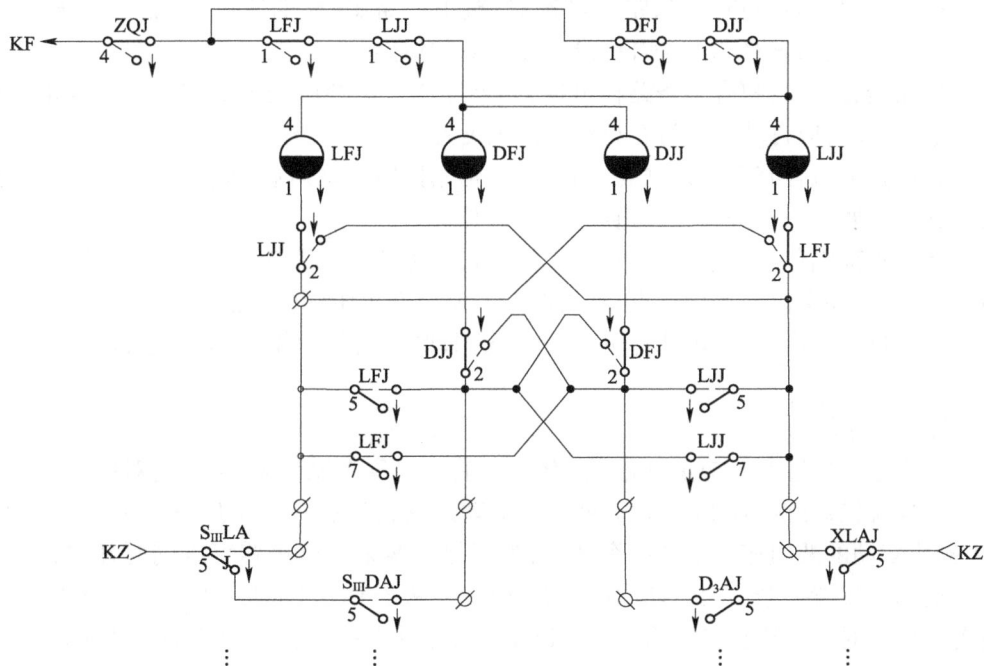

图 3-4 方向继电器电路

按压按钮 DA 后,AJ 励磁吸起,而后自闭,即由 AJ 记录了进路按钮的按下动作。由始端 AJ 前接点控制对应的方向继电器励磁,即记录了进路的方向和性质。按下终端按钮后,方向继电器自闭。由 AJ 与方向继电器配合记录选路的命令,确定进路的始端和终端。直到进路选出后,进路选择继电器(JXJ)励磁吸起(以下将"继电器励磁吸起"简称为"继电器吸起"),AJ落下,方向继电器复原。为简化电路,可用方向继电器有关节点组成了方向电源,用来控制后续有关电路,在此不详细介绍。

对照 AJ 和方向继电器电路可以看出电路能够实现以下各项技术要求。

只有始、终端 AJ 均吸起才能使方向继电器自闭(只有两个 AJ 吸起才能接通选岔电路),保证双按钮选路;方向继电器励磁电路所用 AJ 接点与自闭电路所用 AJ 接点为同一性质(选变通进路用 DAJ 接点接通 LJJ、LFJ 自闭电路除外),保证所按始、终端进路按钮一致,才可选路;四个方向继电器互切,保证一个咽喉区同时只允许有一个方向继电器吸起,即只准许同时选一条进路;进路选出后,JXJ 吸起,对应信号点的 AJ 复原,所有 AJ 落下,方向继电器复原,可选下一条进路;如果进路因故未选出,JXJ 不吸起,可操作 ZQJ、QJ 先后吸起,使方向继电器和AJ 复原。

2. 进路选择控制

当进路的始、终端确定后,应按照操作人员的操纵思路选择出一条路径。一是选出进路中相关道岔的位置,因此进路选择控制电路也称选岔电路,二是选出进路范围的有关信号点,以启动后续电路记录进路的始终端。

(1)技术要求

①进路始、终端确定后,应自动选出与操作人员的操作思路一致的进路。

②当进路始、终端之间有多条路径可选时,按下进路始、终端按钮,应能自动选出基本进路,禁止自动选出迂回进路和不符合操纵思路的其他进路。

③当进路始、终端之间有多条路径可选,如果操作人员顺序按下始端、变通、终端按钮,需要选择变通进路时,应自动选出符合操纵思路的变通进路。

④一条进路上包含有多组道岔时,为防止各道岔同时启动时启动电流过大,要求各道岔要顺序启动,因此,要求一条进路上的道岔不能同时选出。

⑤一条进路范围包含多个信号点时,当按下进路始端、终端按钮后,即使未按下中间信号点的按钮,也应自动选出中间信号点,即由电路控制带选出中间信号点。

⑥前一条进路选出后,即可选择下一条进路,即选岔电路动作完毕,可以进行选下一条进路的操作。

(2)电路控制原理

为了选出道岔位置和对应道岔定位,设置了道岔定位操纵继电器 DCJ;对应选道岔反位,设置了道岔反位操纵继电器 FCJ;对于每一组单动道岔,只设一个 DCJ、一个 FCJ;对于双动道岔,由于构成双动的两组道岔不在一个区段,为了保证两条平行进路可以同时建立,对应其中的每一组道岔应设置一个 DCJ,对应双动道岔应设置两个 DCJ,同时由于一个接点不够用,FCJ也应设置两个。对应左边道岔设置的称 1DCJ、1FCJ;对应右边道岔设置的称 2DCJ、2FCJ。为了选出信号点,每一信号点设一个进路选择继电器 JXJ(单置调车信号点设两个 JXJ)。

为了简化电路、便于设计,6502 电气集中凡是与道岔位置有关的电路均采用与站场形状相似的网状电路结构,简称站场形网络。选岔电路就是典型的站场形网络,而且采用并联传递式网络,共有六条网络线。1、2 线网络用来控制"八字第一笔"双动道岔的 FCJ;3、4 线网络用来控制八字第二笔双动道岔的 FCJ;5、6 线用来控制双动道岔 DCJ、单动道岔 DCJ、FCJ 和各信号点的 JXJ。

图 3-5、图 3-6、图 3-7 是选岔电路的实例图。由图 3-5～图 3-7 可以看出,当进路始、终端 AJ 吸起后,由左端信号点接通 1、3、5 线 KZ 电源,由右端信号点接通 2、4、6 线 KF 电源。选岔电路自动动作,按操作人员的思路选出有关道岔位置。双动道岔的定位、反位分别由不同的网络线控制选出,能够防止自动选出迂回进路。采用并联传递式网络,令同一网络线控制的有关继电器由左到右顺序动作,使各道岔顺序启动,可防止启动电流过大。选变通进路时,以变通按钮为界,将选岔电路分成小段,系统能自动选出变通进路。各信号点的 JXJ 接在选岔电路中,使其参与选岔电路动作,能够实现列车进路或长调车进路自动选择中间信号点的目的。各信号点 JXJ 顺序吸起、进路全部选出后,AJ、方向继电器、JXJ 相继落下,即可选下一条进路。各道岔的 DCJ、FCJ 吸起后保持不落,不影响道岔转换。道岔锁闭后,SJ 落下,DCJ、FCJ 会复原。

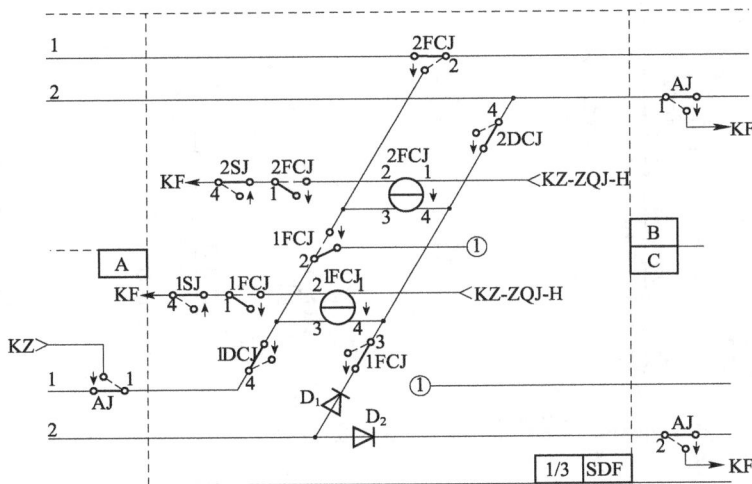

图 3-5 1、2 网络线实例

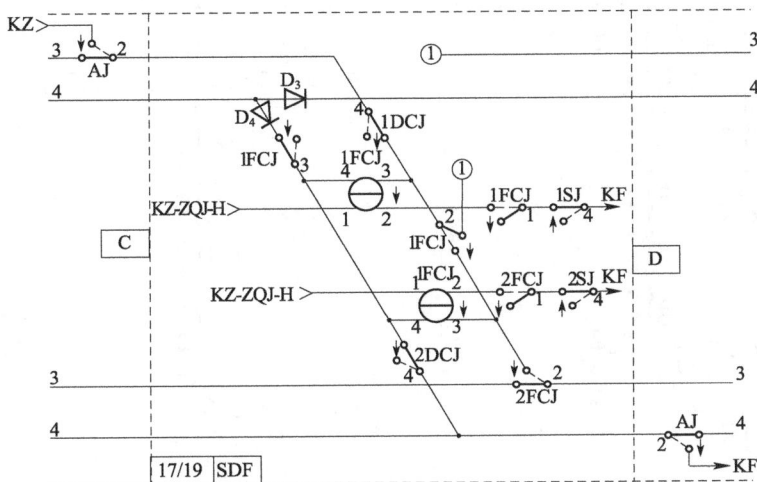

图 3-6 3、4 网络线实例

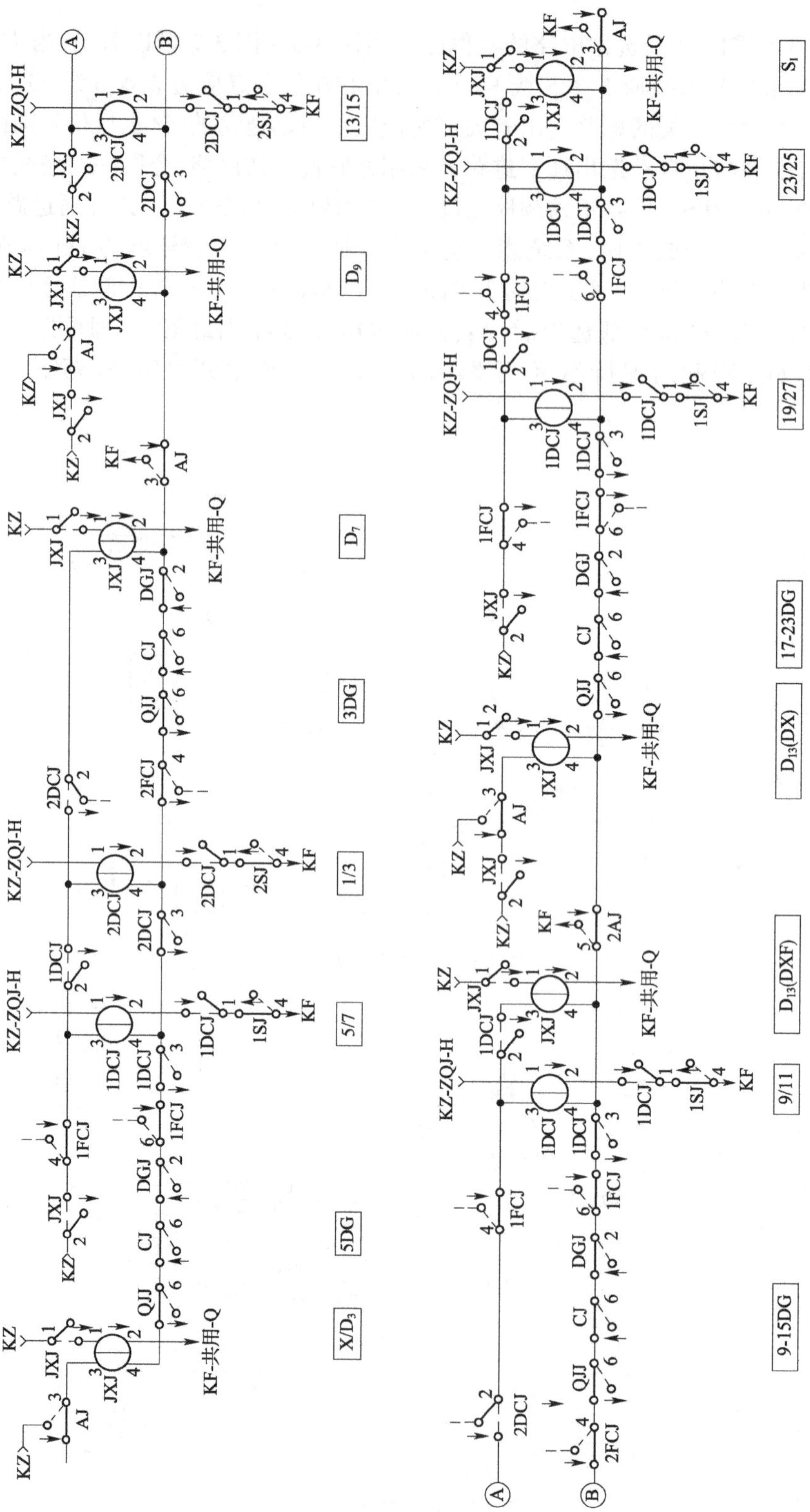

图 3-7　5、6 网络线实例

（3）六线制选岔网络的动作规律

尽管选岔网络上接有许多继电器,但了解了各种情况的选岔电路结构以后,可以总结出选岔网络上的动作规律,如下所示。

①选任何经由双动道岔反位的进路,选岔网络的动作总是先 1、2 线或 3、4 线,后 5、6 线。这是因为 5、6 线是经双动道岔的 1FCJ 和 2FCJ 的前接点接通的。如果 1、2 线或 3、4 线不动作,5、6 线就不能动作。

②每一网络线上的继电器均由左至右顺序动作。这是因为每一对网络线均采用并联传递式网络,由左至右传递 KZ 电源。

掌握了选岔网络的动作规律以后,即使不看电路图,根据信号平面图或控制台盘面图就可以知道选岔电路中继电器的动作顺序。

3.进路排列控制

选岔电路中控制有关道岔的 DCJ 或 FCJ 吸起后,如果该道岔原来所处的位置与选路的要求一致,则道岔不需转换。如果该道岔原来所处的位置与选路要求不一致,则应控制道岔转换到进路要求的位置。控制道岔转换的过程就是进路排列的过程。

（1）技术要求

①道岔位置选定后,应控制有关道岔转换到选定的位置。

②道岔顺序启动后,进路中各道岔可同时转换。即避开道岔启动瞬间的电流峰值后,多组道岔的转辙机可以同时转动,牵引道岔转换。

③重型大号道岔有多个牵引点时,各牵引点的转辙机应同时转动牵引道岔转换。

④直流电动转辙机控制的联动(包含双动、三动、四动)道岔,应由站内向站外顺序转换。

对道岔控制电路的技术要求,已在项目二中详细介绍,这里不再赘述。

（2）电路控制原理

进路排列控制实际上就是道岔控制,即如果选岔电路 DCJ 吸起,则控制该道岔转向定位,最后使 DBJ 吸起;如果选岔电路 FCJ 吸起,则控制该道岔转向反位,最后使 FBJ 吸起。监督各道岔位置的 DBJ、FBJ 均应符合进路对道岔位置的要求,即证明进路已排列完毕。有关道岔控制电路的内容已在项目二中做过详细介绍,这里不再赘述。

由前面的道岔控制电路可以知道,道岔位置选定后,能够控制有关道岔转换到选定的位置;一条进路上有多组道岔时,各道岔的控制电路都是独立动作的,互不影响,即各道岔可以同时转换;重型大号道岔,每一牵引点转辙机都是同时通电,同时转动,使各牵引点同时产生牵引力,牵引岔转换;而采用 ZD6 型电动转辙机牵引多动道岔时,第一动道岔转换到规定位置后,自动开闭器控制第二动道岔启动电路接通,以后依次传递,各道岔均转换到规定位置,才能使该道岔的 DBJ 或 FBJ 吸起。

4.接续记录控制

由前面的电路动作可知,用来记录选路操作命令的 AJ、方向继电器以及 JXJ 在进路选出后,已相继落下复原。但这时道岔还没有转完,进路还没有锁闭,信号也没有开放,即选路的目的还没有最终达到。为保证一条进路的信息不丢失,必须有后续电路继续记录进路的方向、性质或进路始端、终端,以保证后续的进路和信号控制电路可靠工作。

（1）技术要求

①从办理进路选择的操作命令开始,必须记录进路的始端和终端,不能因为记录电路复

原,使记录取消;

②在进路建立、信号开放的过程中,必须始终记录进路的始端、终端,直到进路解锁;

③随着进路的解锁,进路始、终端的记录自动取消。

(2)电路控制原理

为了接续记录进路的始端,每一信号点设置了辅助开始继电器(FKJ)和开始继电器(KJ),列车兼调车信号点还设置了列车开始继电器(LKJ),用来区分作列车进路始端和调车进路始端。为了记录终端,每一个调车进路终端设置了终端继电器(ZJ)。由于列车进路终端均在咽喉区端部,因此一般不单设终端继电器记录列车进路终端。

图3-8是列车兼调车信号点的FKJ电路(调车信号点的FKJ电路与之类似),图3-9是LKJ电路,图3-10是ZJ电路,图3-11是KJ电路。

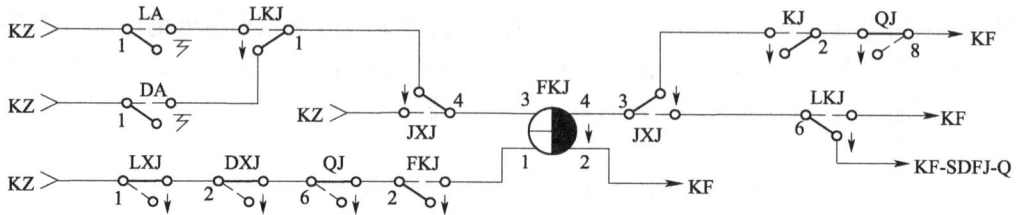

图3-8 列车兼调车信号点的辅助开始继电器(FKJ)电路

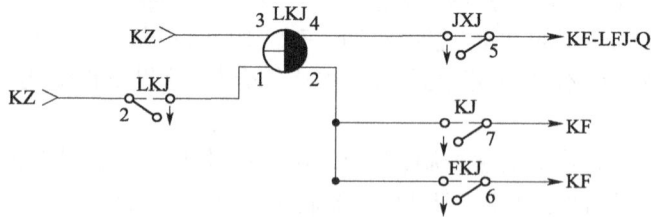

图3-9 列车开始继电器(LKJ)电路

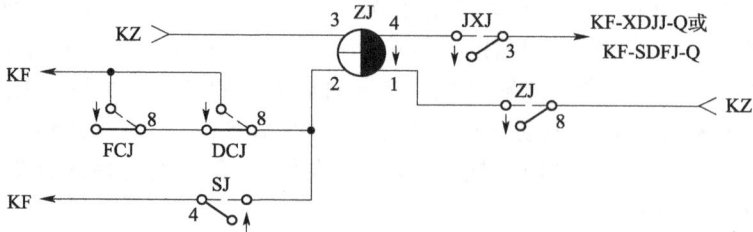

图3-10 终端继电器(ZJ)电路

由图3-8中可以看出,以图中的列车兼调车信号点为始端排列列车进路时,JXJ吸起后,检查有关方向电源,首先使LKJ吸起,而后FKJ吸起。以图中的列车兼调车信号点为始端排列调车进路时,JXJ吸起后,检查有关方向电源,直接使FKJ吸起。即用FKJ接续前面的记录电路继续记录进路的始端。以图中的列车兼调车信号点为终端排列调车进路时,JXJ吸起后,检查有关方向电源,直接使ZJ吸起,即用ZJ接续前面的记录电路继续记录调车进路的终端。

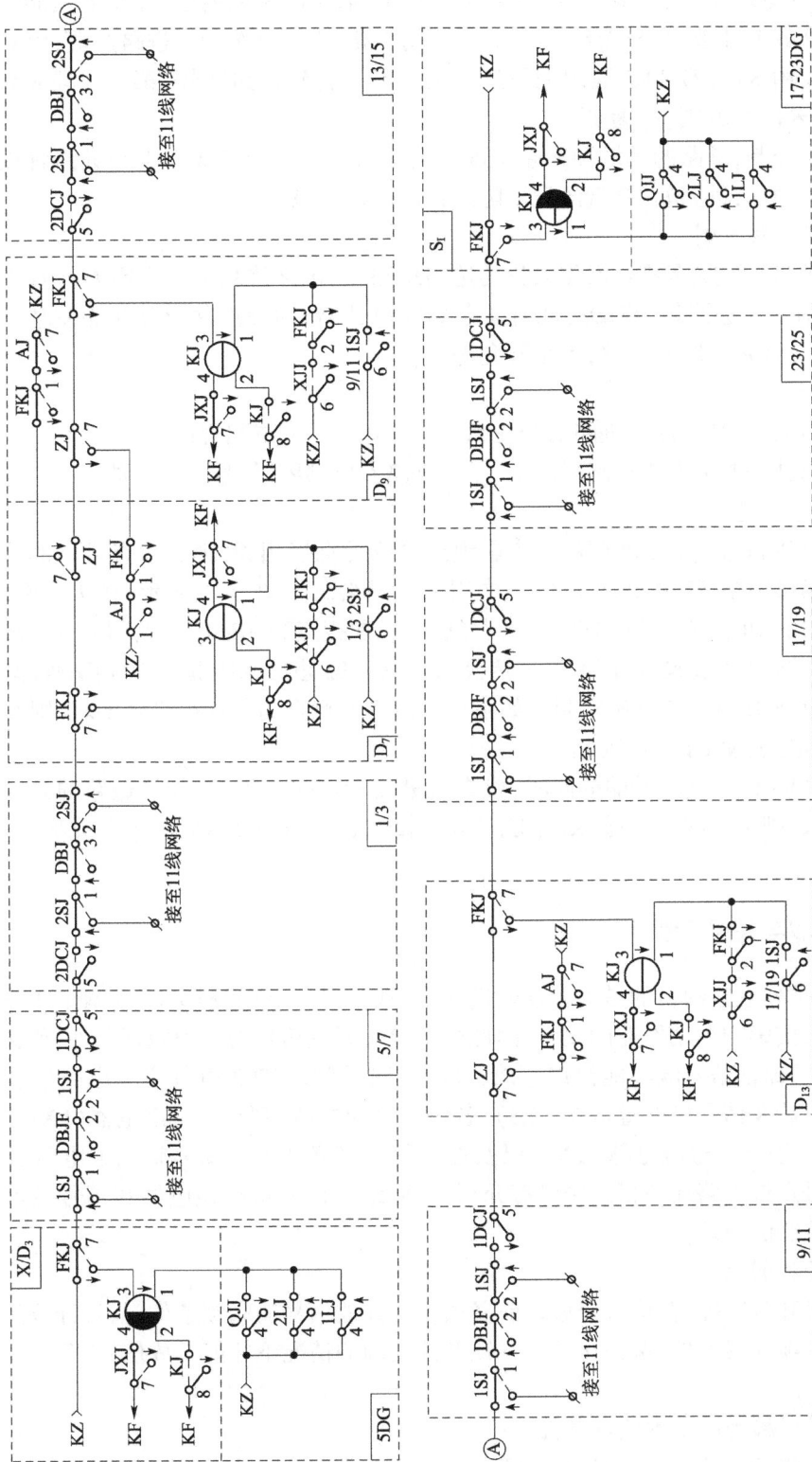

图 3-11　7 线网络及 KJ 电路

FKJ、LKJ、ZJ均设有自闭电路,即使前面的记录电路复原,进路的始、终端仍然能够继续得到记录。信号开放LXJ或DXJ吸起、切断FKJ自闭电路,为了继续记录进路始端,用FKJ前接点接通KJ电路,由KJ接续FKJ继续记录进路的始端。直到进路解锁、第一区段解锁,KJ复原,调车进路最末区段解锁,ZJ复原。

靠上述电路控制,进路的始端和终端从进路选择的操作命令形成一直到进路解锁始终得到记录。进路解锁后,进路始、终端的记录随之自动取消记录。

5.进路选排校核控制

为了保证进路开通状态符合操作人员的选路思路,在进路排列完毕后需要检查进路选排的一致性。特别是在进路始、终端之间有多条路径可选时,即使道岔位置能够使某一路径开通,如果该路径与选路思路不一致,也是不允许的。

（1）技术要求

①进路排列完毕,必须保证进路的开通状态与操作人员的选路思路一致。

②如果排列进路的结果与选路思路不一致,进路不应锁闭,信号不许开放。

（2）电路控制原理

进路的开通状态与整个咽喉区的各个联锁道岔位置直接相关,为了检查进路的选排一致性必须采用站场形网络,其中6502电气集中用7线网络。如图3-11所示,在7线网络中,将进路中每组道岔的DCJ前接点和DBJ前接点（或FCJ前接点和FBJ前接点）相串联,校核进路选排的一致性。即DCJ吸起时,道岔必须转换到定位,DBJ也必须吸起;FCJ励磁吸起时,道岔必须转换到反位,FBJ也必须励磁吸起。如果在网络中所检查的条件都符合要求,则经FKJ的前接点接通KJ电路,使KJ励磁吸起。

KJ在接续FKJ记录进路始端的同时,检查了进路的选排一致性,如果进路的开通状态与选路意图不一致,则7线网络不通,KJ不能吸起,后续电路不能继续动作,进路无法锁闭,信号不能开放。

二、信号开放与关闭控制

选择进路、排列进路的目的是为了锁闭进路、开放信号,以便进行列车或调车作业。信号的开放与关闭直接影响车站作业的安全,因此严密检查开放信号的各项联锁条件,严格控制信号的开放与关闭,保证信号既不能错误开放,又能及时关闭。6502电气集中电路信号的开放与关闭控制主要涉及信号检查继电器（XJJ）、各种信号继电器[列车信号继电器（LXJ）、调车信号继电器（DXJ）、引导信号继电器（YXJ）以及控制信号灯光的各个信号辅助继电器]、信号点灯等电路。信号点灯电路在项目二中已有介绍,下面结合信号检查继电器和信号继电器电路介绍有关信号控制的原理。

1.开放信号控制

要保证信号开放正确,在信号开放之前必须检查开放信号的联锁条件,信号开放的过程中必须始终监督各项联锁条件,保证在各项联锁条件正确的情况下才能开放信号。

（1）技术要求

①开放信号应检查的基本联锁条件。

a.开放信号前及信号开放过程中,必须检查并确保进路上的道岔（包括防护道岔）位置正确,并且确定锁闭在规定位置。

b. 开放信号前及信号开放过程中,必须检查并确保进路有关区段在空闲状态。

c. 开放信号前及信号开放过程中,必须检查并确保敌对进路在未建立状态,并且被锁闭在未建立状态。

②开放信号检查的其他联锁条件。

a. 向区间发车开放出站信号时,必须检查并确保区间开通或闭塞分区在空闲状态。

b. 对于进站信号及有正线通过作业的出站信号机,为保证允许灯光灭灯时,能够自动改点禁止灯光——红灯,要求在信号开放前应检查红灯在点灯状态。

c. 各种信号开放后,应监督允许灯光在点灯状态。

其他关闭信号和防护信号错误开放的技术要求后面介绍。

(2)电路控制原理

图 3-12 是 8 线网络和 XJJ 电路,图 3-13 是 11 线网络和信号继电器电路。

检查开放信号的联锁条件、控制信号开放与联锁道岔位置直接相关,因此必须采用站场形网络。6502 电气集中对开放信号联锁条件分为两步检查,第一步是在进路锁闭之前通过 8 线网络和 XJJ 电路检查;第二步是在进路锁闭后通过 11 线网络和信号继电器(LXJ、DXJ 及 YXJ)电路检查。即 KJ 吸起后,如果具备了开放信号的基本联锁条件,8 线接通,控制 XJJ 吸起,XJJ 吸起可用 XJJ 个表示,XJJ↑→区段检查继电器 QJJ↑→进路继电器 1LJ 和 2LJ 均落下→SJ↓,进路锁闭;向股道办理进路时,XJJ↑→股道检查继电器 GJJ↑→照查继电器 ZCJ↓,对方咽喉敌对进路锁闭。进路锁闭后,由 11 线重新检查开放信号的各项联锁条件,若各项条件具备,11 线接通,控制信号继电器吸起,从而控制信号点灯电路,使信号开放。

下面结合上述电路介绍如何检查开放信号的各项联锁条件:

①进路上的道岔位置正确,且已锁闭。

在进路锁闭之前,虽然 8 线上串接有道岔表示继电器接点,但有的道岔用的不是前接点而是后接点,由于 FBJ(DBJ)落下不能证明 DBJ(FBJ)吸起,所以,不能用其证明道岔位置正确,只可用 KJ 前接点间接证明道岔位置正确。进路锁闭,7 线断开,KJ 由自闭电路保持吸起,既不能证明道岔位置正确,也无法检查道岔是否已锁闭。因此,11 线对应进路中每一道岔有两组 SJ 的接点分别检查 DBJ 或 FBJ 的前接点,即 7 线和 11 线共用道岔表示条件。在 SJ 未落前,DBJ 或 FBJ 的前接点属于 7 线。SJ 落下后,DBJ 或 FBJ 的前接点属于 11 线,在信号开放前可用其证明道岔位置正确且已锁闭。信号开放的过程中,始终对这一条件进行监督,一旦道岔失去表示,立即切断 11 线,使信号关闭。

②进路上有关区段的空闲。

在 8 线上串接各轨道电路区段的轨道继电器前接点。建立列车进路时,检查进路范围内每一轨道区段的空闲条件(道岔区段检查 DGJ-Q,无岔区段或股道检查其 GJ-Q),证明进路内各区段没有被列车占用;建立调车进路时,如进路最末一个区段是股道或无岔区段,不用 ZJ 接点检查最末区段空闲,即调车进路只检查道岔区段是否空闲,不检查无岔区段或股道是否空闲。

当遇超限绝缘时,为了实现既保证平行作业,又防止发生侧面冲突的要求,经超限绝缘一侧的轨道区段建立进路时,应对另一侧轨道区段进行条件检查。即在 8 线检查侵限绝缘相

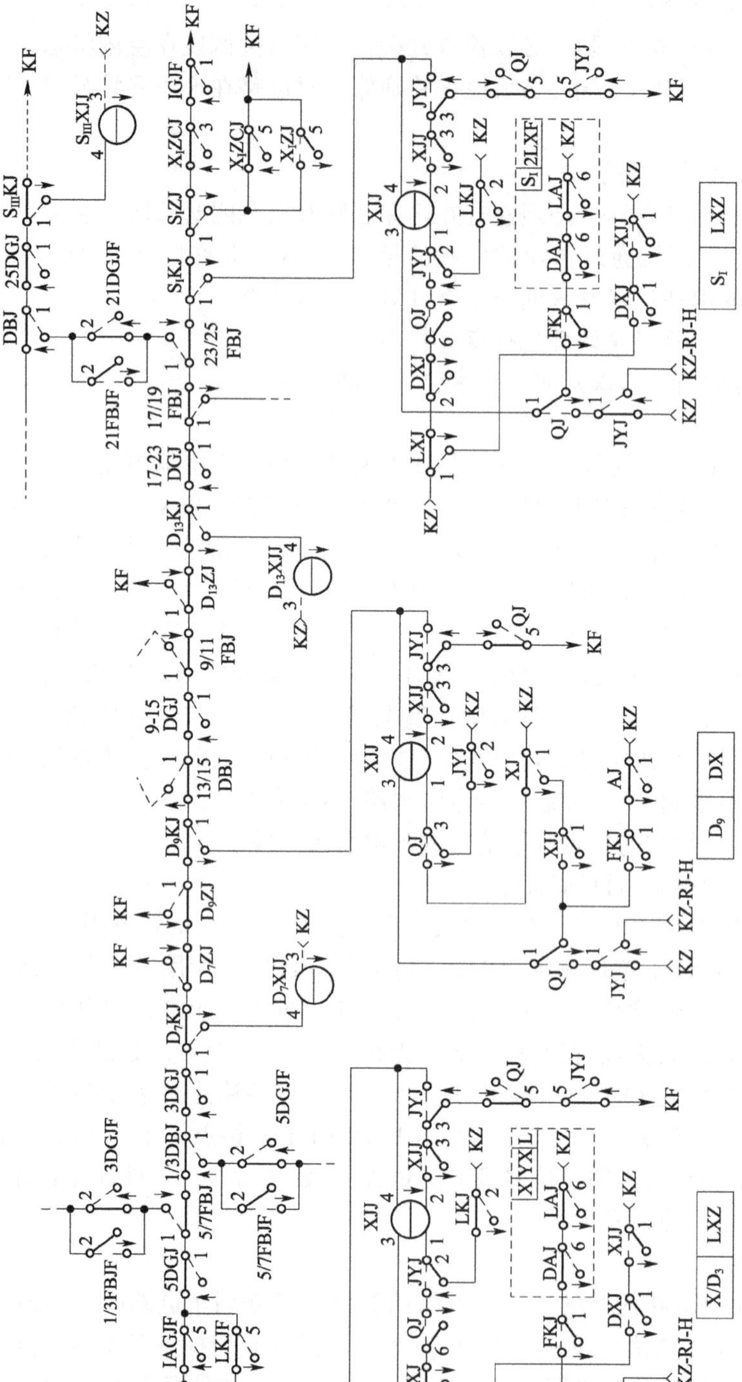

图 3-12 8 线网络及 XJJ 电路

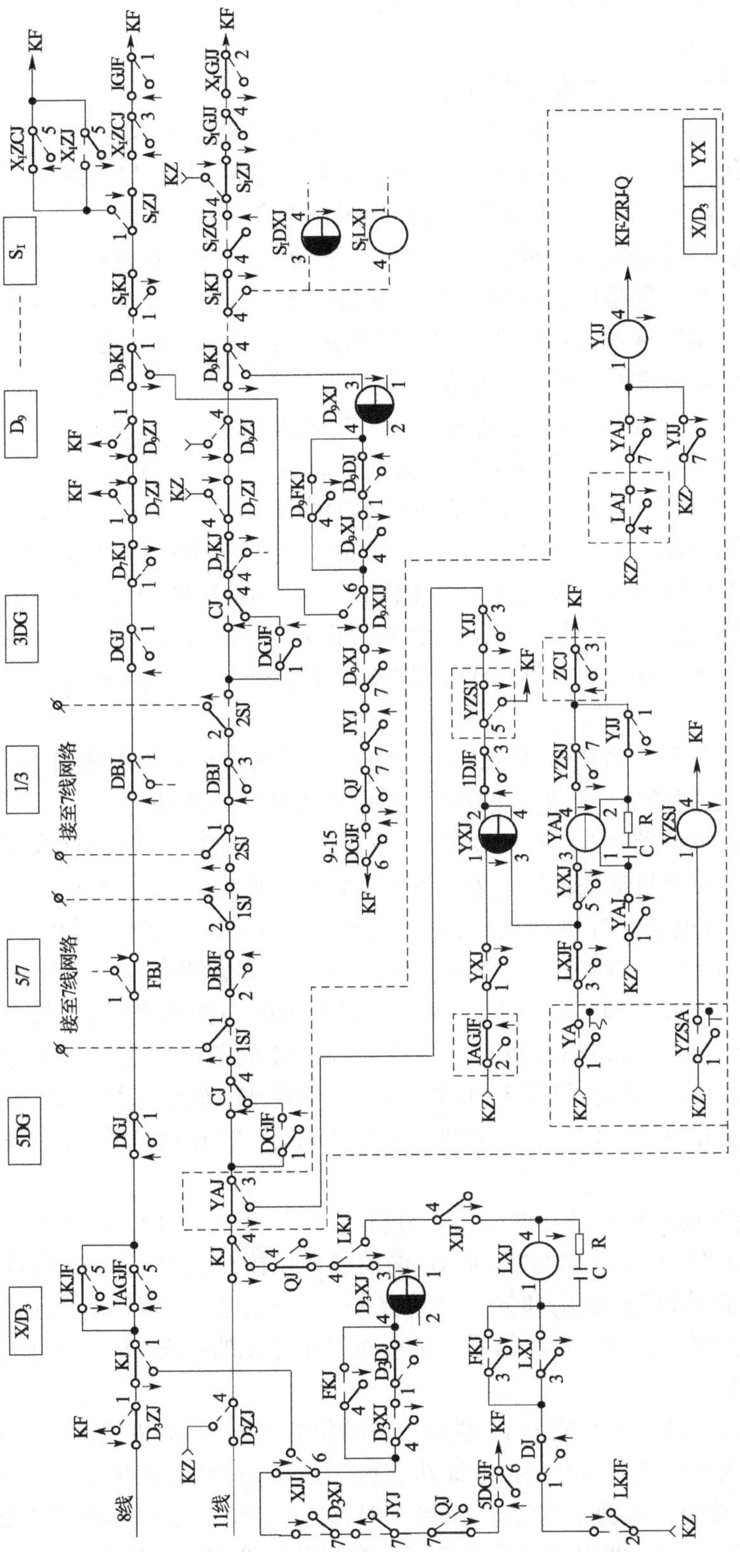

图 3-13 11 线网络及信号继电器电路

邻区段DGJF 前接点和相邻道岔 FBJF 前接点并联条件。

③敌对进路未建立且已锁闭。

6502 电气集中对于敌对进路的检查分为两部分。

一是对本咽喉的敌对进路检查。该检查是在 8 线上用串接进路中其他信号点 KJ 后接点和 ZJ 后接点来证明敌对信号未开放,从而证明敌对进路未建立,同时由于 11 线检查了进路内各道岔的 SJ 后接点,也间接证明了将本咽喉敌对进路锁闭在未建立状态。

二是向股道建立进路时,检查对方咽喉没有建立同一股道的迎面敌对进路。本咽喉向股道接车时,在 8 线上相当于股道部位经 ZJ 后接点检查对方咽喉同一股道出站信号点的照查继电器 ZCJ 前接点,证明另一咽喉区没有向该股道建立任何进路;本咽喉向股道调车时,在 8 线上末端经 ZJ 前接点检查对方咽喉同一股道出站信号点的照查继电器 ZCJ 前接点与 ZJ 前接点并联条件,保证对方咽喉向股道接车时,本进路属于敌对进路,须切断 8 线;对方咽喉向股道调车时,这属于非敌对进路,不切断 8 线。即允许两个方向同时向同一股道调车。

向股道建立接车或调车进路时,在 11 线末端检查本咽喉出站信号点 GJJ 前接点、ZCJ 后接点,证明对方咽喉没有同时建立迎面敌对进路,而且已将对方咽喉迎面敌对进路锁闭。

对于列车进路,由于 XJJ 吸起后一直检查 8 线,因此在 LXJ 局部电路中用 XJJ 前接点间接反映进路空闲和敌对进路未建立。对于调车作业,在接近区段无车时,XJJ 的 1-2 线圈有一条脱离 8 线的保护电路,已不能检查 8 线,所以,DXJ 经 XJJ 前接点重返 8 线,检查进路空闲和敌对进路未建立等条件。

由上述电路可见,在信号开放前和信号开放的过程中,对开放信号的基本联锁条件检查是严格的、完整的、自始至终不间断的。此外,开放信号还应检查其他一些条件:

①向区间发车时,与接车进路不同,要在 11 线检查区间空闲的条件,即只有取得了发车权,才可以开放出站信号。向半自动闭塞区间发车时,在发车进路的 11 线末端要检查开通继电器 KTJ 的前接点和选择继电器 XZJ 的后接点,证明已办好闭塞手续,出站信号可以开放;向自动闭塞区间发车时,在 11 线末端检查 1LQJ 的前接点证明第一离去闭塞分区空闲。

②为了实现对室外信号灯光的监督,在 LXJ 或 DXJ 局部电路中加入 DJ 的前接点。对于进站信号机及有通过作业的正线出站信号机的 LXJ 电路,将 DJ 的前接点接在励磁电路与自闭电路共用的部位上。在信号开放前,可用 DJ 前接点的连接情况反映红灯灯泡是否完好,如果红灯灯泡坏了,信号不能开放;信号开放后,如果红灯灯泡坏了,信号会自动关闭,改点其他颜色灯。

③对于进站信号机及有通过作业的正线出站信号机,在信号开放后,LXJ 自闭电路也检查 DJ 前接点。对站线出站信号机或调车信号机,将 DJ 的前接点只接在自闭电路中,保证在信号开放后,用其监督允许灯光的灯泡完好,如果允许灯光断丝,使 LXJ 或 DXJ 落下,信号关闭。但是对站线出站信号机或调车信号机,开放信号前不检查禁止灯光的状态,即禁止灯光断丝不影响开放信号,以提高效率。

办理按进路锁闭方式引导接车时,通过 11 线检查道岔位置正确、敌对进路未建立等条件,直接控制 YXJ 吸起,即此时不检查进路空闲,保证轨道区段发生故障时,能够办理引导接车,此时进路空闲只能靠人工检查。办理引导总锁闭接车时,通过引导总锁闭继电器 YZSJ 前接点直接使 YXJ 吸起,不检查 11 线,即引导总锁闭接车所有联锁条件靠人工检查。

2. 关闭信号控制

信号开放过程中,当联锁条件不具备或需要关闭信号时,信号控制电路必须能够实现信号及时关闭,以保证车站的作业安全。

(1)技术要求

①列车信号应在列车进入进路后立即自动关闭。

②考虑到调车作业中有时机车在后面推送,调车信号应在车列全部越过调车信号机后自动关闭,如果调车进路接近区段留有车辆,则调车信号应在车列出清进路内方第一区段后自动关闭。

③不论列车信号还是调车信号,在车务人员办理取消进路(包括办理取消解锁和人工解锁)手续时,须使信号能随时关闭。

④当发生故障,办理取消进路手续不能使信号关闭时,通过办理强制关闭信号的手续应能使信号关闭。

(2)电路控制原理

通过图3-13可知,控制信号关闭通过下列条件实现:

①对于列车进路,当列车越过列车信号机,进入进路内方以后,进路内方第一区段DGJ(或无岔区段GJ)落下,切断8线,使XJJ落下,从而切断LXJ电路,使LXJ落下,信号立即关闭。

对于引导接车信号,列车压入进路内方,第一区段DGJ(或无岔区段GJ)落下,切断YXJ电路,使YXJ落下,引导信号关闭。

②对于调车进路,列车压入进路内方,第一区段DGJ落下,使XJJ落下,DXJ并不落下,而是通过XJJ后接点接通一条白灯保留电路,使DXJ继续吸起。当列车出清接近区段,接近预告继电器JYJ吸起,切断白灯保留电路,使调车信号关闭。当接近区段留有车辆或列车压入进路内方又退出(中途折返)时,JYJ不吸起,待列车出清或退出进路内方第一区段,第一区段DGJF吸起,切断白灯保留电路,使调车信号关闭。

③在LXJ和DXJ的局部电路中,加有QJ后接点,可保证在信号开放的过程中,办理取消进路(包括办理取消解锁或人工解锁)时,QJ吸起,若切断LXJ和DXJ电路,可实现人工随时关闭信号。

④在信号开放的过程中办理取消进路的手续,如果QJ因故不能励磁吸起,可同时按压ZRA和进路中任一区段SGA,使该区段的CJ励磁吸起。用CJ前接点切断11线,使LXJ或DXJ落下,实现用强制手段关闭信号。

除上述自动或人工关闭信号的控制条件外,在信号开放的过程中,如果开放信号的任一条件得不到满足,例如,进路内方任一区段人工短路、任一道岔失去表示,均可使8线或11线断开,控制信号立即关闭。

3. 防止信号错误开放的控制措施

信号开放,即指示列车或车列可以进入信号机内方。如果不具备开放信号的条件,信号错误开放,将直接影响列车或车列的运行安全。因此信号控制电路必须采取措施,在各种情况下,防止错误开放。

(1)技术要求

①必须在车务人员操纵下才能开放列车或调车信号。信号开放后,因故关闭,应防止其自

动重复开放。

②发生任何故障,必须保证信号显示不能升级。

③对于由多个单元调车进路叠加而成的长调车进路,应控制调车信号由远至近顺序开放。

(2)电路控制原理

由图3-12的信号继电器电路可知,LXJ 或 DXJ 是经 FKJ 前接点励磁吸起的。由图3-8的 FKJ 电路可知,LXJ 或 DXJ 吸起后,FKJ 落下。在 FKJ 落下后,LXJ 或 DXJ 靠自闭电路保持吸起。在信号开放的过程中,如果发生故障,使 LXJ 或 DXJ 落下,信号关闭,即使故障恢复,由于 LXJ 或 DXJ 自闭接点已断开,而 FKJ 已落下,LXJ 或 DXJ 已不可能自动吸起,也就防止了信号自动重复开放。要使信号开放,只有重新按下始端 LA 或 DA,使 FKJ 重新吸起,LXJ 或 DXJ 才能吸起。

由信号继电器电路和信号点灯电路可知,其信号控制采取了多重防护措施,如 LXJ、DXJ 的 11 线电流采取极性防护等,信号开放过程中,信号控制电路发生任何故障,均可使 LXJ 或 DXJ 落下,信号自动关闭。信号点灯电路也采取了安全对应法(用 XJ 吸起对应信号开放、XJ 落下对应信号关闭)、位置法(控制条件加在电源与控制对象之间)、双断法(正负电源两侧检查控制条件)等,防止发生断线故障、混线故障造成信号显示升级。

在排列长调车进路时,若离司机最近的第一架调车信号机开放,而第二架或第三架调车信号机因故未能开放,则车列运行到未开放的调车信号机前停车,将堵塞咽喉,影响作业效率。若第一架和第三架调车信号机都已经开放,而第二架调车信号未开放,将容易造成误认,冒进了信号,造成挤岔。为了保证调车安全,不影响作业效率,在排列长调车进路时,要求进路上的调车信号机由远至近顺序开放。

为了控制长调车进路由远至近顺序开放调车信号,在前面的图3-11 的 7 线网络和 KJ 电路中,对应进路终端经由 ZJ 前接点接入的 KZ 电源处检查远方信号点的 AJ 后接点和 FKJ 后接点。正常情况下,只有远方调车信号开放,XJ 吸起,FKJ 落下,才能使近处 KJ 吸起,近处调车信号机才能开放。同时,在整条长调车进路未全部选出以前,用 JXJ 后接点控制近处 KJ 不能励磁吸起,防止近处调车信号提前开放。

综上所述,信号控制电路在信号开放前检查开放信号的联锁条件,信号开放的过程中始终检查和监督各项控制条件,并采取各种措施防止信号错误开放,随着列车或车列的运行能够控制信号自动关闭,发生故障时能使信号立即关闭,通过人工操作能使信号随时关闭,实现了对车站信号的可靠控制。

三、进路锁闭与解锁控制

联锁控制系统有一条非常重要的技术要求,"先锁闭进路,后开放信号;先关闭信号,后解锁进路"。进路排列完毕后,需将进路先锁闭,然后才能开放信号;进路使用或人工取消,应先关闭信号,然后使进路解锁。前面已经介绍了信号开放与关闭的控制,下面介绍有关进路锁闭与解锁的控制。

1. 锁闭与解锁概述

(1)道岔的机械锁闭与电气锁闭

建立一条进路,决定进路开通方向的是道岔,主要的锁闭对象也是道岔。道岔转换到规定位置密贴以后,并且将道岔可靠锁住,才能保证进路使用过程中道岔不会变位,进路开通正确。实际上,对道岔的直接锁闭是靠一套机械装置实现的。ZD6 型电动转辙机牵引的道岔是靠转辙机内的"圆弧锁闭",故称为内锁闭;由 S700K 型电动转辙机或 ZYJ-7 型电液转辙机或 ZD(J)-9 型转辙机牵引的重型道岔均采用勾式外锁闭装置实现对道岔的机械锁闭。从机械的角度讲,即使未建立任何进路,道岔平时也是锁闭的。

但是,我们前面电路中提及的锁闭并不是机械锁闭,而是电气锁闭。所谓电气锁闭,是指通过电气手段控制有关电路不能接通,使控制道岔的转辙机不能转动,即道岔不能搬动。从电气的角度讲,平时未建立任何进路时,道岔是解锁的,可以搬动。以下在介绍联锁控制系统时,均指电气控制,涉及到的锁闭与解锁的概念均指电气的锁闭与解锁。

(2)对道岔的锁闭控制

对道岔的锁闭控制,是指控制道岔的电气锁闭。按照电路的控制方式不同,对道岔的电气锁闭分为进路锁闭、区段锁闭、故障锁闭、引导总锁闭和单独锁闭五种方式。道岔的各种锁闭方式及电路控制如下所示:

①进路锁闭

进路锁闭是指建立一条进路时,对进路内的有关道岔(包括防护道岔)实行的锁闭。

任一组道岔都在道岔区段中,6502 电气集中是通过控制道岔区段组合的有关继电器实现对道岔的进路锁闭。

图 3-14 是 9、10 线网络和 QJJ、GJJ 电路,图 3-15 是 LJ 电路,图 3-16 是 SJ 电路。

由图 3-14 可知,在信号开放之前,XJJ 检查了开放信号的基本联锁条件后吸起,由 XJJ 前接点向 9 线送出 KZ 电源,使进路范围内各道岔区段(特殊情况下包括设区段组合的无岔区段)的 QJJ 吸起。由图 3-15 LJ 电路可知,QJJ 吸起后切断 1LJ、2LJ 电路 KZ 电源,使 1LJ、2LJ 落下。由图 3-16 SJ 电路可知,1LJ 或 2LJ 落下均可使 SJ 落下,在前面的道岔控制电路中可知 SJ 落下会切断道岔启动电路,从而实现了对道岔的进路锁闭。

②区段锁闭

区段锁闭是指道岔区段有车占用或发生故障时,对该区段道岔的锁闭。

由图 3-16 SJ 电路可知,轨道区段有车占用或发生故障时,该区段 DGJ 及 DGJF 落下,用 DGJF 的前接点切断 SJ 电路,使 SJ 落下,可实现对道岔的区段锁闭。

③故障锁闭

故障锁闭是指发生停电或其他故障时,对道岔的锁闭。

控制电源发生停电故障而后恢复时,全咽喉各区段的 1LJ、2LJ 均在落下状态,因此,各道岔 SJ 也均在落下状态,各道岔均受锁闭。

④引导总锁闭

引导总锁闭是指个别道岔因故失去表示,需办理引导总锁闭接车时对全咽喉道岔的锁闭。

由图 3-16 SJ 电路可知,办理引导总锁闭接车时,YZSJ 吸起,条件电源 KZ-YZSJ-H 断电,使全咽喉各道岔的 SJ 均落下,从而实现引导总锁闭。

⑤单独锁闭

单独锁闭是指在检修室外道岔设备或个别区段发生轨道电路故障后,办理按进路锁闭方式引导接车时,对个别道岔实行的锁闭。

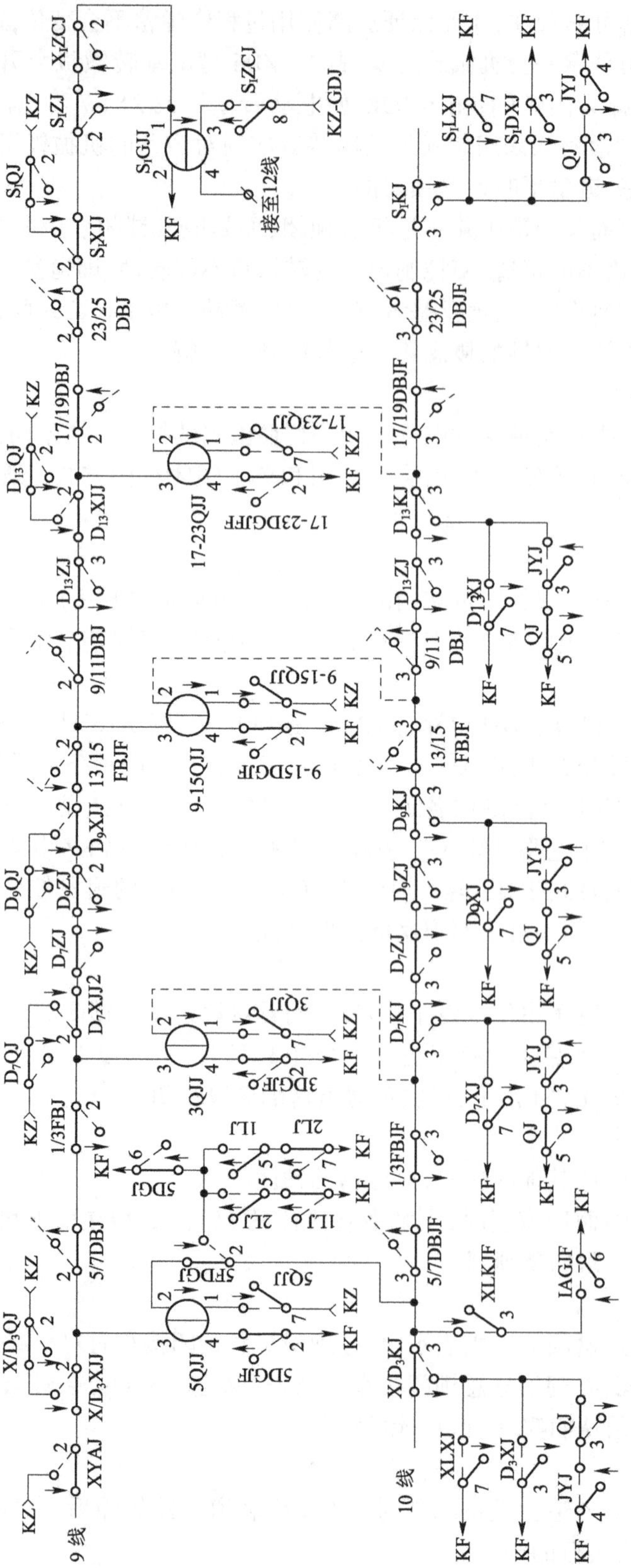

图 3-14 9、10 网络线及 QJJ、GJJ 电路

道岔单独锁闭是通过拉出道岔按钮（或按下道岔单独锁闭按钮和道岔按钮），直接切断道岔启动电路，实现对道岔的单独锁闭。对道岔单独锁闭，该道岔对应的 SJ 并不落下。

2. 进路正常解锁

一条进路建立后被正常使用时，即列车或车列在该轨道区段顺序占用、出清进路，进路自动解锁的方式被称为正常解锁。为提高车站作业效率，无论电气集中联锁车站还是计算机联锁车站正常解锁均采用分段解锁制，也称逐段解锁。即列车或车列每通过一个道岔区段，该道岔区段就立即解锁。分段解锁要满足一定的条件，以下先讨论进路正常解锁条件。

(1) 正常解锁的技术要求

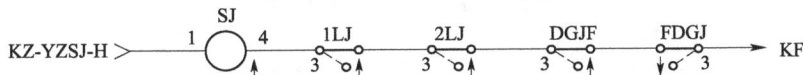

图 3-15　进路继电器局部电路

图 3-16　锁闭继电器电路

一条进路建立后，进路中已锁闭的区段，在列车占用又出清该区段以后，即可解锁。如果该区段解锁只检查列车占用并且出清本区段，称作一点检查法。很明显，一点检查和人工短路没有办法区别。当某一区段在受进路锁闭的过程中，发生瞬间人工短路时，该区段的轨道继电器失磁落下后又励磁吸起，该区段将自动解锁。这是不安全的。

一个区段的解锁既检查列车是否占用并且出清本区段，又检查列车是否已占用下一区段，即通过检查两个区段的条件，实现一个区段的解锁，称作两点检查法。采用两点检查法，可以克服一点检查法的弊端，即防止发生瞬间人工短路时，造成错误解锁。但是，两点检查法仍存在弊端：当两相邻轨道区段之间的两个钢轨绝缘节发生破损时，两个轨道继电器会同时失磁落下，而后，因为车的振动，故障现象消失，两个轨道继电器又励磁吸起，即轨道绝缘发生非稳定性破损，仍有可能造成错误解锁。

一点检查和两点检查法都存在弊端，目前大部分区段采用三点检查法。所谓三点检查法，就是一个区段的解锁，要顺序检查本区段的前一区段占用、出清，本区段的占用、出清和下一区段的占用。如图 3-17 所示，a、b、c 三个轨道区段，车列由 a 区段向 c 区段运行时，b 区段的

图 3-17　"三点检查"示意图

解锁要顺序检查车列占用且出清了 a 区段（第一点），又占用且出清了 b 区段（第二点），再占用了 c 区段（第三点）。这些条件满足后，b 区段才能解锁。显然，采用三点检查法更能保证车列运行安全。

进路正常解锁的技术要求如下。

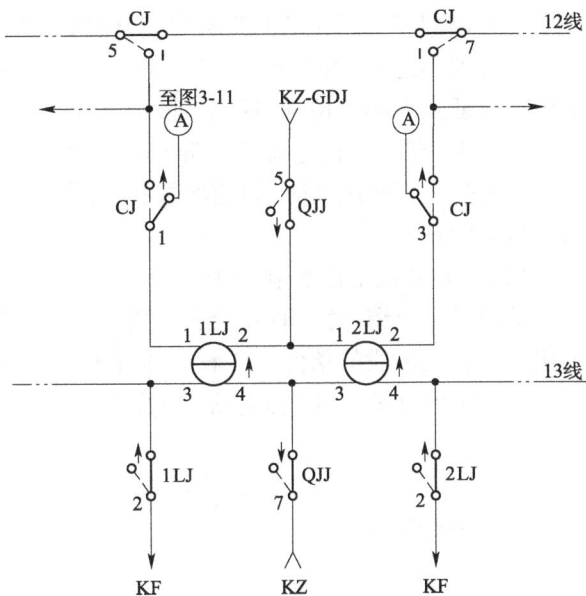

①无论列车进路还是调车进路,各轨道区段的解锁要尽量实现三点检查。

②对列车进路,由于条件限制,有些区段的解锁无法实现三点检查时,第一个轨道区段至少也要保证实现两点检查,其他区段应实现三点检查。

③由于条件限制,对调车进路中的个别区段,允许存在一点检查。

④为防止轻车跳动时,轨道区段提前错误解锁,各轨道区段应在列车出清本区段延时 3s 后再自动解锁。

(2)正常解锁电路控制原理

前面已经介绍,每个 Q 组合都设有两个专用的继电器 1LJ 和 2LJ,这两个 LJ 用来记录列车占用出清轨道区段的条件。参看图 3-18 轨道反复示继电器电路、图 3-19 传递继电器电路、图 3-20 解锁网络和图 3-14 QJJ 电路,下面以一条从左至右进路为例,介绍正常解锁的电路动作。

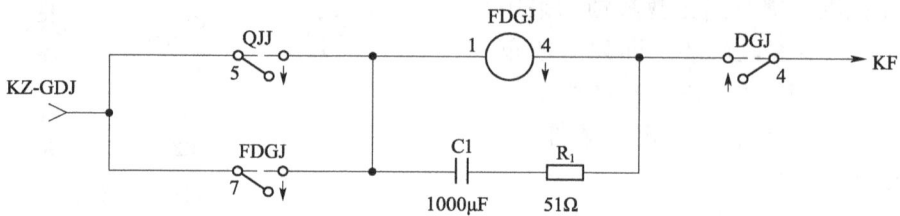

图 3-18 轨道反复示继电器电路

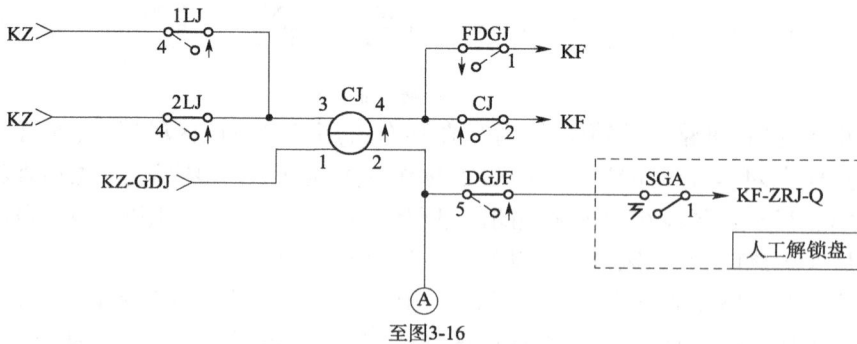

图 3-19 传递继电器电路

当列车进站压入进路内方第一个轨道区段时,如果该区段不是道岔区段,则该区段 DGJ 落下,进而使 XJJ 落下,LXJ 或 DXJ 缓放落下,进站信号关闭。如果该区段为道岔区段,在 DGJ 落下时,其轨道反复示继电器 FDGJ 吸起,QJJ 随之落下,为该区段解锁做好准备,在 LXJ 或 DXJ 缓放时间内,第一区段 1LJ 由 1-2 线圈经 12 线转 13 线吸起,而后自闭,证明本区段占用。

列车继续运行,压入下一区段时,下一区段的 DGJ 落下,使 FDGJ 吸起,待列车出清第一区段时,第一区段的 DGJ 吸起,第一区段的 2LJ 由 3-4 线圈沿 13 线吸起,而后自闭。2LJ 吸起记录了本区段的出清(DGJ 前接点)和下一区段的占用(FDGJ 前接点)情况。

由于第一区段的解锁未检查前一区段的占用出清,因此,第一区段的解锁实现了"两点检查"。

车出清第一区段,完全进入第二区段时,由于第一区段 FDGJ 缓放 3s,传递继电器 CJ 在 FDGJ 落下后吸起,第二区段的 1LJ 利用 CJ 的缓动特性,检查前一区段的 1LJ、2LJ 吸起,2LJ 与上述类似。

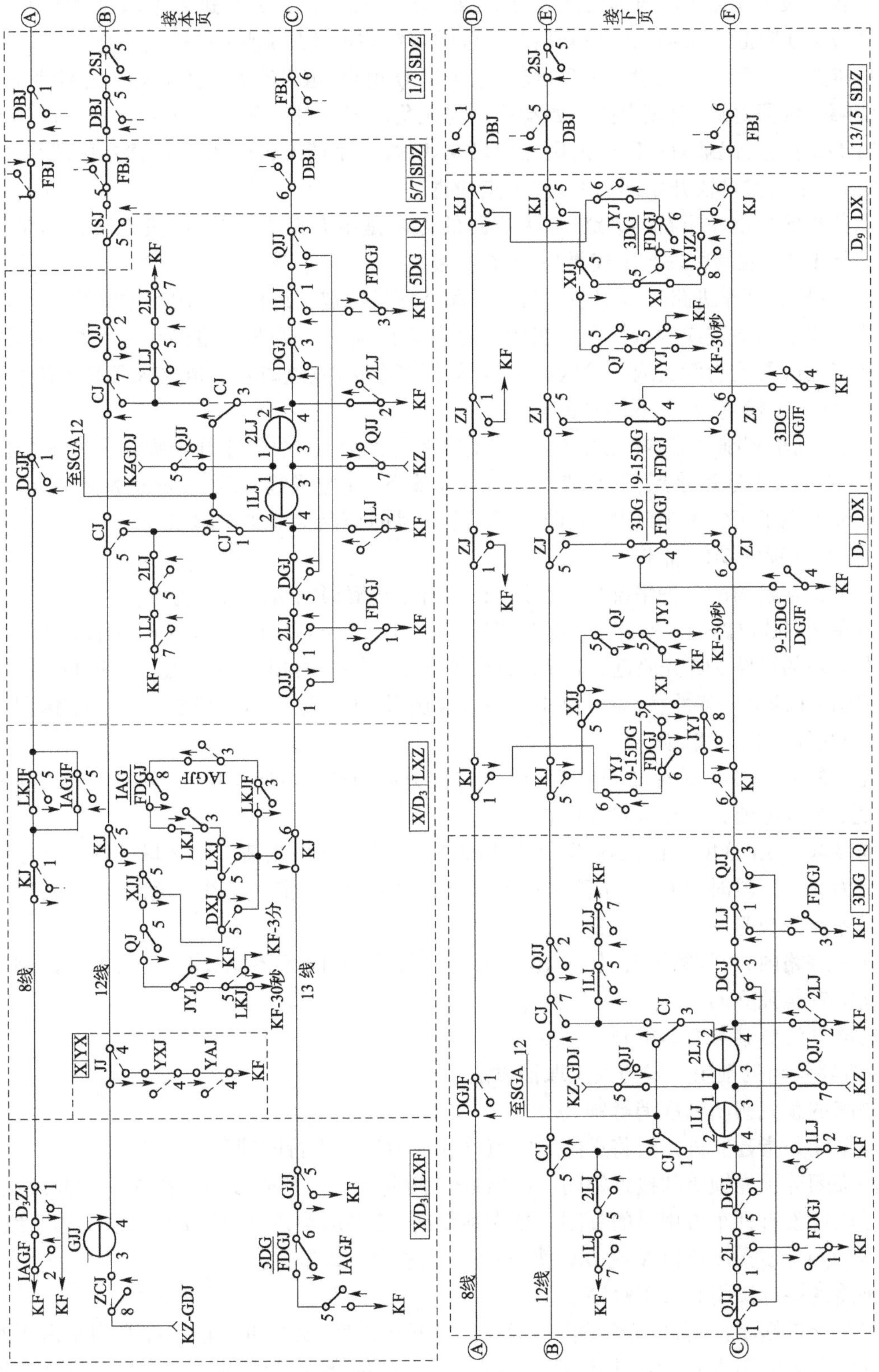

图 3-20　解锁网络图-1

以后各区段1LJ、2LJ均与第二区段类似，即车出清前一区段完全进入本区段时1LJ吸起，出清本区段2LJ吸起。从第二区段开始各区段的解锁均可实现完整的"三点检查"。

如果进路内方第一个区段为无岔区段，它未设Q组合，也没有LJ，解锁电路先不动作。待列车出清第一区段之后，解锁电路开始动作。与无岔区段相邻的第一个道岔区段在车出清前一区段时1LJ吸起，记录前一区段占用、出清和本区段占用情况，2LJ在车出清本区段后吸起。这样，从第一个道岔区段开始即可实现"三点检查"。

以上分析的是由左至右的进路，如果进路的方向是由右至左，则各区段先吸起的是2LJ，后吸起的是1LJ。控制原理与上述类似，不再重复。

由上述可见，列车进路正常解锁除第一区段外均可实现三点检查。调车进路的正常解锁，一般也能实现三点检查或两点检查。在特殊的情况下，如一条调车进路只有一个道岔区段，最末区段和接近区段均为股道或无岔区段，而且均停有车辆时，这时对于道岔区段的正常解锁来说，只能实现一点检查，这里不再赘述。

实际上，列车刚刚出清本区段，1LJ和2LJ均吸起后，各道岔的SJ并未吸起。如图3-15所示，SJ电路检查FDGJ后接点，只有待3s后FDGJ落下，SJ才吸起，该区段的道岔才真正解锁。有这一措施实现了正常解锁延时3s，防止了轻车跳动时道岔提前错误解锁。

（3）正常解锁的动作规律

分析了正常解锁的各种情况以后，可以总结出正常解锁电路的动作规律：

①由左至右的进路1LJ先吸起，2LJ后吸起，即 a/1LJ↑→a/2LJ↑→b/1LJ↑→b/2LJ↑……
由右至左的进路2LJ先吸起，1LJ后吸起，即 a/2LJ↑→a/1LJ↑→b/2LJ↑→b/1LJ↑……

②利用CJ的第一特性，一条进路中前一区段解锁，下一区段方可解锁。有一个区段未解锁其后续的区段均不能解锁。

③先吸的LJ由1-2圈沿12线吸起，12线电流方向与进路方向相反，后吸的LJ由3-4圈沿13线吸起，13线电流方向与进路方向相同。

④先吸起的LJ证明本区段占用，后吸起的LJ证明本区段出清。本区段的前一区段是接近区段且为无岔区段时，刚一占用就先吸起一个LJ；本区段的前一区段是道岔区段时，完全占用本区段才能先吸起一个LJ。

⑤同一进路内，正常解锁时，任一LJ不吸起，其后续的LJ均不能吸起，但长调车进路每一单元进路解锁是独立的。

3. 进路取消解锁与人工解锁

（1）进路锁闭的锁闭方式与人工取消方法。

①进路的预先锁闭和取消解锁。

进路锁闭是指建立进路时将进路上的道岔和敌对道岔进行的锁闭。

进路锁闭分预先锁闭和接近锁闭（完全锁闭）两种状态。预先锁闭是指在信号开放以后，其接近区段还没有列车占用时的锁闭。预先锁闭时，若要取消进路，应办理取消解锁手续，即同时按压ZQA和进路始端LA或DA，使信号关闭，进路立即解锁。

②进路的接近锁闭和人工解锁。

进路的接近锁闭（也称完全锁闭）是指在信号开放以后，其接近区段已经有列车占用时的锁闭。这时若要取消进路，不能用取消解锁的办法使进路解锁，只能用人工解锁的办法。即先登记破封,再同时按压 ZRA 和进路始端 LA 或 DA,使进路延时解锁。人工解锁之所以要延时,是因为列车已进入接近区段,如果车与该进路防护信号机的距离小于制动距离,车将冒进信号。为防止车进入解锁的区段,进路解锁必须延时。对于接车进路和有通过列车的正线发车进路,延时解锁的时间从信号关闭时起延时 3min,侧线发车进路和调车进路则延时 30s。

③接近区段的划分。

进路的预先锁闭和接近锁闭,是在信号开放后,由该信号机的接近区段有车无车来区分,而接近区段的长短,要根据列车或车列的运行速度决定。为了保证行车安全,要求接近区段的长度必须大于列车或车列的制动距离。

在我国,各种信号机的接近区段的长度规定如下:

①进站信号机的接近区段,在非提速区段必须大于 800m,在提速区段必须大于 1200m。进站信号机的接近区段,在非提速的半自动闭塞区段,由预告信号机外方 100m 的地方起,至进站信号机止;在提速的半自动闭塞区段,为接近信号机前后两个轨道区段;在非提速的自动闭塞区段,为进站信号机外方的一个闭塞分区至进站信号机止;在提速的四显示自动闭塞区段,为进站信号机外方的两个闭塞分区至进站信号机止。

②出站信号机的接近区段为股道的轨道电路区段。但正线出站信号机在办理通过列车作业时,其接近区段要由同方向的进站信号机起,至该出站信号机止。

③调车信号机的接近区段为其外方的轨道电路区段,最短不得小于 25m。

(2)进路的取消解锁与人工解锁

①取消解锁和人工解锁的技术要求。

前面已经介绍,进路处于预先锁闭状态时,要想使进路解锁,可用取消进路的办法。进路处于接近锁闭状态时,要想使进路解锁,必须用人工解锁的办法使进路解锁。取消解锁和人工解锁必须符合解锁条件,才能解锁。具体的技术要求如下:

a.要实现人工取消进路,根据进路的锁闭状态,必须人为办理相应的取消解锁或人工解锁手续。

b.防护该进路的信号机必须关闭,才能使进路解锁。

c.在进路解锁之前及人工解锁延时期间,必须检查和监督并保证进路内无车,即车确实没有驶入进路。

d.进路必须处于预先锁闭状态时,才能进行取消解锁,进路解锁不需延时。

e.进路处于接近锁闭状态,要取消进路必须办理人工解锁,只有达到规定的延时时间,进路才能解锁。

②取消解锁及人工解锁电路控制

如图 3-20、图 3-21 所示为解锁网络、图 3-22 所示为 ZRJ、ZQJ 和 QJ 电路,图 3-23 所示为正线出站兼调车用 JYJ 电路。

下面以取消由左至右的列车进路为例,介绍取消解锁电路动作。

办好取消进路手续后,进路始端信号点的 QJ 励磁吸起。进路的锁闭状态由 JYJ 来反映。接近区段无车时,JYJ 吸起。QJ 吸起后,重新将 XJJ 的电路接通,通过 8 线证明列车确实没有进入进路,使 XJJ 吸起。QJ 吸起,使 LXJ 落下,信号关闭,进路中各区段的 QJJ 落下。可见进路始端的控制条件已经满足了取消解锁技术条件的检查。

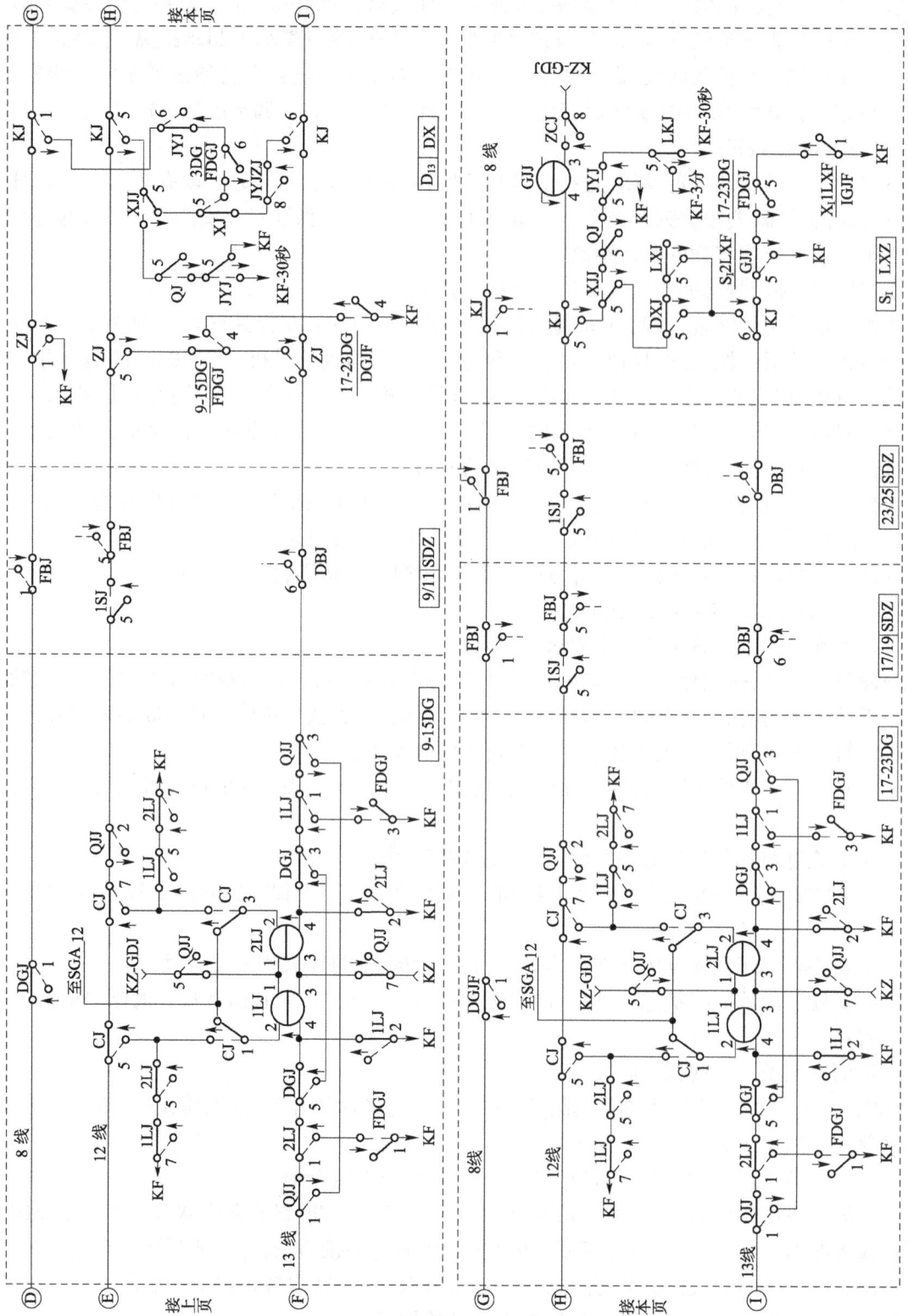

图 3-21　解锁网络图-2

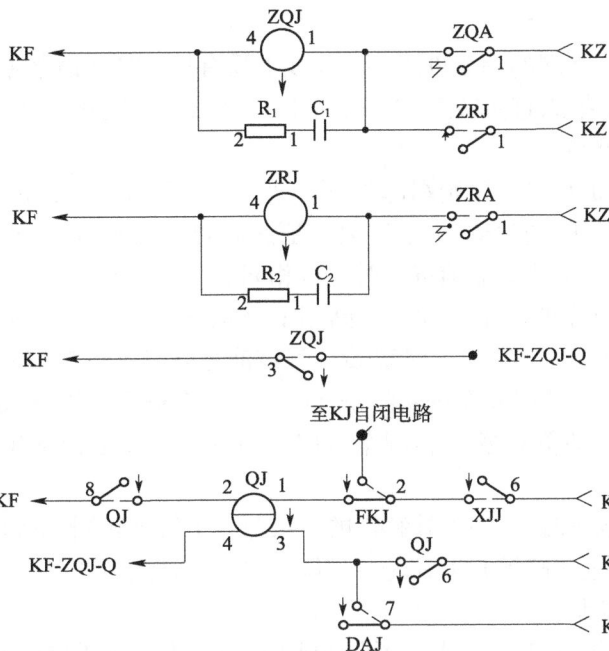

图 3-22 ZRJ、ZQJ 和 QJ 电路

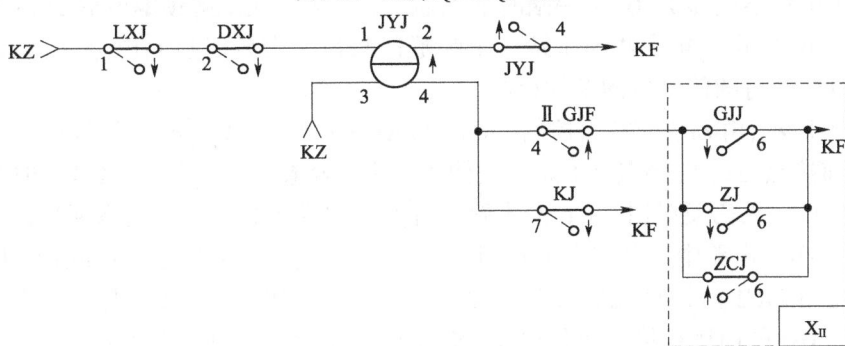

图 3-23 正线出站兼调车用 JYJ 电路

满足取消进路的条件后,由进路始端部位,经 JYJ、QJ、XJJ、KJ 各继电器的前接点把解锁电源接向 12 线。于是,接通进路中第一个道岔区段的 1LJ 的 1-2 线圈励磁电路。因为进路上无车,各区段的 FDGJ 落下,所以,各区段 1LJ 吸起后,其 CJ 立即励磁吸起。

利用 CJ 的快动特性,经 CJ 前接点将进路始端的解锁电源,沿 12 线传递到下一个区段。于是,下一区段 1LJ 励磁吸起,使其 CJ 吸起,始端解锁电源继续向下传递,以后依次类推。使各区段 1LJ 及 CJ 依次相继励磁吸起。

到进路终端,由于出站信号点 ZCJ 在失磁落下状态,使进路终端信号点的 GJJ 由 3-4 线圈励磁吸起。出站信号点 GJJ 吸起后,经其前接点接通 13 线解锁电源 KF,顺序传递接通各区段 2LJ 励磁电路。于是,进路自终端至始端顺序解锁。

由右至左的进路与上述相似,就是 2LJ 先吸起,1LJ 后吸起,控制原理与上述相同。

由以上可知,取消进路时的解锁条件,都是由进路始端部位 12 线接入解锁电源时检查的。12 线获得解锁电源后,即可实现取消解锁的电路动作。办理其他进路取消解锁时,12 线始端的控制条件相同。

以咽喉区信号点为终端的调车进路,在13线上没有另外接解锁电源,而是将12线上的解锁电源,经过两组ZJ前接点直接转到13线,保证在12线工作完毕后,使13线立即工作,各区段由终端到始端顺序解锁。

办理人工解锁时,也是在进路始端部位,向12线接入解锁电源。所不同的是经JYJ后接点接入条件电源"KF-30秒"或"KF-3分",以保证达到规定的延时时间才能解锁。12线接进解锁电源后,解锁网络的工作和取消进路时完全相同。

对于接车和有通过作业的正线发车进路用LKJ前接点接通条件电源"KF-3分",即延时3min后才能使解锁电路动作,实现进路解锁。若该信号点带有调车信号时,经LKJ后接点接通条件电源"KF-30秒"。侧线发车进路的条件电源和调车进路一样,都是"KF-30秒",所以不需要用LKJ接点区分。即侧线发车和调车进路延时30s后才能使解锁电路动作,实现进路解锁。

按进路锁闭引导接车时,办理引导解锁的方法与人工解锁相同,解锁电路控制与前述的取消及人工解锁相同,但进路解锁并不延时。具体电路不再详述。

③人工解锁延时控制。

进路类型不同,延时的时间不同。为了控制不同的进路延迟不同的时间,在电源组合分别设有第一人工解锁继电器1RJJ、第一限时继电器1XCJ、第二人工解锁继电器2RJJ和第二限时继电器2XCJ。6502电气集中联锁车站一个咽喉区只设一套延时控制电路,所以延时电路必须受这个咽喉区所有的信号机的条件控制。

如图3-24所示,由ZRJ前接点控制1RJJ和2RJJ的KZ电源,由每一信号点LXJ和DXJ的后接点、XJJ前接点、JYJ后接点、QJ前接点构成一个支路接KF电源,根据延时时间不同的要求,由LKJ接点区分,需要延时3min的进路条件并联接在1RJJ电路中,需要延时30s的进路条件并联接在2RJJ电路中。办好人工解锁手续,信号关闭后,1RJJ或2RJJ吸起,用1RJJ前接点控制1XCJ,用2RJJ前接点控制2XCJ。经由1RJJ和1XCJ的前接点接通条件电源"KF-3分",2RJJ和2XCJ的前接点接通条件电源"KF-30秒"。当1RJJ吸起达到3min控制1XCJ吸起,"KF-3分"有电;2RJJ吸起达到30s后控制2XCJ吸起,"KF-30秒"有电,从而控制解锁电路动作。

④取消及人工解锁的动作规律。

a. 由左至右的进路1LJ先吸,2LJ后吸,1LJ↑→CJ↑→1LJ↑→CJ↑→1LJ↑……(GJJ↑)→2LJ↑……→2LJ↑。

由右至左的进路2LJ先吸,1LJ后吸,2LJ↑→CJ↑→2LJ↑→CJ↑→2LJ↑……(GJJ↑)→1LJ↑……→1LJ↑。

b. 利用CJ的快动特性,12线工作完毕,13线才能工作。进路由终端向始端顺序解锁。

c. 先吸的LJ由1-2圈沿12线吸起,12线的KF电源由进路始端供给,始终不变,电流方向与进路方向相反,后吸的LJ由3-4圈沿13线吸起,解锁电源逐个区段传递,电流方向与进路方向相同。

4. 故障解锁

当联锁试验设备刚一通电,或平时发生控制电源停电恢复,咽喉区中各区段道岔均受锁

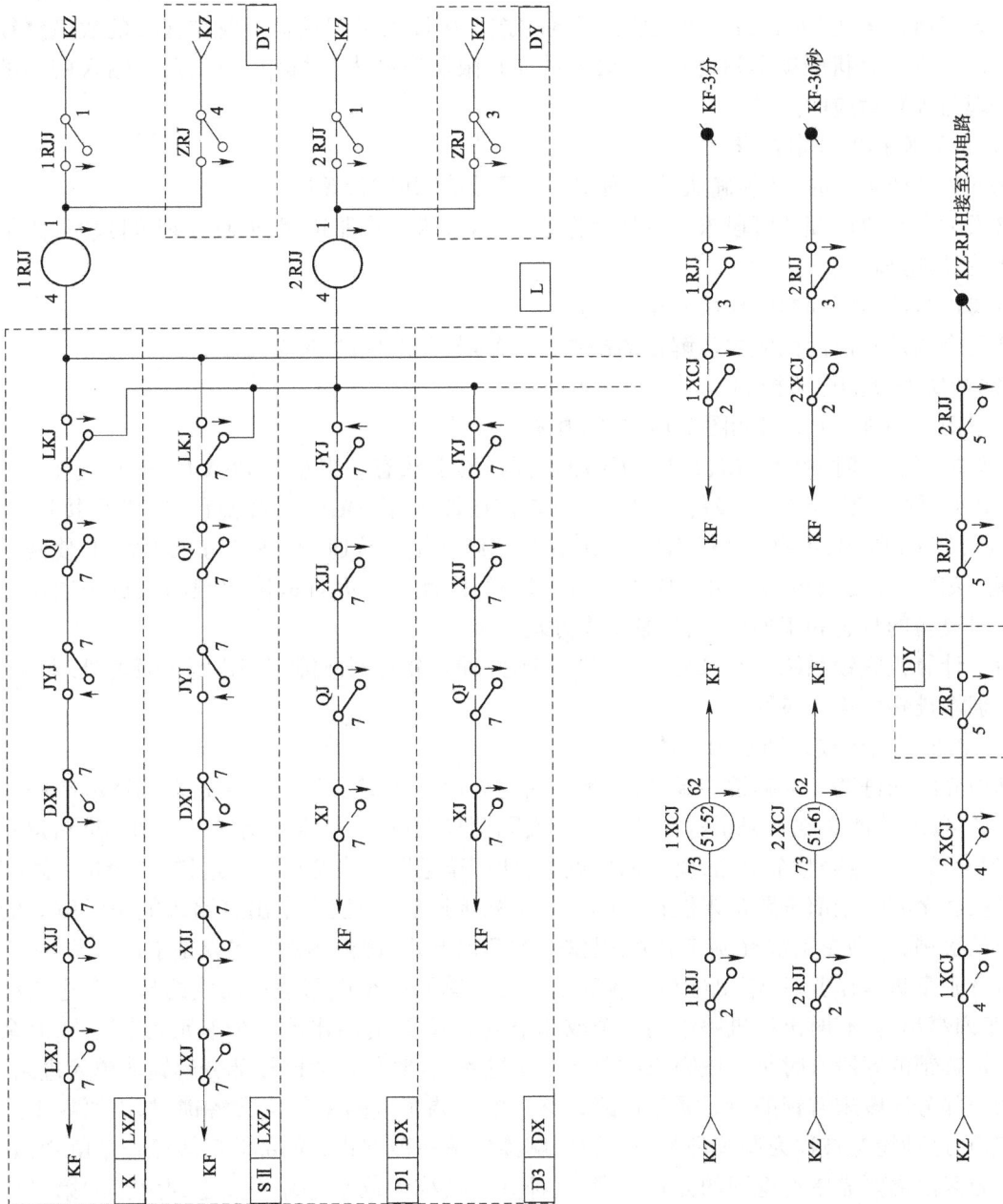

图 3-24　人工解锁延时控制电路

闭,控制台上全部亮白光带,由于未办理任何进路,要使已锁闭的道岔解锁只能办理故障解锁。另外,在车列运行的过程中,如果发生中间某一区段分路不良,使部分区段不能正常解锁,车列经过进路后也只能通过办理故障解锁的办法,使剩余未解锁的区段解锁。

在6502电气集中车站办理故障解锁需两个人协同办理,即一个人登记破封并按下控制台上的总人工解锁按钮ZRA,另一个人登记破封并按下区段人工解锁盘上对应区段的故障解锁按钮SGA。在计算机联锁车站,由于无法通过加封限制车务人员操作,因此采用输入密码的方式实现与加封对应的操作。

(1)故障解锁的技术要求

①办理故障解锁时,必须确认设备确实发生了故障,并进行登记。

②人为检查要解锁的区段未进行任何作业,该区段未受进路锁闭,而且办理该区段故障解锁不影响其他进路。

③要进行故障解锁的区段没有车列占用。

④两个人认真协同完成故障解锁的操作,准确地按下对应的SGA。

(2)故障解锁的电路控制

参看图3-15的LJ电路和图3-19的CJ电路。

办理故障解锁时,由于1LJ、2LJ和CJ原来都在落下状态。当按压ZRA后,条件电源KF-ZRJ-Q有电,按压故障锁闭区段的SGA后,只要该区段无车,DGJF前接点闭合,即可接通CJ的1-2圈,使CJ吸起,再由3-4圈自闭。用CJ的两组前接点接通1LJ和2LJ的1-2圈,使两个LJ吸起,该区段不延时解锁。由于故障解锁不延时,因此要求办理故障解锁的人员必须认真检查核对设备的状态和车列位置,严禁错误办理。

有的计算机联锁系统,为了提高设备的安全性,通过软件对故障解锁进行了延时处理。

5.调车进路中途返回解锁

(1)调车进路中途返回解锁概述

前面介绍的进路正常解锁中提到,一条进路建立后列车或车列必须从始端到终端顺序占用出清各区段,才能实现进路正常解锁。而在实际调车作业时,经常会出现一条调车进路建立后,车列并未完全走完整个进路,就向回折返了,即调车进路未完全使用。这样,原牵出进路有部分区段甚至有时全部进路都未能正常解锁。车列折返后,为使原牵出进路未能正常解锁的区段自动解锁,必须在正常解锁基础上,提供一种解锁方式,这种解锁方式就是中途返回解锁。

进行调车折返作业时,牵出进路一般都是由几个单元调车进路叠加而成的长调车进路组成的,车列牵出时,有时出清进路中的一个或几个道岔区段,有时出清一个单元调车进路,剩余未能正常解锁的区段有时是一段完成的单元调车进路,有时是一段已经部分解锁的单元进路,剩余的是部分区段未解锁的单元调车进路。整个单元调车进路未能正常解锁,都需要靠中途返回解锁,这种情况被称为调车进路中途返回解锁的第一种方式。如部分区段已正常解锁,剩下一部分区段需要靠中途返回的方式解锁,这种方式被称为调车进路中途返回解锁的第二种方式。

(2)调车进路中途返回解锁的第一种方式。

该方式是指牵出进路的全部区段,都需要由调车中途返回解锁电路使之解锁。凡是咽喉中间调车信号机,不论单置的、并置的或差置防护的调车进路都有可能遇到此种情况,因此,解锁电路都应该能实现第一种情况的中途返回解锁。

对于第一种方式的中途返回解锁,应检查下列解锁条件:

①牵出车列曾经占用过进路内方。

②防护该进路的调车信号机已经关闭。

③车列折返已经退出了要解锁的单元调车进路。

④如果车列牵出时曾出清该进路防护调车信号机的接近区段,牵出时未出清接近区段,折返时要检查车列已退出接近区段,才能解锁。

前面已经介绍,人工解锁和取消进路,都是由进路始端部位,向 12 线接入解锁电源即可。既然此种情况由进路始端第一个区段开始就没有正常解锁,那么,就有可能也由进路始端部位,向 12 线接入解锁电源来使解锁网络工作。

具体的方法是将原牵出进路 8 线经 ZJ 前接点所接 KF 电源,沿 8 线检查进路中各轨道区段的 DGJ 前接点(证明车列已退出进路)传到进路始端,经 8 线与 12 线的连线检查 XJJ 后接点(证明车列牵出时占用过进路)、XJ 后接点(证明信号已关闭)、JYJ 前接点(证明车已退出或曾出清接近区段)和接近区段的 FDGJ 前接点(控制短时间供电)等条件,将 8 线 KF 转到进路始端 12 线,使原进路未能按正常解锁吸起的 LJ,当车列折返后,按取消解锁动作方式顺序吸起,各区段由终端至始端顺序解锁。

(3)调车进路中途返回解锁的第二种方式

该方式是指牵出进路的一部分已经解锁,一部分需要中途返回解锁电路使之解锁。此种情况,只是在牵出进路上设有反向的单置调车信号机时才有可能出现,因为反向的并置调车信号机或差置调车信号机,都不会使牵出进路一部分正常解锁,一部分不能正常解锁。

对于这种方式,由于进路内方第一区段已经正常解锁,不需再检查车列占用过进路和信号关闭的条件,只需检查下列解锁条件:

①牵出车列已经折返,且压入了折返进路内方。

②车列已全部退出了牵出进路需要中途返回解锁的区段。

电路控制的方法是将原牵出进路终端 8 线经 ZJ 前接点所接 KF 电源,沿 8 线检查牵出进路未能正常解锁的各轨道区段的 DGJ 前接点(证明车列已退出牵出进路各区段),在折返进路始端检查折返信号 XJJ 后接点(证明车列折返压入了折返进路内方)转接到 12 线,使原牵出进路未能由正常解锁电路吸起的 LJ,按取消解锁动作方式顺序吸起,各区段由终端至始端顺序解锁。

由上述分析可知,调车进路中途返回解锁时,解锁电路中 LJ(GJJ)和 CJ 的动作,与取消解锁、人工解锁时完全相同,因此可以认为,中途返回解锁是在正常解锁基础上的取消解锁电路动作,只是 12 线的解锁电源不同,这里不再赘述,一般只需分清哪些 LJ 是由正常解锁电路吸起的,哪些 LJ 是靠中途返回解锁电路吸起的。

任务实施

一、操作流程

任务二的操作流程图如图 3-25 所示。

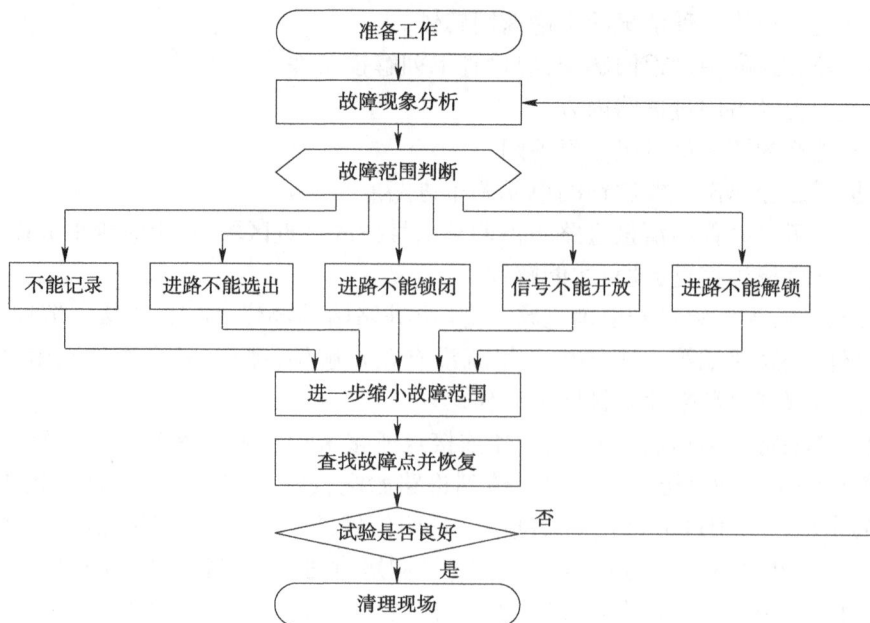

图 3-25 操作流程图

二、电气集中联锁系统故障分析与判断

1.控制台表示的含义

(1)按下始端按钮对应的按钮表示灯(AD)闪光,说明 AJ↑。

(2)进路排列表示灯(LPD)亮 H 灯,说明方向继电器已吸起。

(3)按下终端按钮,AD 闪光,说明 AJ↑。

(4)中间信号点 AD 闪光,说明选岔网络动作发生,中间信号点 JXJ↑。

(5)始端 AD 亮稳定灯光,说明 FKJ↑。

(6)LPD 灭灯,说明 AJ、方向继电器、JXJ 均复原,选岔网络工作正常。

(7)道岔表示灯(DBD 或 FBD)的表示与进路要求的道岔位置相符,说明道岔已转换完毕,进路排通。

(8)白光带点亮,说明进路已锁闭。

XJJ↑→QJJ↑→1LJ 和 2LJ 均落下→SJ↓。向股道办理进路时,XJJ↑→GJJ↑→ZCJ↓。

(9)始端 AD 灭灯,说明 LXJ(或 DXJ)↑→FKJ↓。

(10)信号复示器变为允许显示(进站信号复示器由红灯变为绿灯,出站信号复示器亮绿灯,调车信号复示器亮白灯),说明室外信号已开放,LXJ(或 DXJ)已自闭。

(11)轨道光带点亮白灯,说明该区段已锁闭。

(12)轨道光带由白灯变为红灯,说明该区段有车占用。

(13)轨道光带熄灭,说明该区段解锁,各继电器已复原。

2.用控制台表示分析电路故障

(1)按下进路按钮,不能记录。

①按下始端按钮后,若 AD 未闪光。看 LPD 是否亮红灯。若 LPD 亮,说明 AJ 吸起,可能

是 AD 电路故障。

②若 AD 不亮,LPD 也未亮,说明 AJ 未吸起。若 AD 闪光,LPD 未亮,说明方向继电器未吸。

③按下终端按钮后,若 AD 不亮,说明可能是 AJ 未吸起。若选路正常,说明 AJ 吸起,可能是 AD 电路故障。

④按下终端按钮后,若 AD 未闪光,看 LPD 过一段时间是否灭灯。若 LPD 灭灯,说明选岔网络工作正常,但 AJ 已吸起,这可能是 AD 电路故障造成的,若选岔网络未动作,说明 AJ 可能未吸起。

(2)进路不能选出。

①当控制台上始、终端 AD 及 LPD 表示正常,但 LPD 一直不灭说明方向继电器未复原,有的 AJ 未落,可能是选岔网络尚未动作完毕。

②若道岔原来 DBD 亮灯,判断 1～4 线是否有故障,可观察对应的双动道岔 FBD 是否亮灯。若 FBD 点亮,说明 1、2 或 3、4 线动作正常。否则,就可能是 FCJ 未吸起。当然,若原来 FBD 就是亮的,不能由此说明 FCJ 吸起了。可将进路取消后,道岔单操到定位,重新排路试验。

③1～4 线工作正常,5、6 线是否故障,可观察始终端及中间信号点的 AD 显示,分析 JXJ 的动作,同时还可借助于单动道岔 DBD、FBD,分析单动道岔 DCJ、FCJ 的动作,只要 5、6 线有一个继电器吸起就说明 6 线是完好的。

④由于选岔网络各继电器是顺序动作的,必须找出第一个未吸的继电器。必要时要看组合架上继电器的状态。

(3)进路不能锁闭。

①若 LPD 灭灯,但始端 AD 也灭灯,轨道光带无显示,说明 FKJ 电路故障。

②若 LPD 已灭灯,始端 AD 亮稳定灯光,轨道光带无显示,说明进路未锁闭,QJJ 未吸起,可能是 KJ 或 XJJ 电路故障。若为调车进路,ZJ 不吸起时也可出现上述现象。

③若轨道光带部分亮,部分不亮,说明 9 线 KZ 已送出。XJJ 及以前的电路工作正常,只是未亮的区段 QJJ 故障,可向到发线建立进路,若到发线上的白光带不亮时,可能是 GJJ 未吸起使 ZCJ 未落。

(4)信号不能开放。

①当轨道光带表示正常,只是信号复示器未变,说明进路已锁闭,信号未开放。

②遇到这种情况应首先看始端 AD 稳定灯光是否灭灯。如果始端 AD 还亮稳定灯光,说明 FKJ 未落,XJ 未励磁,故障可能是 11 线断线或 XJ 局部故障等。若始端 AD 已灭灯,说明 11 线工作正常,XJ 能励磁,但不能自闭,可能是允许灯光断丝等。

(5)进路不能解锁。

由于解锁电路动作非常复杂,有时电路并未故障,只是有的轨道区段分路不良,即有关区段的 DGJ 或 FDGJ 未能正常动作,造成进路不能正常解锁或不能实现中途返回解锁。将未解锁的区段用故障解锁的方法解锁后,如果下一条相同的进路能够解锁,一般都是轨道区段分路不良。

确认不是轨道区段分路不良,而是解锁电路故障时,必须及时处理。处理故障时除了观察控制台的表示外,还必须观察组合架上有关继电器的动作。有时,只有细心观察才能捕捉到继电器的动作时机。

三、电气集中联锁系统故障查找与处理

1. 故障范围的缩小

当发现故障现象后,不必急于查找,应借助于控制台的操作与表示,进一步缩小故障范围。

(1)改变进路。

例如,排列接车进路信号不能开放。应先将原进路取消后,再排列一条与该进路有重叠部分的发车进路或改变接车线路。如果信号能开放,说明两条进路共用的电路均正常,可能是两进路不同的部分电路故障。

(2)分段排列。

如果排列一条列车进路或长调车进路时,进路不能排成,可将原进路取消后,重新分段排列该进路范围内的单元调车进路,进一步缩小故障的范围。

2. 故障的查找与处理

当故障的范围不能再缩小,需查找时,可用万用表测量电路的电压,找出故障点,方法如下:

(1)当判断某电路故障后,可用万用表直流电压挡(50V 或 25V)先测继电器线圈电压,若无电压,可能是电路断线,可采用借电源的方法查找。

(2)用红表棒插在某一组合 06-1(KZ)上,黑表棒插在电路上任意一点(一般取中间一点),若有电压,说明 KF 电源已送到该点,KZ 电源至该点断线。若无电压,可将红笔插在该点,黑表棒插在某一组合 06-3(KF)上,有指示说明 KZ 电源送至该点,故障在该点与 KF 间。这样取几点即可查出故障点。

3. 注意事项

(1)测试查找电路故障一律采用电压挡,进行测试前必须检查表挡的位置、量程与所测的电压是否对应。

(2)测试端与表棒不要接触过长,以防止混电。

(3)必要时要观察继电器的动作状态,听继电器动作声音是否正常,从而进一步缩小和确定故障范围。

(4)找出故障后,必须将故障排除,重新试验,验证处理结果正确无误后方可交付使用。

📖 **知识拓展**

防止进路错误解锁的控制措施

前面介绍了各种解锁的技术要求和电路控制方式。由于进路解锁直接关系到站内列车或调车作业的安全,在任何情况下,无论发生任何故障都要防止已锁闭的进路发生错误解锁。6502 电气集中主要采取了以下控制措施,防止进路错误解锁。

1. 用 10 线网络接通 QJJ 自闭电路,防止发生迎面错误解锁。

参看前面的图 3-13 的 9、10 网络及 QJJ、GJJ 电路,用 XJJ 前接点接通 9 线 QJJ、GJJ 的励磁

电路,当进路内方第一个区段有车占用时,该区段轨道继电器落下,使 XJJ 落下,切断 9 线 KZ。如果没有 10 线,进路中所有 QJJ 和 GJJ 都将随之同时落下。若进路中的第一个区段为道岔区段,因为车正在该区段上运行,QJJ 失磁落下,为该区段的解锁做好了准备,这是正确的。但对车列运行前方尚未压入的各道岔区段,如果此时 QJJ 失磁落下,即意味着是提前做了解锁准备。这时,如果值班人员在办理个别区段故障解锁时,错误把该进路前面未压入区段的事故按钮按下,则该区段就会立即解锁,这个情况称为迎面错误解锁,是最危险的。

为防止发生进路迎面错误解锁,用 10 线网络接通 QJJ 的自闭电路,保证车未压入的道岔区段 QJJ 不落,直到车压入该区段,其 FDGJ 吸起,才使 QJJ 落下。

2. 用条件电源 KZ-GDJ,防止轨道电源停电恢复后进路错误解锁

在现场经常发生控制电源工作正常而轨道电路电源停电的现象,当轨道电源停电时各区段轨道继电器落下,恢复供电后轨道继电器吸起,各区段轨道继电器的励磁吸起时间有快有慢,如果其吸起顺序,恰好和列车通过进路时的吸起顺序一致,那么就有可能使正处于进路锁闭状态下的各道岔区段按正常解锁方式错误解锁。条件电源 KZ-GDJ 就是为了防止轨道停电故障后又恢复供电时,进路错误解锁而采取的保护措施。

如图 3-26 所示,为了缩小轨道停电的影响范围,在大站,对轨道电路一般采取分束干线供电。对每一束供电干线,在转换屏内,都设有一个轨道停电监督继电器 1GDJ ~ 4GDJ,用它们监督供电情况。用电源屏内监督本咽喉供电的各 GDJ 前接点控制组合架的轨道停电继电器 GDJ 的电路,任一线束供电故障都使组合架上 GDJ 和 GDJF 相继失磁落下。

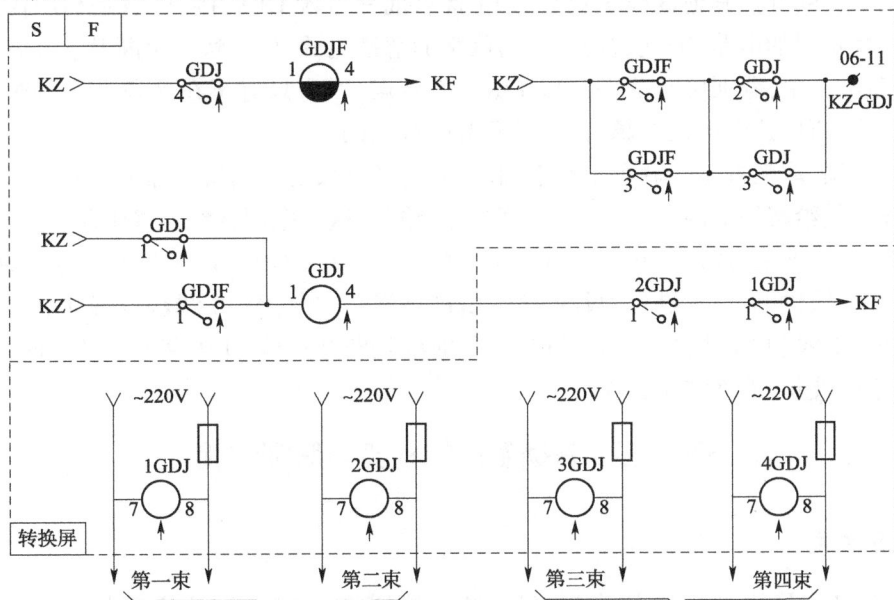

图 3-26 GDJ 电路和条件电源 KZ-GDJ 电路

用组合架上的 GDJ 和 GDJF 的前接点组成条件电源 KZ-GDJ,将该电源加在 FDGJ 及 1LJ、2LJ 电路中,保证发生轨道电源停电故障时,使解锁电路停止工作,从而防止错误解锁。

由于 GDJ 的快动和 GDJF 的缓动,使条件电源 KZ-GDJ 先于轨道继电器落下而断电,后于轨道继电器吸起而通电。即断电快、供电慢。这样,可以保证提供可靠的防护作用。

3. XJJ1-2 线圈接通一条保护电路,防止人工短路造成进路错误解锁

参看前面的图 3-11 的 XJJ 电路可知,XJJ 除了有经由 8 线的励磁或自闭电路之外,还有一条脱离 8 线的保护电路。这条电路是用于在调车作业时,若发生轨道电路瞬间人工短路,防止调车中途返回解锁电路出现故障造成进路错误解锁的防护措施。

在接近区段无车的情况下,若发生人工短路使 8 线断开,XJJ 一旦落下,相当于车列占用进路,短路恢复后 8 线接通,相当于车列退出了该进路,这与第一种调车进路中途返回解锁的条件相同。如果进路按中途返回方式错误解锁,而车列正在向前运行,这又是一非常危险的迎面错误解锁。因此,在接近区段无车的情况下,通过 JYJ 前接点(证明接近区段无车)和 XJJ 本身的前接点,接通一条 XJJ 自闭电路。在此自闭电路接通过程中,XJJ 不再受 8 线控制,此时即使进路中的某一轨道电路区段瞬间发生人工短路,由于 XJJ 仍能保持吸起,而调车进路中途返回解锁电路要求 XJJ 必须落下,所以进路不会因此产生错误解锁。

4. 解锁网络采取瞬时供电,防止电路故障发生错误解锁

由前面的介绍可知,为提高解锁电路工作的安全性,解锁网络 12 线或 13 线所接的解锁电源,均采取了瞬间供电的办法,以便使进路继电器励磁吸起后,很快断开网络,并且采用只有证明 12 线工作正常,才向 13 线供出解锁电源的措施。

在正常解锁时,第一个道岔区段先吸起 LJ 的励磁电路,这是通过 XJ(LXJ 或 DXJ)前接点接通的(进站内方带调车时的接车进路除外),利用 XJ 缓放的瞬间接通 12 线与 13 线,所以这个电源很快就会断开。其他区段先吸起的 LJ 接有前一区段 CJ 后接点,这是利用传递继电器的第一个特性接通的电路,因此这两个接向网络的解锁电源,也很快就会断开。在各区段后吸起的 LJ 励磁电路中,分别接有下一区段 FDGJ 前接点,因为只有车在区段上运行时,FDGJ 前接点才会闭合,所以这个解锁电源,也都是短时间接通的。

在人工解锁、取消进路和调车中途返回解锁时,各区段的进路继电器 LJ 励磁电路,都由进路始端信号点供给解锁电源。人工解锁和取消进路时,这个电源要经过 XJJ 前接点接向网络,而 XJJ 前接点,在进路解锁后即断开,所以平时也不向网络供电。调车进路中途返回解锁时,也是瞬间向 12 线供电。各区段后吸的 LJ 是由进路终端方向,经 13 线获得解锁电源的。

总之,向 12 线和 13 线供出的解锁电源,平时都是断开的,防止电路发生故障时,使已锁闭的区段 LJ 错误吸起,进路错误解锁。

任务三　联锁条件的检查与联锁试验

任务描述

根据《铁路信号维护规则技术标准》《城市轨道交通信号系统通用技术条件》(GB/T 12758—2004)的要求,熟练掌握联锁控制系统的室外信号设备、室内控制设备联锁试验的项目、内容、方法和步骤,掌握联锁试验过程中的技术要求和安全保障措施,能够完成电气集中联锁车站和计算机联锁车站的联锁试验,通过联锁试验的训练,能够把车站各种列车或调车作业与联锁条件的检查紧密联系起来,深刻理解联锁控制系统的作用和技术要求,进一步提高对联锁控制系统的维护能力。

相关知识

联锁控制系统的联锁试验分为室外信号设备联锁试验和室内信号设备联锁试验。

前面介绍的联锁控制系统的工作过程分为:接受记录操作命令—选择进路—排列进路—锁闭进路—开放信号—解锁进路。联锁试验的项目和步骤都是结合联锁控制系统的工作过程进行的。下面介绍联锁试验的项目与内容要求。

一、室外联锁试验

1. 核对室内外轨道区段是否一致

按照站场信号平面图,在室外用短路线逐段封连轨道电路,在室内观察各轨道区段红光带是否与区段名称相符,如果不符,说明配线有错误,应参照轨道电路图查找错线位置。

2. 核对室内外道岔表示是否一致

按照站场信号平面图,逐一核对室外道岔开通方向(直向开通、侧向开通)与室内道岔表示灯、轨道光带开通方向是否一致,如果不一致,说明配线有错误,应参照道岔控制电路查找错线位置。

3. 核对室外信号机号码及信号显示与室内是否一致

按照站场信号平面图,逐一核对室外信号机与室内信号复示器名称是否一致,室外信号灯光显示与室内站场模拟盘信号表示状态是否一致。如果不一致说明配线有错误,应参照信号电灯电路查找错线位置。

二、室内联锁试验

1. 核对进路及范围

(1)进路号码:按照联锁图表(进路表)对列进路号码逐一核对记录,防止遗漏进路。

(2)信号机名称:按照联锁图表(进路表)所列进路号码对相应的信号机名称逐一核对记录。

(3)进路终端:按照联锁图表(进路表)所列进路号码对相应进路终端逐一核对记录进路终端。

2. 正常开放信号试验

(1)正常排列进路后,室内检查站场模拟图形上信号复示器显示是否正确。

(2)进路锁闭的白光带开通的路径显示与联锁表要求的道岔位置是否一致。

(3)无异常显示后,于室外逐一核对该信号机各种灯光显示与控制信号显示的条件是否一致。

3. 道岔位置不对,信号不能开放试验

(1)按照联锁表对道岔位置的要求,将道岔操作到与要求相反的位置,然后单独锁闭,重新排列进路,逐个道岔(包括防护道岔)进行重复的试验,进路应不能排通,信号应不能开放。

(2)信号开放后,按照联锁表对道岔位置的要求,切断道岔表示,信号应自动关闭。逐个道岔(包括防护道岔)进行重复的试验,每一次都应使信号关闭。

4. 带动道岔试验

(1)按照联锁表对道岔位置的要求,该进路有带动道岔时,现将带动道岔单操到相反位置,然后排列进路,该道岔应被带动到规定位置。

(2)正常排列进路,在信号开放的过程中,切断带动道岔表示,信号应不关闭。

(3)将带动道岔单独操纵到相反位置再单独锁闭,重新排列进路,应不影响信号开放。

5. 轨道区段占用,信号不能开放试验

(1)按照联锁表对轨道区段的检查要求,模拟轨道区段占用,排列进路,进路不应锁闭,信号不应开放。逐一轨道区段重复试验,每一次结果应该一样。

(2)信号开放后,按照联锁表对轨道区段的检查要求,模拟轨道区段占用,信号应自动关闭。逐一轨道区段重复试验,每一次信号都应关闭。

6. 超限绝缘的检查试验

(1)按照联锁表对轨道区段的检查要求,当有超限绝缘条件检查时,在道岔位置未构成平行进路的条件下,模拟相邻轨道区段占用,排列进路,进路不应锁闭,信号不应开放。

(2)信号开放后,按照联锁表对超限绝缘相邻区段的检查要求,在未构成平行进路的条件下,模拟相邻轨道区段占用,信号应自动关闭。

(3)有平行进路时,将超限绝缘相邻道岔单操到与该进路平行的位置,在排列进路前和信号开放后分别模拟相邻轨道区段占用,不应影响信号开放。

7. 信号开放后对道岔的锁闭试验

(1)信号开放后,按照联锁表对道岔位置的要求,逐个单操每个道岔,各道岔均应锁闭不能搬动。

(2)除进路中的道岔外,还对不在进路中的防护道岔、带动道岔及与进路中道岔在同一区段的其他道岔逐一进行试验,这些道岔均应被锁闭。

8. 敌对进路试验

(1)敌对信号的检查。按照联锁表对敌对信号的检查要求,信号开放后,逐个试验各敌对信号机,信号机均不应开放;在敌对信号开放时,排列进路,进路应不锁闭,信号应不开放。

(2)迎面敌对照查。按照联锁表对迎面进路的检查要求,信号开放后,排列对方咽喉迎面敌对进路,不应排成;在对方咽喉迎面敌对进路建立的条件下,排列本咽喉的进路,进路不应排成,信号不应开放。

9. 人工手动关闭信号试验

(1)信号开放后,同时按下 ZQA 和进路始端 LA 或 DA,信号应立即关闭,接近区段占用时,进路应不解锁。

(2)信号开放后,同时按下 ZRA 和进路始端 LA 或 DA,信号应立即关闭,接近区段占用时,进路不应立即解锁。

(3)信号开放后,按下 ZRA 的同时,按下人工解锁盘上进路中轨道区段的 SGA,信号应立即关闭。对设 SGA 的各区段逐个试验,都应使信号立即关闭,但进路应不能解锁(列车进路接近区段无车的情况除外)。

10. 进路预先锁闭与取消解锁试验

(1)办理了排列进路手续后,进路锁闭,信号未开放,同时按下 ZQA 和进路始端 LA 或

DA,进路应立即解锁。在接近区段无车和有车时分别试验,都应立即解锁。

(2)信号开放后,接近区段无车,同时按下 ZRA 和进路始端 LA 或 DA,信号应立即关闭,进路应立即解锁。

11. 进路接近锁闭与人工解锁试验

(1)信号开放后,占用该进路的接近区段,再取消进路(同时按下 ZQA 和进路始端 LA 或 DA),信号应立即关闭,但进路应继续处于锁闭状态。进路的接近区段包含多个轨道区段时,每一区段应分别进行占用试验,每一次结果应该一致。

(2)未设接近区段的调车进路,信号开放后即构成接近锁闭。信号开放后,办理取消解锁手续,信号应关闭,进路应不解锁。

(3)信号开放后,接近区段有车占用,同时按下 ZRA 和进路始端 LA 或 DA,信号关闭,进路延时解锁开始计时:接车进路及有通过作业的正线发车进路延时 3min,侧线发车进路和调车进路延时 30s。进路的接近区段包含多个轨道区段时,每一区段应分别进行占用试验,每一次延时时间应该一致。

12. 防止信号重复开放试验

信号开放后,瞬间切断进路中某一道岔或瞬间短路某一轨道区段,使信号关闭,故障恢复后,信号不得自动重复开放。

13. 进路正常解锁试验

(1)列车信号开放后,模拟列车运行,逐段顺序占用、出清进路中各轨道区段,进路应从始端到终端分段顺序解锁。

(2)调车信号开放后,从进路的接近区段开始,模拟车列运行,逐段顺序占用、出清进路中各轨道区段,进路应分段自动解锁。当车列跨压接近区段和进路内方第一区段时,应试验调车信号白灯保留功能,逐一观察调车信号的关闭时机。当进路的接近区段及最末区段为可以留车的无岔区段或股道时,应再分别试验各区段留车情况下,信号关闭和正常解锁的情况。

14. 调车进路中途返回解锁试验

排列有反方向调车信号机的长调车进路,模拟车列走行,当车列牵出到折返信号机前方后,排列反向调车信号机防护的折返调车进路。车列折返后,原牵出调车进路各区段应自动解锁。折返信号机前方有多个轨道区段时,应分别占用每个区段进行试验;当原牵出进路有多个反向折返调车信号机时,应以每一个反向调车信号机为折返,分别进行中途返回解锁试验。

15. 发车进路区间闭塞条件试验

(1)区间为半自动闭塞时,未办理闭塞情况下排列发车进路,则进路能够锁闭,出站信号机不应开放。办理了闭塞手续,出站信号开放后,断开区间开通条件,则出站信号机应自动关闭。

(2)区间为自动闭塞时,区间一离去区段有车占用时,排列发车进路,则进路能够锁闭,出站信号机不应开放。一离去区段空闲时,排列发车进路,则出站信号机应自动开放。信号开放的过程中,占用一离去区段,则信号应自动关闭。一离去区段恢复空闲后,出站信号机不应自动重复开放。此外,还应试验一离去、二离去区段空闲,及一离去、二离去、三离去区段空闲时,出站信号机的灯光显示。

16. 引导接车试验

(1)按进路锁闭方式引导接车,逐个试验切断进路中的道岔(含防护道岔),则引导信号不应开放;引导信号开放后,逐个试验切断进路中的道岔,则引导信号应自动关闭,恢复道岔后,引导信号应不自动重复开放。

(2)按进路锁闭方式引导接车,逐个试验占用进路中的各轨道区段(进路内方第一区段除外),则引导信号应能开放。引导信号开放后,占用进路内方第一区段,则引导信号应自动关闭。第一区段占用时,不松开引导按钮引导信号应能开放。

(3)按进路锁闭方式引导接车时,引导信号开放的过程中,单操进路上的各道岔,则各道岔应锁闭。列车经过进路的过程中,各区段应不解锁。列车完全进入到发线以后,按下 ZRA 和进路始端 LA 进路应不延时,一次解锁。

(4)引导总锁闭接车时,按下 YZSA,试验单操本咽喉各道岔,则道岔均应锁闭;再按下 YA,引导信号应开放。恢复 YZSA,引导信号应关闭,则全咽喉道岔应解锁。

17. 平行进路试验

(1)信号开放后,排列平行进路,平行进路的信号应能够开放。应改变两平行进路排列的顺序,分别试验。

(2)两平行进路信号均开放后,分别试验一条进路的正常解锁,应不影响另一条进路的信号开放,也不应出现异常解锁。

(3)两平行进路信号均开放后,分别试验一条进路的取消解锁及人工解锁,应不影响另一条进路的信号开放,也不应出现异常解锁。

18. 防止迎面错误解锁试验

信号开放后,列车或车列压入进路内方第一段,逐个试验办理进路中列车运行前方尚未压入区段的故障解锁,各区段均不应解锁。

19. 轨道通电恢复试验

办理全站的各条列车及调车进路(一次性可办理多条平行进路),全站轨道电路电源停电再恢复,各进路的任一区段均不应自动解锁。

20. 其他联锁试验

(1)除上述项目外,本站如有其他联锁关系,如:场间联系、坡道照查、中间出岔等也必须逐项进行试验。

(2)除核对联锁控制功能外,对通过控制功能试验难以检查到的某些电路需要观察继电器动作进行专门检查。如 6502 电气集中的 XJJ 保护电路、QJJ 自闭电路、区分进站信号灯光显示的正线继电器 ZXJ 电路等。

任务实施

一、操作流程

任务三的操作流程如图 3-27 所示。

二、联锁试验的方法与步骤

联锁试验的方法与正常作业办理基本一致,只是在系统动作的过程中应注意观察室内的显示现象,必要时要核对室外设备的状态。下面以计算机联锁系统为例介绍联锁试验的方法与步骤。

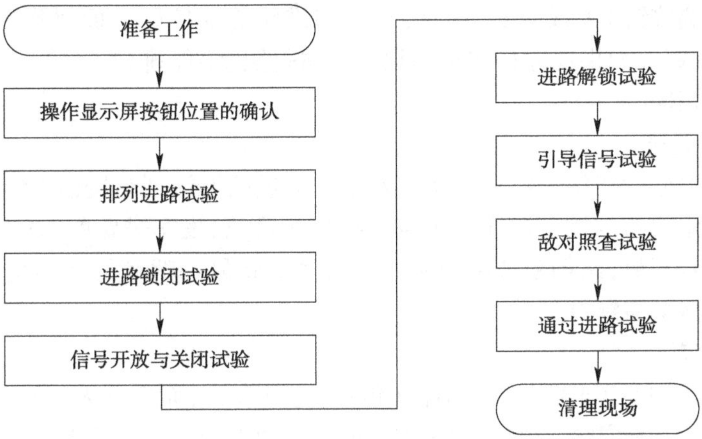

```
┌─────────────────────┐                    ┌─────────────────────┐
│      准备工作        │──────────────┐    │     进路解锁试验      │
└──────────┬──────────┘              │    └──────────┬──────────┘
           ↓                         │               ↓
┌─────────────────────┐              │    ┌─────────────────────┐
│ 操作显示屏按钮位置的确认 │              │    │     引导信号试验      │
└──────────┬──────────┘              │    └──────────┬──────────┘
           ↓                         │               ↓
┌─────────────────────┐              │    ┌─────────────────────┐
│     排列进路试验      │              │    │     敌对照查试验      │
└──────────┬──────────┘              │    └──────────┬──────────┘
           ↓                         │               ↓
┌─────────────────────┐              │    ┌─────────────────────┐
│     进路锁闭试验      │              │    │     通过进路试验      │
└──────────┬──────────┘              │    └──────────┬──────────┘
           ↓                         │               ↓
┌─────────────────────┐              │    ┌─────────────────────┐
│   信号开放与关闭试验   │──────────────┘    │      清理现场        │
└─────────────────────┘                    └─────────────────────┘
```

图 3-27　操作流程图

1. 操作显示屏按钮位置的确认

(1)进路按钮位置的确认。

操作:单击显示器上各进路始端 LA 或 DA,及未设信号机的进路终端按钮。

显示:显示器上对应的按钮应闪烁。

(2)专用功能按钮位置的确认。

专用功能按钮包括:总取消按钮 ZQA、总人工解锁按钮 ZRA、道岔单操的总定位按钮 ZDA 和总反位按钮 ZFA、引导总锁闭按钮 YASA、清除按钮 QA 等。各种计算机联锁系统不尽相同。

操作:单击专用功能按钮,显示器上对应有表示灯点亮。如单击 ZQA、ZRA、YZSA。

显示:各按钮对应的 ZQD、ZRD、YZSD 表示灯红灯点亮。

操作:单击 ZDA。

显示:总定位表示灯 ZDD 绿灯点亮。

操作:单击 ZFA。

显示:总反位表示灯 ZFD 绿灯点亮。

操作:单击清除按钮 QA。

显示:不需要执行的按钮记录信息被清除。

2. 排列进路试验

(1)排列基本进路。

操作:排列列车进路顺序,点击进路始端 LA、终端 LA。排列调车进路顺序,点击始端 DA、终端 DA。注意,进路始端与终端按钮必须为同一性质,不能始端点击 LA,终端点击 DA,或反之。

显示:根据进路按钮的点击顺序和始、终端按钮闪烁情况,将进路相关道岔转换到规定位置,进路锁闭,站场模拟图形上对应进路范围的白光带点亮,信号复示器给出对应的允许灯光显示。

（2）排列变通进路。

操作：根据排列变通进路的意图，顺序点击始端按钮 LA 或 DA、变通按钮（能起区分作用的 DA 或 BA）、终端按钮 LA 或 DA。注意，在排列进路前应按照前面操作方法的要求选择好需要点击的变通按钮。如果变通按钮被错误按下，进路也不能排列。

显示：与上述相同。

（3）排列通过进路。

操作：顺序点击通过按钮 TA、另一咽喉发车口的进路终端列车按钮 LA。

显示：根据进路按钮的按下顺序，TA 及正线接车进路、发车进路的 LA 均闪烁，而后，道岔转换、进路锁闭信号开放，站场模拟图形从进站信号机到另一咽喉的站界均亮白光带，正线进站、出站信号复示器均亮绿灯。

3. 进路锁闭试验

（1）进路锁闭后，单操进路上的各道岔（包括防护道岔），而道岔无法搬动。

（2）逐条办理与已锁闭进路交叉的进路，而交叉进路无法选中，已锁闭的进路不受影响。

4. 信号开放与关闭试验

进路锁闭、信号开放以后进行下列试验。

（1）敌对进路试验。

逐条办理与已锁闭进路敌对的进路，而敌对进路选不出，已锁闭的进路不受影响。

（2）道岔断表示试验。

逐个断开进路相关道岔（包括）表示，信号复示器显示信号关闭，对应失去表示的道岔位置白光带无显示，其他区段白光带不灭。

（3）轨道区段占用试验。

①进路中轨道区段占用。

使用短路线逐个占用已锁闭进路的轨道区段，信号复示器显示信号关闭，被占用区段亮红光带，其他区段白光带不灭。

②超限绝缘相邻区段占用。

在超限绝缘道岔非平行位置，用短路线占用超限绝缘相邻区段，信号复示器显示信号关闭，进路各区段白光带不灭，超限绝缘相邻区段亮红光带。

③进路外非相关区段占用。

用短路线占用进路之外任一非相关区段，本进路各区段白光带不灭，信号复示器显示不变。

（4）调车信号白灯保留试验。

①用短路线先占用调车进路接近区段，而后占用进路内方第一区段，调车信号复示器显示不变，接近区段和第一区段亮红光带，其他区段白光带不灭。

②取消接近区段占用短路线，欠调车信号复示器显示信号关闭，接近区段红光带熄灭，第一区段亮红光带，其他区段白光带不灭。

③接近区段占用短路线不动，取消进路内方第一区段占用短路线，调车信号复示器显示信号关闭，接近区段亮红光带，第一区段恢复白光带或熄灭（接近区段为道岔区段时恢复白光带），其他区段白光带不灭。

（5）重复开放信号试验。

信号开放，接近区段空闲，信号因故关闭。故障恢复后，点击始端 LA 或 DA，信号重新开放。

（6）手动关闭信号试验。

①信号开放，点击 ZQA 和进路始端 LA 或 DA，信号关闭。接近区段无车时，进路立即解锁，接近区段有车占用时，进路不解锁。取消某一信号时，其他正在开放的信号不受影响。

②信号开放，接近区段有车占用，点击 QGJA，输入密码，点击进路中任一道岔区段名称，信号关闭，进路不解锁。同时，其他进路不受影响。

5. 进路解锁试验

（1）正常解锁试验。

①列车信号开放，模拟列车顺序占用、出清进路中各区段，则进路分段自动解锁。不按顺序占用、出清进路中各区段，则进路不能解锁。

②调车信号开放时，从接近区段开始，模拟车列占用、出清接近区段及进路中各区段，进路正常解锁。接近区段及进路最末区段为可以留车的无岔区段或股道时，可留车的区段一直占用，顺序占用、出清其他区段，进路自动解锁。接近区段不占用，或不按顺序占用、出清进路中各区段，进路不能正常解锁。

（2）取消解锁试验。

信号开放，接近区段无车，点击 ZQA，点击进路始端 LA 或 DA，进路不延时解锁，本进路解锁，不影响其他进路。

（3）人工解锁试验。

①信号开放，接近区段有车占用，点击 ZRA，输入密码，再点击进路始端 LA 或 DA，进路延时解锁，接车及有通过作业的正线发车进路延时 3min，侧线发车及调车进路延时 30s，延时期间屏幕上有倒计时提示。本进路解锁，不影响其他进路。

②在延时过程中，进路尚未解锁期间，车压入进路内方，进路不解锁，延时计时终止。

（4）故障解锁。

某些区段因故发生漏解锁（不含进路第一区段），点击区段故障解锁按钮 QGJA，输入密码，再点击该区段名称，该区段故障解锁。

（5）调车中途返回解锁试验。

长调车进路各调车信号开放后，车列牵出。部分区段正常解锁后，排列折返进路。车列折返后，原牵出进路未能正常解锁的区段，自动解锁。其他进路的区段不应解锁。

6. 引导信号试验

（1）按进路锁闭方式引导接车试验。

①进路中一个或几个轨道区段故障时，点亮红光带，不需改变故障区段的道岔位置，单操道岔到规定位置，开通进路，点击 YA，输入密码，进路其他区段点亮白光带，信号复示器点亮红、白灯。

②红灯断丝时，点击 YA，输入密码，进路能够锁闭，引导信号不能开放。

③模拟列车压入进路内方第一区段，引导信号自动关闭。

④模拟列车顺序压入进路中各区段，各区段不解锁。列车完全进入到发线以后，点击

ZRA,输入密码,点击进路始端 LA,进路解锁。

(2)引导总锁闭接车试验。

将有关道岔单操到规定位置,点击 YZSA,输入密码,点击 YA,再次输入密码,引导信号开放,全咽喉各道岔全部锁闭。恢复 YZSA,引导信号关闭,全咽喉道岔解锁。

7.敌对照查试验

(1)先办理一条接车进路。信号开放后,办理同一股道对方咽喉的对向接车进路,后办理的进路排不成。再办理同一股道对方咽喉的对向调车进路,后办理的进路排不成。

(2)先办理一条股道的调车进路。信号开放后,办理同一股道对方咽喉的对向接车进路,后办理的进路排不成;再办理同一股道对方咽喉的对向调车进路,后办理的调车进路锁闭,调车信号开放。

(3)先办理一个无岔区段的调车进路,信号开放后,办理同一无岔区段对向的调车进路,后办理的进路排不成。

8.通过进路试验

(1)顺序点击通过按钮 TA、另一咽喉发车口的进路终端列车按钮 LA,站场模拟图形从进站信号机到另一咽喉的站界均亮白光带,正线进站、出站信号复示器均亮绿灯。出站信号先开放,进站信号后开放。

(2)模拟列车通过本站,列车压入进站、出站信号机内方,进站、出站信号机分别自动关闭。顺序占用、出清各区段,各区段分段自动解锁。

(3)如果进路锁闭、信号开放后,办理取消进路时,点击 ZQA 和出站 LA,发车进路自动解锁;再点击 ZQA 和进站 LA,接车进路自动解锁。如果取消接发车进路的顺序相反,信号关闭,进路不能解锁。

其他项目的试验方法和步骤,根据车站作业需要,可自行学习试验,这里不再赘述。

知识拓展

联锁试验的安全保障措施

一、作业前布置准备

1.召开作业前准备会议,明确作业人员分工、作业项目、作业内容、作业程序、作业要求。

2.做好安全预想,安排好安全防护员,制定好安全防护措施和应急处理措施。

3.协调好相关部门和配合作业的其他专业人员。

4.准备好作业用的仪表、工具、材料、记录本、联络工具等。

5.准备好作业人员的工作服、绝缘鞋、绝缘垫及其他劳动保护用品。

二、作业中安全措施

1.注意用电安全,开关必须有防漏电保护器,电器工具必须有插座、插头、保险,临时接线有高压时需有胶布防护。

2.设备需停电作业时,应指派专人断电和送电,并在电源和开关处悬挂停电作业防护牌,必要时设专人看管。恢复供电时,应确认全体人员作业完毕,脱离带电作业部位后,方可合闸,拆除停电作业防护牌。

3. 使用220V及以上电压的信号设备进行作业时,一般应切断电源或双人作业。高于36V电压的信号设备进行点点作业时,应使用带绝缘的工具、穿着绝缘鞋(站在绝缘垫上),导电和接地部分不得同时接触。

4. 带电作业时,未脱离导电部分前,不得与地面人员接触或传递工具、材料。

5. 注意防火,特别是电气短路火灾。室内严禁吸烟,不得存放易燃易爆物品。严禁用汽油、酒精等擦拭电气设备接点,不得用易燃油擦拭地面和设备。

6. 试验有可能影响既有设备使用时,必须提前调查清楚,并办理要点手续。试验人员对设备要了解,随时注意设备状态,发现异常应及时处理。

7. 需要登高作业前应检查梯子等工具良好,放置牢固,防止摔伤,确保人身安全。

三、作业后总结点评

1. 联锁试验后要召开点评会,总结联锁试验过程中特别是安全防护的经验教训。

2. 在工作日志中做好相关记录,以备日后查询。

单元二　计算机联锁设备维护

学习目标

1. 熟练掌握计算机联锁系统的特点、基本结构、基本原理和功能。

2. 熟练掌握计算机联锁系统的软硬件组成及功能。

3. 熟练掌握计算机联锁车站各项作业的办理及计算机联锁设备操作使用方法。

4. 熟练掌握国内应用较多的几种计算机联锁系统的体系结构和功能特点。

5. 掌握计算机联锁系统的维护常识和各种常见故障的分析处理方法。

6. 通过学习计算机联锁系统,进一步加深对联锁控制技术内涵的理解。

7. 按照故障处理程序能够迅速准确地处理计算机联锁系统的常见故障。

8. 进一步提高理论联系实际和应急处理的能力。

建议学时:22学时

任务四　计算机联锁设备的认知与操作

任务描述

根据《城市轨道交通信号系统通用技术条件》(GB/T 12758—2004)、《铁路技术管理规程》和《铁路信号维护规则技术标准》的有关要求,在掌握计算机联锁系统的基本结构、原理等知识的基础上,能够熟练进行计算机联锁设备的操作使用及日常维护,为后续学习掌握各种型号的计算机联锁系统的功能特点、维护技能打下基础。

相关知识

一、计算机联锁概述

计算机联锁系统是用计算机取代继电电路对信号、道岔和进路进行控制和监督的系统,是保证行车安全的基础信号设备。

1. 计算机联锁系统的特点

计算机联锁通常采用通用的工业控制微型计算(以下简称微机)机,由一套专用的软件来检查核对车站信号、进路、道岔间的联锁关系,进行联锁关系的逻辑运算和判断。这就使得计算机联锁与继电集中联锁有明显的区别,也使得计算机联锁具有显著的优点。其主要特点如表3-1所示。

计算机联锁系统的主要特点　　　　　　　　　　　表3-1

		主　要　特　点
计算机联锁系统	人—机对话设备更新	大屏幕显示器,直观清晰;鼠标操作,方便灵活
	软、硬件设计模块化	适应改扩建;便于系统的设计和调试
	硬件可靠性高	工业控制机,并采用动态冗余,保证系统可靠工作
	软件采用双套程序	防止程序运行时发生错误
	信息传输快	采用现代通信技术,速度快,错误信息概率低
	功能更加完善	具有联锁控制、显示、系统自动测试和故障诊断等功能
	便于结合	可以与其他信息化设备连接,交换信息方便

2. 计算机联锁系统的层次结构

在车站工作站控制模式下,计算机联锁系统利用计算机对车站值班员的操作命令和现场监控设备的表示信息进行逻辑运算后,实现对信号机、道岔及进路的控制和监督。根据系统各主要部分的功能和设置地点的不同,系统的层次结构如图3-28所示。

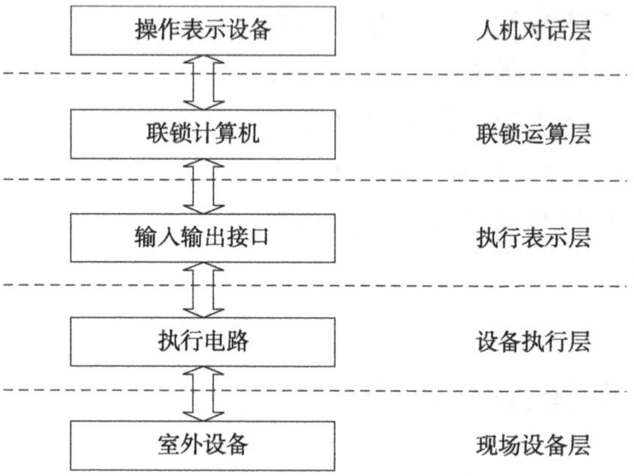

操作表示设备	人机对话层
联锁计算机	联锁运算层
输入输出接口	执行表示层
执行电路	设备执行层
室外设备	现场设备层

图3-28　计算机联锁系统的层次结构

(1)人机对话层。操作人员通过操作设备输入操作信息给联锁计算机(以下简称联锁机),显示设备接收联锁机输出的反映设备工作状态和行车作业情况的表示信息。人机对话层的设备设于运转室内。

(2)联锁运算层。联锁运算层是联锁控制系统的核心,接收来自人机对话层的操作信息,接收来自输入输出接口的反映信号机、道岔和轨道电路状态的信息;对输入的操作信息和状态信息进行逻辑运算;产生相应的控制输出信息,发送给输入输出接口用于控制道岔转换、信号开放,输出表示信息发送给人机对话层的显示设备。联锁运算层的设备设于信号设备微机室内。

（3）执行表示层。执行表示层是联锁运算层与设备执行层之间的接口,接收分析来自联锁运算层的控制命令,控制设备驱动层驱动现场设备;采集设备驱动层信号状态、道岔状态以及区段占用状态信息给联锁运算层。

（4）设备执行层。设备执行层的功能包括控制信号机点灯电路,改变信号显示;控制道岔控制电路,驱动道岔转换,改变道岔位置;反映现场设备的状态。

（5）现场设备层。现场设备层指信号机、转辙机和轨道电路等。

3.计算机联锁系统的冗余结构

为了提高系统的可靠性、安全性,在计算机联锁系统的联锁逻辑层和执行表示层采用了冗余结构。目前主要采用双机热备系统、三取二系统和二乘二取二系统的冗余结构。

（1）双机热备系统

图3-29是双机热备系统的结构框图,图中的A、B是两台完全相同的计算机,先打开的联锁机为主用机(工作机),后打开的联锁机为备用机,主用、备用机输入相同的信息,两机同时独立运行相同的程序,定期同步,主用机经输出口输出,备用机假输出。由故障检测机构对系统的运行进行检测,当主机运行发生故障时,通过控制切换开关切除与主用机的连接,并将备用机状态输出。

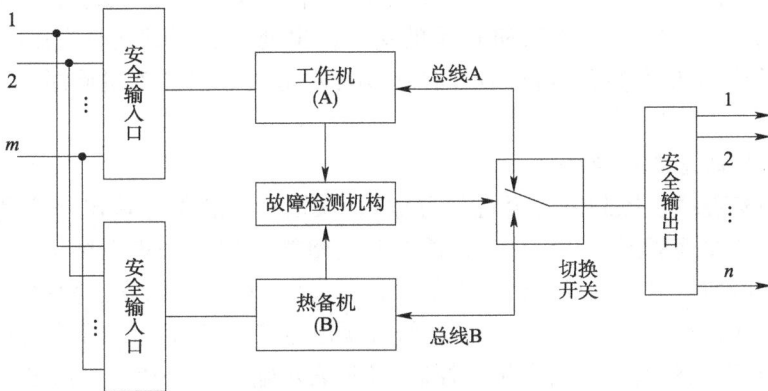

图3-29 双机热备系统的结构框图

这种由双机动态切换实现冗余的方式,称为动态冗余。双机热备系统的工作状态转换可用图3-30表示。

（2）三取二系统

三取二系统也叫三机表决系统,图3-31是三机表决系统的结构框图,系统共有A、B、C三个相同的主机,每个主机可以把它看成是系统中的一个模块。三个模块执行相同的操作,其输出发送到表决器的输入端,按照"少数服从多数"的原理,用三取二的表决结果作为系统的正确输出。这样有一个模块发生故障,不影响系统的输出,但会给出故障表示。三机表决系统是利用故障屏蔽技术组成的冗余结构,可以屏蔽任一个模块的故障对系统的影响。这种冗余方式为静态冗余。这种方式既提高了系统的可靠性又提高了系统的

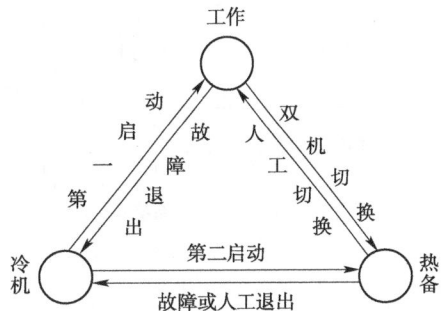

图3-30 双机热备系统工作状态转换图

123

安全性。但由于增加了系统的硬件,使系统的造价也相应提高了。

（3）二乘二取二系统

图3-31　三机表决系统结构框图

二乘二取二系统结构如图3-32所示,系统Ⅰ或系统Ⅱ每一个子系统均由模块A和模块B构成。两模块严格同步,实时比较,只有运行一致,才对外输出运算结果,每一子系统内部实现安全性冗余控制。用两套完全相同的二取二子系统Ⅰ、Ⅱ构成双系并用或热备系统,两子系统形成可靠性冗余控制,既能提高系统的可靠性又能提高系统的安全性。

在实际应用中,计算机联锁系统的联锁机采用两个二取二系统热备方式,输入输出处理机采用两个二取二系统并用方式,Ⅰ系和Ⅱ系的输入输出处理机同时接收主用联锁机的输出信息,备用联锁机的输出信息只作校核用不向外输出;两输入输出处理机同时运行,同时控制执行继电器。

4.计算机联锁的基本原理

计算机联锁实现联锁控制主要经过信息输入、联锁运算和信息输出三个环节,图3-33是计算机联锁控制的原理框图。联锁计算机通过开关量输入接口采集现场信号设备状态信息,通过操作输入通道和接口接收控制台发来的操作信息,计算机按照联锁程序的要求对输入的信息进行分析处理和复杂的逻辑运算（这里称为联锁运算）,产生输出命令,通过开关量输出接口驱动继电器,实现对道岔和信号机的控制;通过表示输出通道和接口输出表示信息控制显示器的显示。

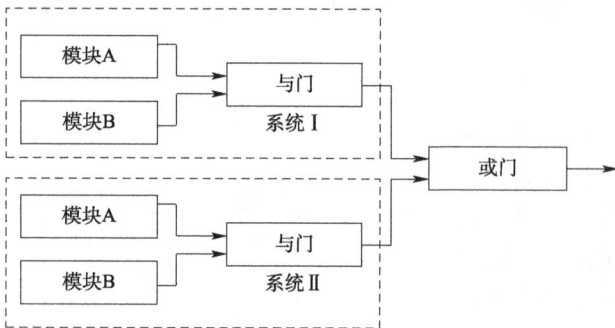

图3-32　二乘二取二系统结构框图

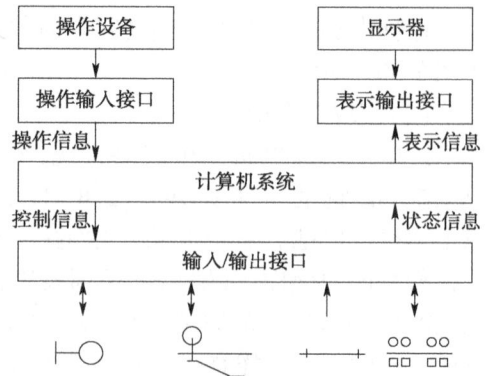

图3-33　计算机联锁控制的原理框图

5.计算机联锁设备的基本功能

随着现代计算机控制技术的发展,计算机联锁设备的功能已远远超过继电联锁设备,许多功能是继电联锁无法实现的。城市轨道交通计算机联锁系统的主要功能如下。

（1）联锁控制功能

①对进路的控制：能够实现进路的自动选排、锁闭及解锁。

②对信号的控制：能够实现信号的自动开放、关闭及防止信号因故关闭后的自动重复开放。

③对道岔的控制：能够实现对道岔的单独操纵、单独锁闭及单独封锁。

城市轨道交通系统特殊的联锁功能：自动进路、跳停、紧急停车和扣车、屏蔽门控制，也可完成 ATP 速度信息的编码功能，确保列车进路正确和列车运行的安全。

（2）显示功能

由于采用大屏幕显示器，计算机联锁系统能够提供非常直观、清晰、形象的各种显示。

①站形显示：在显示器上，一般用蓝色的线条显示站形。当道岔位置改变时，显示器上的道岔开通方向会随之改变。进路锁闭时，相关的线条变为白色；有车占用时，线条变为红色。

②现场信号设备状态显示：显示器上能清晰地显示道岔位置、轨道区段和信号机的各种状态。

③按钮操作提示：显示器上有相应的操作提示，以确认操作是否正确。

④系统的工作状态、故障报警显示：在屏幕上，能够显示系统的工作状态，当系统发生故障时，显示器上还有报警提示。

（3）记录和故障诊断功能

计算机联锁系统最突出的优点是储存容量大，具有较强的记忆功能，系统不但能够及时提供当前的信息显示，而且还能提供历史的信息。

①自动记录功能：计算机联锁系统能够随时自动记录值班员的操作，现场信号设备的动作，车列的运行情况。需要查询设备的动作或分析系统的故障时，可随时调用记忆期限内任意时刻的各种信息。

②提供图像作业再现功能：计算机联锁系统不但能保存信息，而且可以将记忆期限内任一时间的作业情况重新再现。

③集中监测报警功能：计算机联锁系统一方面能够自动监测系统自身运行的状况，另一方面，在室外信号设备发生故障或参数异常时，及时给出报警提示，以便及时处理。

（4）结合功能

计算机联锁系统与 ATP 系统、ATS 系统结合，系统配置可根据不同的运营要求实现集中控制、区域控制或车站控制方式。

二、计算机联锁系统的组成

1. 计算机联锁系统的硬件组成

各种型号的计算机联锁系统由于设计思路不同、控制的站型规模不同，所采用的硬件冗余结构不完全相同，但它们硬件组成的基本形式大致相同。计算机联锁系统主要由人机对话设备、计算机联锁系统主机、输入/输出通道与接口、继电器结合电路及其监控对象等部分组成。图 3-34 是计算机联锁系统的硬件结构框图。

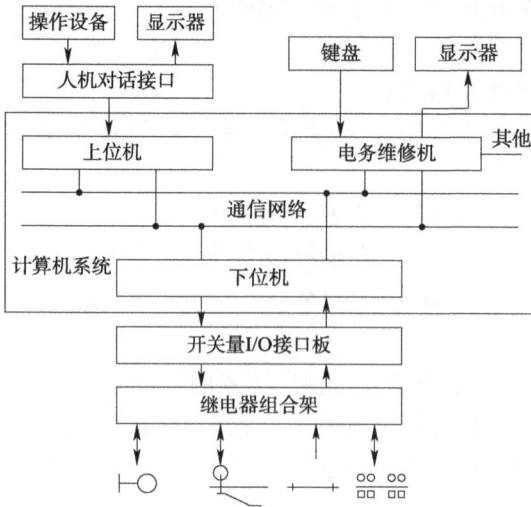

图 3-34　计算机联锁硬件结构

（1）计算机联锁系统主机

主机是计算机联锁系统的核心,它要完成所有信息的处理、接口管理及与外部设备的信息交换。由于计算机联锁系统接收和处理的信息很多,而且许多信息在时间上重叠,为了避免信息丢失,提高系统的运行速度,目前应用的各种型号的计算机联锁设备均采用多机系统。即将人机对话、联锁运算、系统监测等功能分别用不同的计算机来处理。因此,计算机联锁系统的主机是由几个子系统组成,一般包括上位机(也称操作表示机或控制显示机或监视控制机)、下位机(也称联锁处理机)、电务维修机(也称监测机)等。

①上位机。上位机一是接收操作人员的操作命令,将操作信息通过网络通信传给联锁机;二是接收来自联锁机的状态信息和提示信息等,控制显示器显示系统及监控对象的状态,及时显示各种提示信息和报警信息;三是将各种表示信息、报警信息及时转发给电务维修机;四是可与 ATS 通信,为控制中心提供信息。

②下位机。下位机一方面接收上位机下发的操作信息,另一方面通过输入接口采集现场信号设备的状态信息。对输入的信息进行逻辑处理、联锁运算。根据运算结果,形成控制命令和表示信息。控制信息通过输出接口电路控制组合架的继电器动作。表示信息是将现场信号设备的状态信息、提示信息、报警信息等及时传给上位机。

③电务维修机。电务维修机是专门为电务维修人员配备的机器。其主要任务是接收操作表示机发来的状态信息、操作信息、提示信息和报警信息等,通过显示器可及时显示,同时将各种信息的数据储存记忆,以便查询。

（2）人—机对话设备

计算机联锁系统大多都采用操作表示合一的界面,其中显示器显示状态,鼠标输入命令,音箱提供语音报警。维修机上还有供电务维修人员维护监测使用的键盘、鼠标、显示器及打印机等。

（3）计算机联锁系统的接口

①计算机联锁信息与接口的类型。

外部设备与计算机主机之间进行信息交换时,必须解决两者之间诸如工作速度匹配、通信联络,有时还要完成信息数据的串/并或并/串数据转换等任务。这些任务都是经过通道与接口电路(以下简称接口)将信息进行变换处理来完成的。同时,为了防止外部电路的干扰信号进入计算机,必须通过接口电路实现计算机与外部设备电路的隔离。通道与接口是连接主机与外部设备的纽带。

a.计算机联锁系统接口电路一部分是人—机对话接口,这一接口是传输操作信息和表示信息的,这两个信息与安全不直接相关,属于非安全性信息。因此人—机对话接口可以采用通用的接口。

b. 计算机联锁系统接口电路的另一部分是计算机与监控对象之间的接口,通过这部分接口采集设备状态信息(二值开关量信息)和输出对现场信号设备的控制信息,这两个信息直接关系到行车的安全,属于安全性信息。传输安全性信息的计算机与监控对象之间的接口必须采用为计算机联锁系统专门设计的故障—安全接口。

对于通用的人机对话接口,在《计算机原理》有关教材中已介绍过其原理,这里只介绍计算机联锁系统专用的故障—安全接口。

②故障—安全输入接口电路

由于在现有的计算机联锁系统中,监控对象的执行部件仍然是继电器,因此,与主机相连时,需要接口电路将继电器接点的开关状态变换成计算机能够接收的数字信号(数据)后,才能经由接口送入计算机。输入接口电路有两种形式,一种是静态故障—安全输入接口,另一种是动态故障—安全输入接口。

a. 静态故障—安全输入接口

静态故障—安全输入接口电路的结构如图 3-35 所示。图中以采集继电器的前接点状态为例。当 J 励磁吸起时,n 个光电耦合管 G 全部导通,各端输出均为高电平。这样信息变成代码为 n 个 1,经由通用并行输入口送入计算机。反之,当 J 失磁落下时,光电耦合器全部截止,其输出端均为低电平,代码变换成 n 个 0。计算机对 n 个码元进行“与”运算,结果为“0”,对应安全侧信息;如果结果为“1”,对应危险侧信息。显然电路发生故障时,运算的结果为“0”的概率远远大于运算结果为“1”的概率。n 越大,发生故障时,产生危险侧信息的概率越小,实现了故障—安全。n 越大,安全性愈高,但可靠性和经济性也愈低。实际应用时,一般选 4 或 8 位码元代表一个信息。

b. 动态故障—安全输入接口

动态故障—安全输入接口的电路形式如图 3-36 所示,图中用了两个光电耦合器 G_1 和 G_2。在 J 前接点闭合的情况下,若计算机输出高电平“1”信号,则使 G_2 导通,从而使 G_1 亦导通。于是 G_1 输出端输出一个低电平“0”信号送入计算机。反之,若计算机输出一个低电平“0”信号,则 G_2 截止,G_1 亦截止,读入计算机的则是高电平“1”信号。因此,计算机的输入、输出互为反向关系。

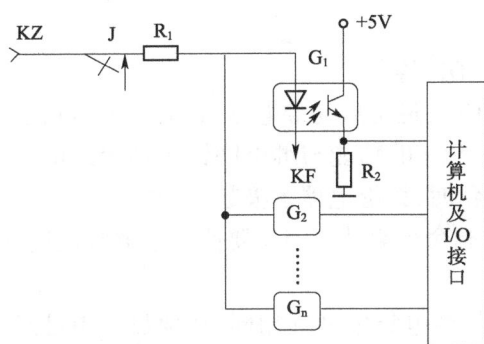

图 3-35　静态故障—安全输入接口电路　　　图 3-36　动态故障—安全输入接口电路

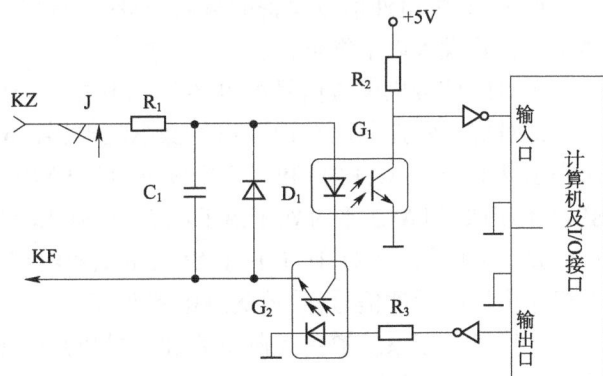

当系统需要采集 J 的状态信息时,由计算机输出口输出脉冲序列,例如 1010,在 J 前接点闭合(危险侧)且电路未发生故障的情况下,返回计算机的必然是反向脉冲序列 0101;而当 J

127

落下(安全侧)或电路任何一点发生故障时,G_2的输出端必然呈稳定电平(1 或 0)。计算机读入该稳定信号,则表明收到了安全侧信息,从而实现故障—安全。

③故障—安全输出接口

计算机输出控制信息的目的是要控制执行继电器,大多数情况下均采用动态输出驱动的方式。当需要输出开放信号或转换道岔等危险侧控制命令时,借助软件使计算机不断产生脉冲序列,经过动/静态输出电路完成控制继电器的功能,一旦输出电路任一点故障,脉冲序列自动变成稳态输出,实现故障—安全。各厂家实际的输出接口电路虽然不尽相同,但基本原理大致相同。

图 3-37 所示为一种动/静输出接口电路原理图。当计算机没有控制命令输出时,电路正常情况下处于稳态,偏极继电器 J 处于释放状态;当有控制命令输出时,传送到 A 端的是脉冲序列,随着 A 端电平的高低变化,G_1不断地导通截止,C_1 和 C_2 也就不断地充放电,使继电器 J 励磁并保持吸起,直到 A 端无控制命令(脉冲序列)输入,G_1 截止,C_2 得不到能量补充,待其端电压降到继电器落下时,J 才失磁落下。当电路发生故障,不能完成 C_1 和 C_2 的充放电,则继电器 J 不能吸起,实现故障—安全。该电路不仅能防止一两个脉冲的干扰而使继电器误动,同时由于 J 采用了偏极继电器,能够鉴别电流方向,还可以防止当 C_1 和 D_3 都击穿时造成继电器错误吸起。

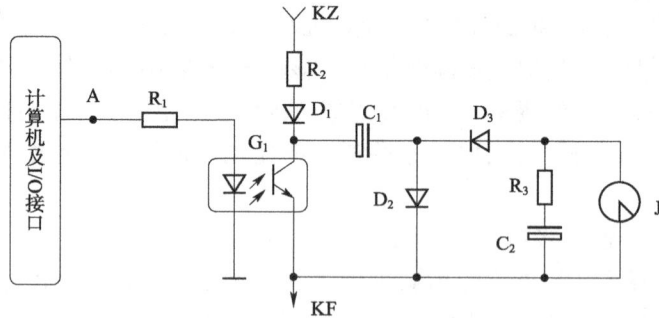

图 3-37 动/静输出接口电路

(4)执行继电器

控制、监督室外信号设备的最后一级执行部件为继电器。一般的城市轨道交通计算机联锁系统主要设置以下继电器:

①对应信号机设置信号继电器(XJ)和灯丝继电器(DJ)等。

②对应道岔控制电路设置道岔操纵继电器(DCJ、FCJ),道岔启动继电器(1DQJ、2DQJ),道岔表示继电器(DBJ、FBJ)和允许操纵继电器(YCJ)等。YCJ 的功能与继电联锁中锁闭继电器 SJ 基本相似,但 YCJ 平时处于落下状态,只有当转换道岔时,该继电器才吸起。

以上继电器中,XJ、DCJ、FCJ、YCJ,由微机输出的控制命令驱动。当需要使继电器吸起时,微机输出控制脉冲信号,受控的继电器吸起。

计算机联锁系统道岔控制电路和信号机点灯电路与继电集中联锁相同,在项目二中已经介绍,这里不再重述。

2. 计算机联锁系统的软件组成及功能

(1)计算机联锁系统软件的总体结构

计算机联锁控制系统分为操作表示层、联锁运算层和 I/O 控制层,对应每层结构都有相应的控制软件,因此系统软件包括操作及显示软件、联锁逻辑运算软件和输入输出软件以及完成各个软件模块间数据交换的通信软件。如图3-38所示。

（2）计算机联锁系统软件的功能

①操作表示软件功能。

操作信息处理:对正常的操作进行处理,形成有效的操作命令,发送到联锁机进行判断、执行,并在屏幕上给出相应的显示,同时对错误的操作给出提示,以便及时纠正。

表示信息处理:对现场设备信号机、道岔、区段以及联锁控制系统本身的状态,在屏幕上实时给出显示,随时监督现场设备的运行情况。

②基本联锁软件功能。

进路的建立:能够实现进路的选择、进路锁闭、信号开放、信号开放保持。

图3-38 计算机联锁控制系统软件的结构

进路的解锁:能够实现进路正常通过解锁、调车中途返回解锁、取消解锁、人工解锁、故障解锁。

道岔的操作:能够实现对道岔的单独操纵、单独锁闭及单独封锁。

其他功能:能够实现重复开放信号、开放引导信号;还能实现城市轨道交通系统特殊的联锁功能,如自动进路、跳停、紧急停车和扣车、屏蔽门控制等功能。

③输入输出软件功能。

输入:完成现场设备信号机、道岔以及区段的状态信息采集,为联锁运算提供基础数据。

输出:根据联锁软件生成的控制命令来驱动现场设备,如道岔转换、信号开放等。

④其他功能。

执行联锁程序的过程中检测故障的外在现象、故障位置,检查硬件资源和软件的缺陷等。可与ATP系统、ATS系统结合,完成ATP速度信息的编码功能,确保列车进路正确和列车运行的安全。

（3）联锁数据

联锁软件要有相应的数据支撑。联锁数据是指在联锁计算机中,所有参与联锁运算的数据。联锁程序的执行过程与继电联锁有许多相同之处,如信号开放后,继电联锁是靠网络线的供电来证明信号开放的条件具备,而计算机联锁是靠CPU每次程序循环沿着模块链进行检查以证明信号开放的条件具备。联锁程序需要哪些数据以及这些数据在存储器中的组织形式,对于联锁程序的结构有很大影响。参与联锁的数据有静态数据和动态数据。

①静态数据。

建立任何一条进路,它的静态数据主要包括进路性质、进路方向、进路的范围、进路信号机、敌对信号机及敌对条件、进路中的轨道区段(名称)及数量、进路中的道岔(名称、所在位置、数量)、进路的接近区段(名称)和离去区段(名称)等,给定一个车站的信号平面布置图

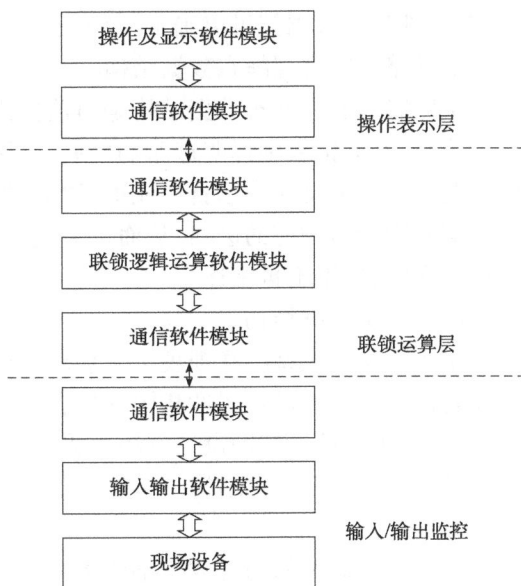

后,其全部静态数据就可以确定。

a. 进路联锁表型静态数据结构。

进路联锁表型静态数据结构是目前国内比较常用的数据结构。联锁表是车站所有进路信息的集合,在联锁表中标明进路的性质、进路方向、进路的范围、防护进路的信号等内容。所有的进路联锁表汇总在一起就构成了"静态数据库"。当办理进路时,根据进路操作命令可从静态数据库中选出相应的进路,从而可找到所需的静态数据。联锁关系及进路联锁表在项目一中已经介绍,这里不再重述。

b. 站场型数据结构。

由人工编制大型的联锁表十分烦琐,且容易出错,站场型数据结构是对应站场上每一个信号设备设一个与该设备属性相同的信息点,这样就形成了一个与站场形状非常相似的图形数据结构,采用计算机辅助设计方法生成总的进路表。由于城市轨道交通系统站型较简单,一般不需要采用站场型数据结构。

②动态数据。

参与联锁运算的动态数据是变量,主要包括操作输入变量、状态输入变量、表示输出变量、控制输出变量以及实现联锁逻辑所需的控制变量及中间变量等。

三、计算机联锁系统的信息传输

由于计算机联锁系统在硬件设计上均采用多主机系统,子系统内部及各子系统之间要进行大量的信息传输,实现信息共享,信息传输的速度和质量直接影响计算机联锁系统的安全性和可靠性。计算机联锁系统信息传输方式主要为总线传输。

所谓总线是指计算机系统各部件连接到一组公共信息的传输线。通过总线传输信息,可以方便快捷地实现计算机控制系统各模块或各子系统之间的信息共享与交换。为了保证安全规范地传输信息,必须对总线信号、传输规则、物理介质和机械结构等制定统一的标准,各系统共同遵守,一般由计算机标准化国际组织批准,这一标准被称为总线标准。用于计算机联锁系统的总线一般分为 3 类,即系统总线、通信总线和现场总线。

(1)系统总线

系统总线也称内总线、板际(级)总线。计算机联锁系统中用的工控机箱内用系统总线来实现各模板插件之间的信息传输。系统总线是最重要的总线,常用的系统总线标准有 STD 总线、ISA/PCI 总线、VME 总线等。

(2)通信总线

通信总线也称外总线,用来实现计算机系统之间或计算机系统与其他系统(如:仪器、仪表、控制装置)之间的信息传输。它往往借用电子工业已有的总线标准。通信总线有并行通信总线和串行通信总线两类。

①并行通信总线。

并行总线即在信息传输过程中,每次同时传送一个数据字节。并行总线传输速度高,但抗干扰能力差。一般是用于短距离(数十米)的快速传输。

②串行通信总线。

串行总线即在信息传输过程中,每次传送一个比特(1bit)的信息。串行总线传输速度低,使用的电缆少,且抗干扰能力强。一般是用于较远距离的数据传输。常用的串行通信总线有 RS-232C、RS-422、RS-485 总线等。

(3)现场总线

按照 IEC(国际电工委员会)的解释,现场总线是指安装在制造或过程区域的现场装置与控制室内的自动装置之间的数字式、串行、多点通信的数据总线。现场总线的定义是:连接智能现场设备和自动化系统的全数字、双向、多站的通信系统,主要解决工业现场的智能化仪器仪表、控制器、执行机构等现场设备间的数字通信以及这些现场控制设备和高级控制系统之间的信息传递问题。

控制器局域网 CAN 属于现场总线的范畴,它是一种有效支持分布式控制或实时控制的串行通信网络。

局域网也称以太网、CAN 网(Controller Area Network 的简称),自动控制系统中所有的计算机通过各自的网络接口板(网卡)直接连到局域网上。每一网卡均有不同的网络地址,通过网络集线器完成信息交换。许多计算机联锁系统的子系统之间均采用双冗余网络并联的通信方式。即每一子系统均设置两块网卡,每一网卡均采用不同的节点地址,分别与 A 网、B 网相连,两网同时传输数据保证有一个网卡或一条网络故障时,不影响系统的通信。

另外,现场总线也可以用光纤。光纤信息传输即用光纤作为网线,每一子系统设置两块光通信卡,完成光电信号的转换,用光集线器完成信息交换。由于光纤的信息传输速度快、抗干扰能力强,因此这种信息的传输方式更加迅速、安全、可靠。计算机联锁系统的信息传输特别是远距离传输时均采用光纤传输方式。

任务实施

以 TYJL-II 型计算机联锁系统为例进行计算机联锁系统使用与维护练习。

一、操作流程

任务四操作流程如图 3-39 所示。

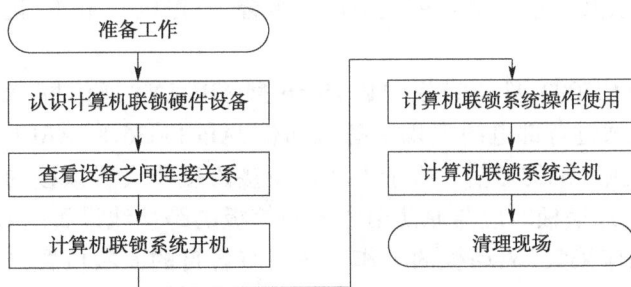

图 3-39 操作流程图

二、TYJL-II 型计算机联锁系统的组成

1. TYJL-II 型计算机联锁系统的结构

TYJL-II 型双机热备计算机联锁系统为分布式计算机控制系统,主要由控制台、监控机(上

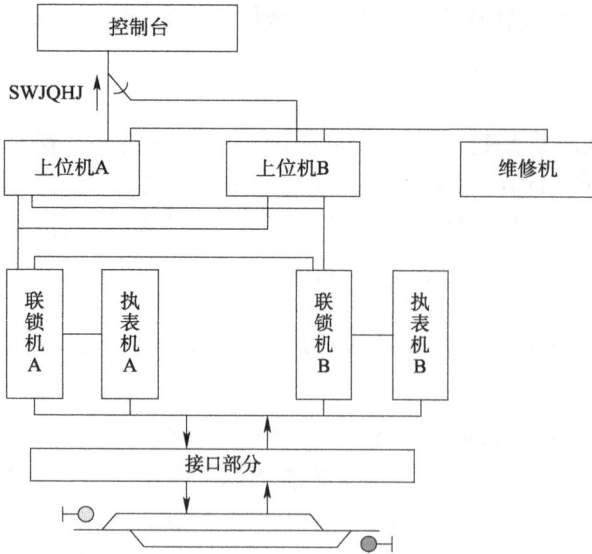

图 3-40 系统框图

位机）、联锁机、执表机和电务维修终端五部分组成，其系统结构如图 3-40 所示。控制台和维修终端是单套配置。联锁机、执表机为主备双套，不是所有的车站都有执表机，只有当联锁机柜的容量不能满足车站监控对象数量的需要时才设执表机，执表机不参与联锁运算，只负责表示信息的采集和控制命令的输出。联锁机、执表机具有热备和自动切换功能。监控机也实现了双机热备工作，两台监控机工作状态一致，由于控制台是单套配置，所以双套监控机仅有一套与控制台相连，但可以通过控制台切换单元来更改连接方式。各备用计算机构成了备用子系统，与工作子系统同步工作，但对继电部分无控制权。

2. TYJL-II 型计算机联锁系统的设备组成

（1）在运转室，通过车务前台监视器（大屏幕）、音箱、输入设备（鼠标）等为车站值班员提供操作表示界面。同时在运转室还可以提供后台监视器，便于车站值班员监视前台操作及站场运行情况。

（2）在微机室，有联锁机柜和综合机柜，以及提供给电务人员的维修机和终端设备。

TYJL-II 型系统是安全双机热备计算机联锁系统，该系统由两套独立的计算机控制系统组成，两个独立的单元具有相同的硬件结构和软件结构，都能独立完成车站信号系统的联锁控制功能，工作方式为一主一备。为了适应不同规模车站的控制对象容量，机柜分为 I 、II 和 III 型，I 型为普通型；II 型适合于小站，在一个机柜内同时安装 A、B 两套联锁系统；III 型为增强型，其采集层增加到两层。普通型联锁机柜结构如图 3-41 所示，联锁机柜中包括机柜电源层、计算机层、采集层、驱动层及零层。综合柜包括切换组合、监控机 A 和 B、集线器、配电箱和不间断电源 UPS 系统。

①计算机层由 APCI5093 型 CPU 板、APCI5656 型 ARCENT 通信板、APCI5314 型 I/O 板构成。APCI5093CPU 板通过背部电缆实现主备机通信、APCI5656 型 ARCENT 通信板通过背部电缆实现与监控机及执表机的通信。板子上通过短接跨接线设置该板的通信接口，用于不同的通信端口、更换备用通信板时应与原使用中的通信板的跨接线设置一致。APCI5314-I/O 板通过背部电缆控制相应采集、驱动板的工作。各板有各自的安装位置，机柜上标明槽位不能互换。

②电源层由计算机用电源、采集电源、驱动电源组成，该层 A 机放置有切换单元、B 机放置地线检查器，各自有固定的安装位置，各路电源在机柜的电源面板上均装有电源指示灯和测试孔。各路电源之间要求有良好的隔离性能。

系统对计算机电源的要求很高，其电压不能低于 4.9 伏，否则可能会出现死机或无故的脱机；采集和驱动要求直流电压的输出值大于 10V、一般在 11 ~ 12V 之间。

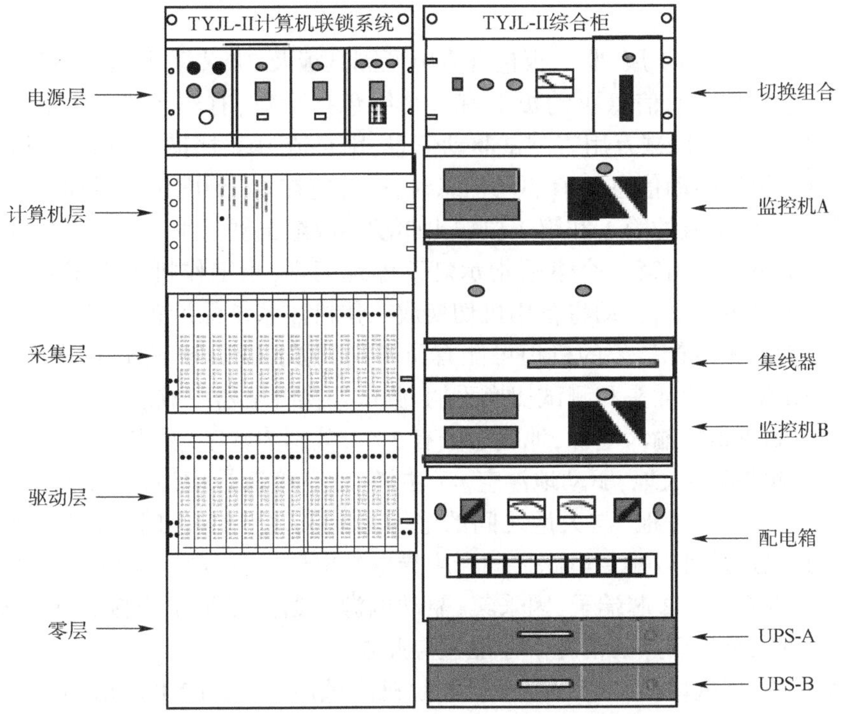

图 3-41 联锁柜及综合柜图

切换单元内包括监控机切换手柄、联锁机切换手柄、联锁机备用或工作指示灯及联机按钮。联锁机切换手柄通常置于自动位。在备机同步的情况下实现自动切换功能。必要时可人工将切换置于 A 机或 B 机,强制成 A 机工作或 B 机工作。

③采集层用来安装采集板,最多 14 块。每块采集单元可以采集 32 位信息,并以红色采集指示灯指示,红灯点亮表示采集信息送到采集板。可以用万用表直流 25V 档测量采集到的电压,应在 11V 以上。当采集电压低于 8V 或采集板故障时会出现采集灯点亮但机器采集不到信息的故障现象。

联锁机柜第 1 块采集板面板左侧的部分指示灯有如下含义:

第 1 个指示灯,指示该机是 A 机还是 B 机,其中经常着灯的是 A 机、不经常着等的是 B 机。

第 2 个指示灯,指示该机是工作机还是备用机,其中点灯的是工作机、灭灯是备用机。

第 3、第 4 个指示灯,指示设于继电器室内的切换手柄,人工切换时的状态电路中的接法是工作机的第 3 个指示灯着灯、第 4 个指示灯灭灯、备用机的第 3 个指示灯灭灯、第 4 个指示灯着灯。

第 5 个指示灯,指示切换校核条件、校核无误,工作机和备用机第 5 指示灯着灯、当指示不正常时,联锁机将按故障处理。

第 7 个指示灯,指示对方机切换继电器的状态、它的点灯条件是 BQHJ 吸起或 AQHJ 吸起。

第 8 个指示灯,着灯表示切换手柄在中间(自动切换)位置,第 3 或第 4 指示灯都不应着灯。

第 16 个指示灯,是联机按键按下的指示灯(联锁机采集到该位状态的变化即认为在做联机操作)。

④驱动层位于机柜第 4 层,驱动板包含有电源测试板及 32 芯采集端子,每块驱动板有 32 位驱动信息,对应每位驱动信息驱动板上有一个绿色指示灯,有驱动信息时指示灯应以 3 ~ 6Hz 的频率闪烁,建议用机械万用表测试驱动信息,用直流 10V 档借助独立驱动回线(正表笔接驱动回线、负表笔接驱动信息),有驱动信息时,表针应在 6V 刻度位置抖动。

每机柜第 1 块驱动板的第 1 和第 4 位输出驱动事故继电器。平时工作机的事故继电器在吸起状态,第 1 块驱动板的第 1 个事故指示灯不停地闪烁,当工作机出现某些关键性的错误时,备用机将发出倒机命令,自动将备用机切换成工作机。系统保持正常工作。

⑤零层(不同机柜生产厂家的机柜可能有所不同)位于机柜最下方,由电源开关、底线端子、零端子、ARCENT 通信插头和测试切换手柄、测试切换继电器组成。

电源开关控制机柜的输入电源,地线端子有 3 个,分别为数字地、采集地和驱动地,其中逻辑地(数字地、采集地)接大地,驱动地浮空。(注释:悬空接地是指当该"工作地"不直接接地时,称为悬浮接地,当"工作地"与大地之间的绝缘电阻值大于 1MΩ 时,可以认为直流工作接地是悬浮的。其优点是可以避免电路之间产生导电性电磁干扰,产生地环路和电气噪声。)

零端子(01 端子)为 32 芯端子,因采集、驱动电源均通过零端子连接到接口架,正常工作时严禁拔插,只有在全站要点的情况下才能检查此端子。

测试切换手柄、测试切换继电器用于软件脱机测试用。ARCENT 通信插头用于环链联锁机与监控机、执表机的通信线。

⑥监控机通过引出的视频线、鼠标线、数字化仪线和语音线(通常不超过 50m)与值班员控制室内的设备相连。每套监控机同时与联锁机的主机和备机通信,所以每套监控机都能看到两套联锁机发来的信息,通过键盘上的 1、2 键来切换。监控机通过以太网卡与维修机通信,通过 232 扩展卡与检测、TDCS 等接口。

⑦切换组合安装有控制台切换手柄及切换板、指示灯及切换电源。

⑧集线器用于监控机和维修机之间通信的连接。

⑨配电箱安装有 UPS 切换手柄、电流表和供电空气开关。两个 UPS 手柄分别用于切换系统是否经过 UPS-A 或 UPS-B 供电。电流表指示两路供电的各自电流。供电空气开关分别控制不同设备的输入电源。

⑩电务维修机为维修人员提供人机界面,通过与主备监控机连接,接收监控机送来的系统运行状态的各种信息,储存记录系统的全部运行信息,向监控机传送修改后的时钟信息。与其他系统的连接也是通过电务维修机实现的。

(3)在机械室,靠近微机室的地方设有接口架,接口架是主控系统与继电器结合电路的分界。TYJL-II 型计算机联锁系统基本完整地保留了 6502 电气集中联锁对室外设备的控制和表示电路,如道岔控制电路、信号点灯电路等,利用这些电路中的相关继电器进行设备控制和状态信息采集。

三、TYJL-II 型计算机联锁系统的使用与维护

1. 系统停电及上电

停电时 UPS 会鸣响报警,可继续供电约 10min 左右。当停电时间超过 3min,为保护 UPS,

应关掉机柜上的总电源开关、上位机开关、UPS电源。

恢复供电时,为避免UPS在过载状态下启动,应先确认机柜上位机在关闭状态,然后打开UPS的电源开关,等待30s待其稳定工作后,再打开设备电源,启动上位机,此时观察联锁机的CPU面板指示灯:运行灯、通信灯、中断指示灯均应快速闪烁。主控联锁机的工作灯应为稳定表示。备用联锁机的CPU面板指示灯应为:运行灯、通信灯、中断指示灯均应快速闪烁大约10s后,机器自动同步。

最后应观察确认主、备联锁机的两个事故继电器均吸起,控制台上指示备机工作状态的联机同步显示应与备用联锁机的同步灯一致。

2. 监控机的切换

监控机采用双机同步运行,故障时需要人工切换。监控机的切换按钮设在联锁A机第一层小面板上,切换继电器设在联锁A机机柜底层。手柄位于位置A时,监控A机为工作机;手柄位于位置B时,监控B机为工作机。监控机切换时,与之相接的显示器和鼠标可同时切换到由工作机控制,其切换继电器设在控制台内。

3. 联锁机的切换

在联锁机机柜内设一个三位式手柄,可选择两种工作方式,即手动工作方式或自动工作方式。在集中楼继电器室内设手柄继电器SBAJ、SBBJ,切换继电器AQHJ、BQHJ、LQHJ。

(1)自动工作方式时,手柄在中间位置,手柄继电器SBAJ、SBBJ都在落下状态,切换继电器AQHJ、BQHJ平时在落下状态。当主机出现故障如死机、通信中断、事故继电器落下等状况时,备机发出切换命令,使备机的切换继电器瞬间吸起,例如备机为B机,则BQHJ吸起,切断设于继电器室内的切换继电器LQHJ的自闭电路,使LQHJ失磁落下,备机B机升为工作机,而A机处于脱机状态。在A机故障修复后,需人工按压设于A机上的联机按钮,A机才能与B机联机恢复通信。

(2)手柄倒向A方向,继电器SBAJ吸起,联锁A机工作;手柄倒向B方向,继电器SBBJ吸起,联锁B机工作。联锁机人工倒机会全站锁闭,影响现场的进路和信号,因此,联锁机人工倒机时需电务人员和车务值班员共同确认全站均无进路在使用中,并且所有机车都未在行走。

(3)无论在手动工作方式或自动工作方式,切换继电器LQHJ吸起为A机工作,LQHJ落下为B机工作。

只有在联锁机切换手柄处于自动位置,按压备用联锁机的联锁按钮才有效。按压备机联机键后,主机、备机联锁机开始通信。当主机、备机的控制命令和锁闭信息一致时,双机同步,同步灯着灯表示主机、备机已处于联机热备工作状态。

动态继电器的驱动电源和局部电源受切换继电器控制。切换继电器只接通工作机的工作电源,同时切换局部电源的方向,以保证只有工作机的驱动控制能使动态继电器吸起。

4. 查看电务维修机

系统的维护界面由监控机界面和维修机界面组成,监控机在系统内存中储存一定容量的系统当前记录向维修机实时转发,并提供简单的分类显示。在监控机上可查询当天的各种记录,但使用监控机时禁止按压"PAUSE"键,否则系统中断运行。设有电务维修机时,不要在监控机上查询记录。维护界面主要由维修机提供。

电务维修机显示器平时显示主菜单栏(提供操作菜单)、提示栏(显示提示信息和系统时钟)和图形框(复示控制台显示状况),可显示联锁机、执表机错误信息。在电务维修机上可进行站场状况再现,系统时间更改,记录信息的保存、查询、打印等操作。

(1)监视系统的运行情况,包括联锁机、输入/输出硬件电路、上位机以及各计算机间的网络通信情况。

(2)监视车站值班员操作、车站运行情况。

(3)查询记录信息,主要包括操作记录、铅封按钮记录、变化记录、提示记录、联锁机错误记录、执表机错误记录、报警记录等。

(4)再现车站值班员操作、车站的运行情况。

(5)对于配置微机监测的车站,可通过微机监测界面查看车站信号设备模拟量的监测信息。

5. TYJL-II 型计算机联锁系统的故障分析与处理

根据故障发生部位可分为微机部分故障和继电部分故障。继电部分主要是室外信号设备相关的继电电路,继电部分的故障主要是断线、混线、继电器损坏、熔丝断丝等,现只对微机部分和与其相关的接口故障做重点分析。

(1)电源故障

联锁机和执表机每机柜有 3 个开关电源、STD 电源、采集电源和驱动电源,采集电源故障影响信息采集,驱动电源故障影响控制命令输出。电源误差范围应在 15% 以内,否则会影响机器的正常工作。为了降低电源故障对采集的影响,主、备机的采集电源并联使用(在采集回线处和机柜零层端子板的 1 号端子处直联),当其中一套的采集电源故障时,另一套的采集电源继续供电,保证设备正常工作。平时应注意观察各机柜的电源指示灯,发现故障应及时处理。

(2)显示故障

显示故障主要有黑屏和缺色故障。黑屏是指屏幕无任何显示;缺色是指屏幕颜色显示不正常,例如缺红色、黄色或绿色的显示。

黑屏的原因有:

①掉电,当显示器电源指示灯灭灯,说明显示器掉电,屏幕不再有显示。

②无显示信号,显示器收不到由微机送来的显示信号,造成该现象的原因主要有:

a. 上位机没有运行本站的应用程序,需要对上位机进行处理(复位)使之正常工作。

b. 电压冲击保护也会导致显示器自动关闭显示。当给显示器输入的电压瞬时有高电压或低电压的冲击时,有的 21in(1in = 0.0254m)显示器为了防护冲击对显示器的损坏而自动关闭,从而显示消失,由这种原因造成的黑屏可重新开启显示器电源。

c. 从上位机到显示器的视频电缆头松动或脱落。

d. 若控制台有显示切换板,切换板故障也可导致黑屏,该故障可通过跳过切换板、直接短连视频线和显示器的显示线,而观察显示屏的显示来判断。

e. 显示卡故障也可造成无显示。

③显示器故障。

缺色的原因有:

a. 视频线插头松动。

b. 视频线插头中端子断线或视频线断线(查看视频线插头端子配线分配表)。

c. 若控制台有显示切换板,切换板故障也可导致缺色,该故障可以通过跳过切换板直接短连视频线和显示器而观察显示屏的显示来判断。

d. 显示卡故障。

e. 显示器故障。

(3)操纵设备故障

鼠标故障主要表现在无鼠标符号、鼠标不移动或不灵敏等。原因为鼠标磁钢不清洁、按钮开关接触不良等,严重时要更换鼠标。

此外,要检查控制台切换盒至监控机通信插头有无松动、通信线是否良好、控制台切换盒是否故障等。

(4)联锁机故障

联锁机和执表机 CPU 板上的运行指示灯可直接表示机器是否在运转状态。当运行灯停止闪烁时,表明程序"走飞"了,即通常所说的"死机"。

备机未在同步状态时,工作机的运行灯停止闪烁,控制台有"联锁机通信中断"的图像报警和音响报警(执表机程序走飞只影响执表机与联锁机的通信,即只影响执表机控制的输入输出部分),发生此情况应尽快记录各种指示灯此时的指示状态,然后对机器重新开启。造成这种情况的主要原因有:电源电压不稳,通信有强的干扰,计算机层的板子有故障等。由前两种原因造成的死机,在故障原因消失后可恢复正常。由于板子故障造成的死机可对其逐个更换。

工作机运行灯停止运行时,机器会自动倒机变为备用机,原备用机会升为工作机,在控制台屏幕上只会看到故障倒机的报警信息,而不会有"联锁机通信中断"的提示。自动倒机后,显示器上备机同步的指示也会自动消失。造成自动倒机的原因主要是主机故障,如与主机接口电路故障。其原因可根据两个上位机的记录进行分析。

备用机的运行灯停止闪烁,只会造成备机脱机,不会影响工作机的正常运行。造成脱机的原因比较多,一般为备机故障、通信干扰、锁闭失步等,分析脱机原因时两个上位机的记录都要考虑。

(5)通信故障

系统通信包括联锁机—执表机、联锁机—上位机之间的通信,有指示灯可观察。通信故障可能的原因主要有通信板故障、通信线插头没插好、电缆盒故障等。

(6)采集与驱动电路故障

①采集电路故障。

对于个别信息采集不到,可能是采集板的对应光耦损坏、信息采集线断线、继电器接点接触不良等。大量信息采集不到,可能是采集回线有断线。若集中在一块板上,也可能是采集板不工作(采集板最上面的两个指示灯不停闪烁表示该板在工作状态),或接口插座松动。采集板不工作的原因有采集板故障、I/O 板故障或 I/O 板与机柜采集母板的连接部分有故障。采集电路故障处理流程如图 3-42 所示。

②驱动电路故障

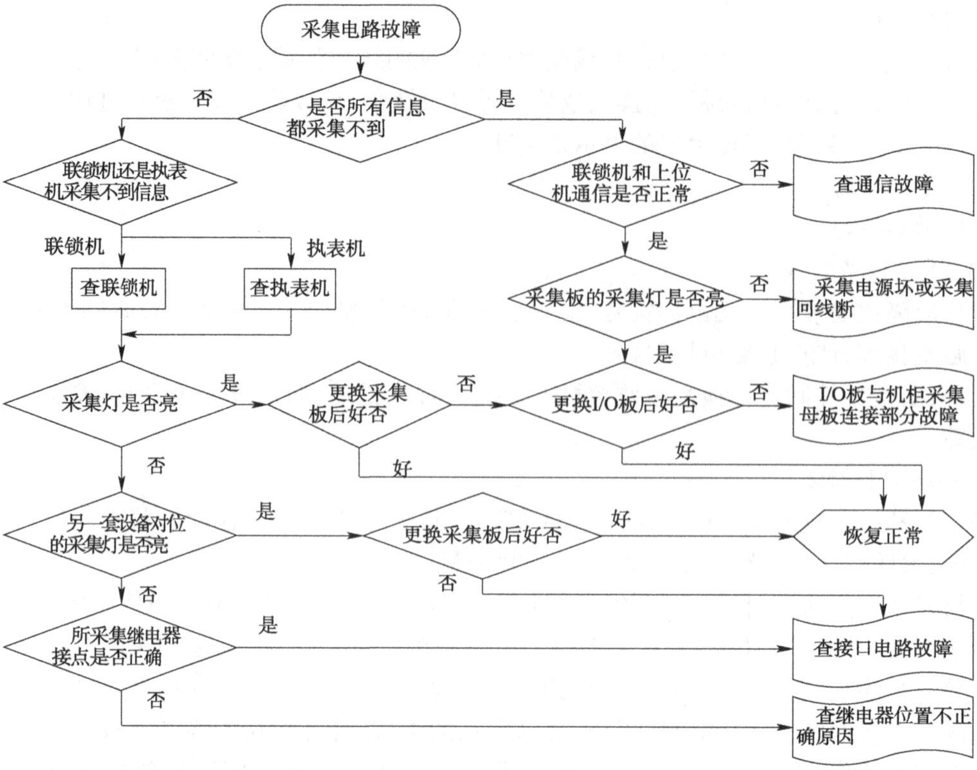

图 3-42　采集电路故障处理流程图

由微机控制的继电器大都为动态继电器。微机有输出信号时,相应驱动板对应位的灯以 6Hz 左右的频率闪烁,相应动态继电器的指示灯也以相同的频率在闪烁。观察对应指示灯是否闪烁,可判断是驱动板故障、是动态继电器故障或配线断线等。动态继电器要吸起必须满足两个条件,一是有局部电源(DKZ、DKF),二是有驱动信号。

局部电源 DKZ、DKF 由事故继电器(SGJ)控制。SGJ 也是动态继电器,输出表示灯在机柜第一块驱动板的第一位。机器正常时,事故继电器应该保持吸起。事故继电器落下将切断本机柜控制的所有动态继电器的局部电源,相当于锁死,处于安全状态。一般造成停止对事故继电器输出的原因主要有:驱动回读错、有未经驱动的继电器前接点闭合、关键缓冲区校验错等。

工作机的驱动信号通过 QHJ 控制动态继电器,即热备系统中用到的 AQHJ、BQHJ。虽由微机控制,但它不是动态继电器而是 JWXC-1700 型继电器,微机对其输出信息的指示灯在相应联锁机的第一块驱动板的第二、三位。

驱动电路故障处理流程如图 3-43 所示。

为了查找故障可以利用电路图册中采集信息或控制命令表,表内直接给出了某信息或控制命令的序号、机柜零层、面板指示灯、单元板端子以及采集光耦、采集芯片或驱动光耦驱动芯片等信息,从而找出故障所在。判断出故障单元后,单元内的故障可脱机检查,用万用表检测光耦合器、电容、电阻等元器件进一步找出故障所在。

(7)监控机的维修

在确认设备连接在位后,开启主机及监视器电源,监控机自动进入开机自检程序,逐个对外部设备及主机进行检查。若系统完好,出现相应的提示,机器自动进入工作状态。

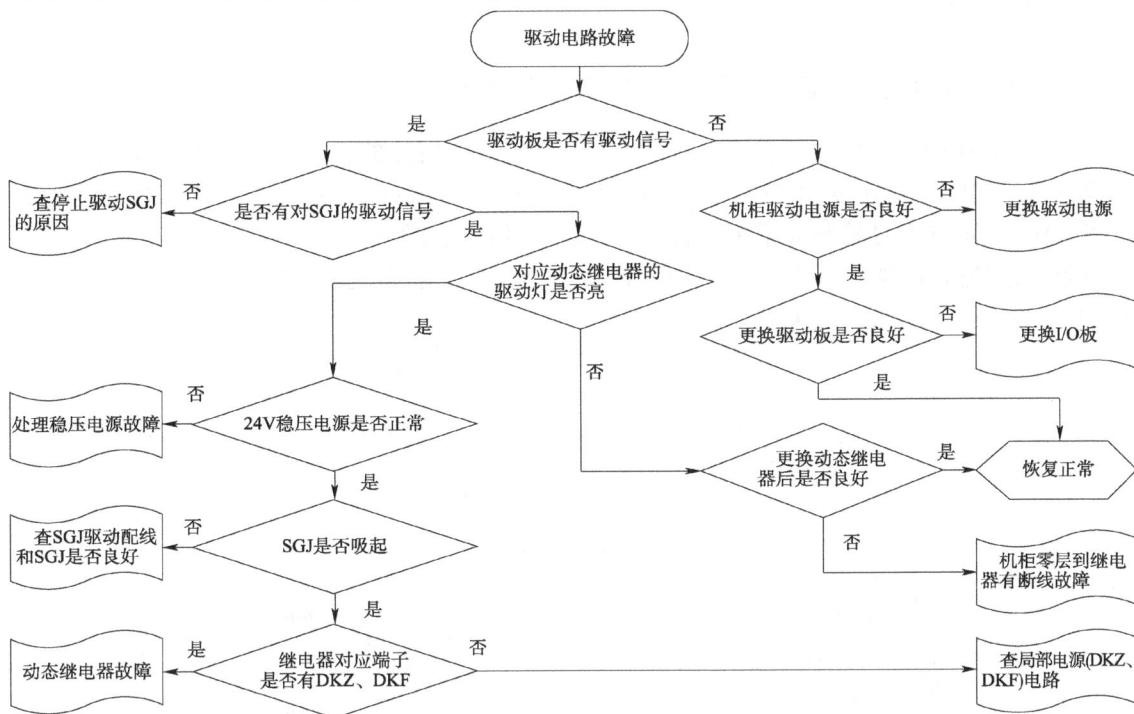

图 3-43 驱动电路故障处理流程

①当监控机和联锁机通信中断时,屏幕上有"联锁机通信中断"的提示,并有语音报警。若监控机与联锁机的通信多次启动后,仍不恢复,可怀疑机内的 ARCENT 通信板有故障。监控机因为每套都与主机、备机联锁机有通信,所以没有严格的主机、备机区分。

②如发现屏幕上时钟不变,表明机器工作异常,需由电务值班人员处理,造成这种现象的原因有:误动了键盘上的某些键,需按一下回车键;死机,此时需重新启动机器,以保证系统正常工作。监控机只有一套与控制台设备相连,若一台监控机有问题,则另一台可以维持系统正常工作。

上述情况发生时,值班员室的监视器屏幕显示并不变化,不能真实反映情况,但此时联锁机仍工作正常,不会影响已排通的进路和开放的信号及其联锁关系。

任务五 Microlok Ⅱ 型计算机联锁系统的维护

任务描述

对照《铁路车站计算机联锁技术条件》(TB/T 3027—2015),掌握 Microlok Ⅱ 型计算机联锁系统的基本组成和各部分功能,做好 Microlok Ⅱ 型计算机联锁系统的日常维护工作。在日常运用过程中,要按照相关的技术要求,利用电务维护台、CPU 前面板及时检查系统工作状态,发现设备故障,正确分析、及时处理。暂时不能处理的故障,要按程序上报或与厂家联系,防止系统"带病工作",确保联锁设备工作安全可靠。

![相关知识图标] 相关知识

一、Microlok II 型计算机联锁系统与其他系统的关系

Microlok II 型计算机联锁系统是 US&S 公司研制的多用途的铁路和快速轨道交通轨旁联锁设备的控制监视系统,采用双机热备型的冗余结构。Microlok II 系统在我国多应用于地铁正线。Microlok II 联锁控制器采集设备状态信息以及接收控制中心 ATS 或现地控制工作站的进路命令,进行联锁逻辑运算后控制室外设备改变状态,并输出表示信息。图 3-44 描述了 Microlok II 系统与其他系统的关系。

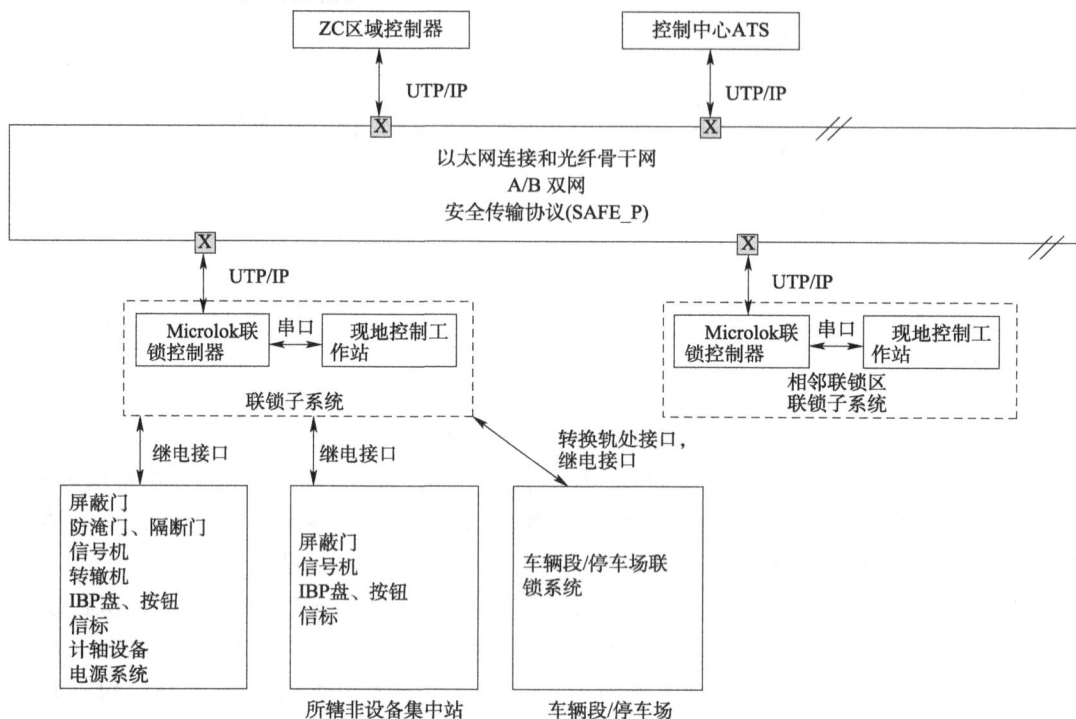

图 3-44 Microlok II 型计算机联锁系统与其他系统的关系图

1. Microlok II 联锁控制器与轨旁设备

Microlok II 联锁控制器执行轨旁联锁逻辑的安全功能。它通过安全型接口电路与轨旁设备接口,采集并控制其状态。与 Microlok II 联锁控制器接口的轨旁设备包括本站及联锁区内其他车站的信号机、转辙机、计轴主机、综合后备盘、紧急停车按钮、自动折返按钮、站台安全门及防淹门等。

2. Microlok II 联锁控制器与控制中心 ATS 及区域控制器 ZC

Microlok II 联锁控制器之间以及联锁控制器与 ATS 和区域控制器 ZC 的数据通过 DCS 网络传输,具有较好安全性、可靠性,并具有冗余配置。

3. Microlok II 联锁控制器与现地控制工作站

在联锁区域内,设备集中站的现地控制工作站上设置有 ATS 车站工作站和联锁设备的操

作工作站(LCW)。其中 ATS 车站工作站通过接入交换机(AS)接入 DCS 网络,联锁设备的操作工作站(LCW)通过串口直接接入到联锁设备。

二、Microlok II 型计算机联锁系统构成

地铁线路正线采用分布式联锁控制方式。全线分为多个联锁区。每个联锁区包括有岔站和无岔站,由位于设备集中站的联锁控制器 Microlok II 控制。正线设备集中站 Microlok II 型计算机联锁系统构成如图 3-45 所示。正线联锁系统由联锁控制器、车站现地控制工作站、驱动及表示接口等设备组成。车站现地控制工作站采用工业级产品,通过操作鼠标或键盘进行控制。

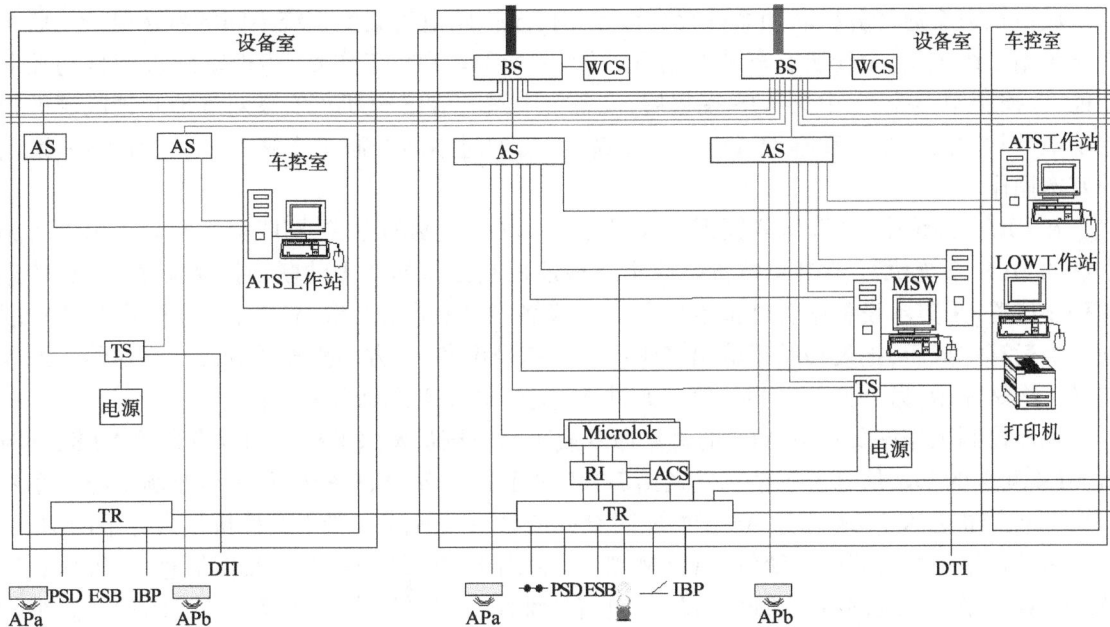

图 3-45　设备集中站 Microlok II 型计算机联锁系统构成

(1)设置一套双机热备冗余 Microlok II 型联锁系统(以下简称 MLK),负责完成管辖区域内的所有设备的联锁控制功能,并完成与轨旁 ZC 之间的连接和数据传输。每一个联锁系统由一个标准配置的 Microlok 构成。每个联锁系统的 Microlok 配置区别仅为输入/输出(I/O)PCB 板数量上的差异。该设备布置在设备集中站的设备室内。

(2)设置一套现地控制工作站。在联锁区域内,设备集中站的 ATS 车站工作站与联锁设备的操作工作站合用,称之为现地控制工作站。每个工作站设置两台彩色液晶显示器,每个联锁控制器配备一套现地控制工作站(ATS/LCW)。ATS 车站工作站及 LCW 的操作命令(如进路办理、单操道岔、开放引导进路等所有的联锁操作)经现地控制工作站处理后送给 MLK。MLK 把联锁运算后的相关表示信息(信号机状态、道岔位置、区段状态等)送至现地控制工作站上显示。现地控制工作站位于设备集中站的车站控制室。

(3)设置一个系统维护工作站(MSW),负责完成本设备集中站所辖车站的联锁诊断和故障记录等;并把相应的信息内容通过网络送至维修中心。该设备布置在设备室的维护操作台面上。

（4）配置 A、B 两层交换机，一层为 MLK 系统与区域控制器 ZC、系统维护台及车站 ATS 分机之间的信息交换提供网络传输通道；一层为与控制中心 ATS 的信息交换提供网络传输通道。上述传输设备均安置在信号设备室的网络机架内。

（5）配置计轴主机 ACS，计轴系统作为 CBTC 架构下列车位置检测的辅助手段，通过安全继电器接口实现和联锁机的连接。

（6）其他接口设备还有继电组合柜 RI、室内外设备控制线转接的终端分线柜 TR 以及电源等。

三、Microlok II 型计算机联锁系统原理

城市轨道交通计算机联锁系统存在很多与传统铁路电气集中系统不同的特殊要求。联锁系统采用三级控制，全线所有车站控制室设置一台远程 ATS 工作站，实现车站进路自动控制功能，即控制中心控制；中央 ATS 授权后，设备集中站的 ATS 分机可实现对本地联锁区域的控制功能，即站控；当中心和本地 ATS 发生故障时，可通过本地控制工作站 LCW 进行进路、道岔的基本操作。

在 CBTC 系统中，计算机联锁系统采用分布式联锁控制的方式，即联锁逻辑分别由设备集中站的 MLK 系统执行。MLK 负责接收本站现地控制工作站送来的联锁控制命令和 ZC 传递的列车位置，采集本设备站管辖范围内的信号设备状态（道岔位置、计轴、信号机状态等），联锁逻辑运算完成后，把处理结果输出来驱动现场信号设备，一方面把相关处理信息送给车站操作员工作站显示，另一方面把相关信息通过 AS 交换机传递给轨旁 ZC 计算机。

现地控制工作站负责将 ATS 的进路命令或车站值班员发来的操作命令发送给 MLK，同时将 MLK 发送的车站信号表示信息发送给 LCW，并通过车站 ATS 分机发送给控制中心。车站 ATS、系统维护台及 MLK 通过 AS 子网实时交换信息，并经过 BS 骨干交换机接入骨干网中。

为设备集中站设置的系统维护台（MSW）设备用于实时地记录车站操作信息、报警信息以及对计算机联锁系统的自动诊断信息，并向信号维修支持系统发送系统维护诊断信息。维护人员在维修中心就能对全线各车站的设备进行诊断和维护，更有利于诊断维护信息的集中分析与处理。

四、Microlok II 联锁控制系统的功能

1. Microlok II 联锁控制系统的基本用途

Microlok II 联锁系统主要由双机热备联锁计算机、网络设备、车站现地控制工作站、系统维护台等组成。Microlok II 联锁系统设置在各设备集中站时，其基本用途包括：

（1）轨旁信号、道岔的控制和监控；

（2）监视正线轨道电路的占用情况以及轨道电路的故障情况；

（3）与相邻轨旁控制系统通过轨道通信；

（4）实现机车信号传送/编码；

（5）提供线路通信接口；

（6）信号、道岔应急操作和维护时的现地人工操作；

（7）非安全控制逻辑；

（8）非安全（代码线）信息传输。

MicrolokII 通过专用硬件机构共同完成这些功能。MicrolokII 的标准设计可以使用户根据实际需要来配置系统，从而实现所需控制方式和接口需求。

2. 联锁功能

联锁控制器 MLK 专用于执行轨旁联锁逻辑的安全性功能。它通过安全型接口电路与轨旁设备接口，采集并控制其状态。采集轨旁设备信息主要包括轨道区段占用状态、信号机状态、道岔位置、IBP 盘按钮状态、站台安全门状态、站台紧急关闭按钮状态、自动折返按钮状态、ATS/LCW 控制状态、车辆段及联络线接口照查信息。输出轨旁控制命令主要包括道岔定/反位请求及锁闭命令继电器信息、点灯继电器命令、站台安全门开门/关门命令继电器信息、给车辆段/联络线接口照查信息。

与 MLK 接口的轨旁设备包括本站及其联锁区内其他车站的信号机、转辙机、计轴主机、现地控制盘、紧急停车按钮、自动折返按钮、站台屏蔽门等。以站台屏蔽门为例，联锁控制器以安全方式控制站台屏蔽门能否开启。同时，联锁控制器输出安全门打开和关闭命令。当列车停在预先指定的位置时，车载控制器 CC 通过 ZC 请求联锁控制器打开站台屏蔽门。站停时分结束前，CC 请求联锁控制器关闭站台屏蔽门。列车在收到站台屏蔽门已关闭的信号前，不能驶离站台。

联锁设备基本联锁功能是保证列车运行安全，实现列车进路上轨道区段、道岔、信号机之间的正确联锁关系。与运行模式无关，联锁控制器提供相同的基本联锁功能，主要功能如图3-46 所示。

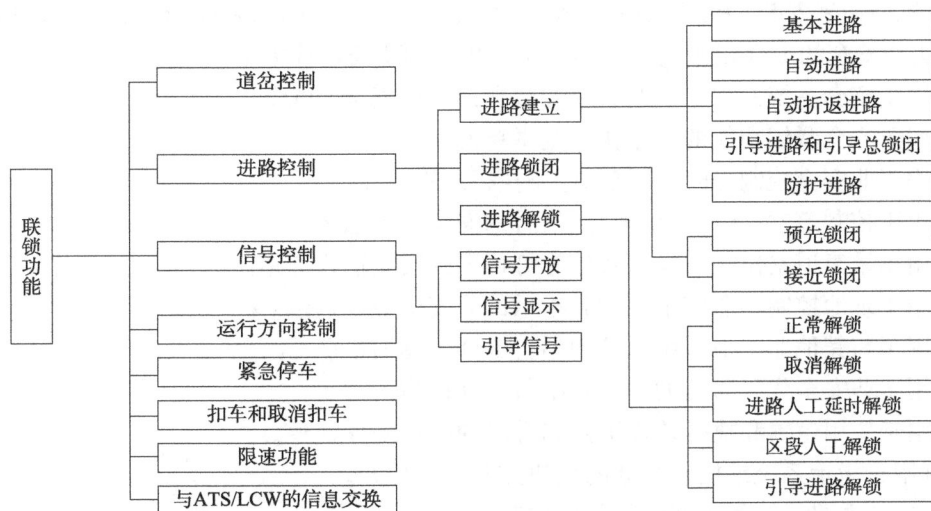

图 3-46 Microlok II 主要联锁功能图

3. 故障诊断、信号设备监督和报警功能

系统具有自检、自诊断、监督基本信号设备和故障报警功能。在系统维护台上提供相应的报警信息显示、系统操作命令、所有信息的状态变化及故障记录，并能打印输出。

监测信号电源、信号机、道岔、计轴及轨道电路等的状态，并将相关报警信息反馈到 ATS终端。联锁设备监视和记录自身的工作状态和轨旁设备的状态，主要内容如下：进路状态；轨道的占用(空闲);信号机显示;道岔位置;信号机灯丝状态监测及断丝报警;转辙机动作状态;电源工作状态等。

4.车站现地控制工作站的功能

为正线设备集中站提供的车站现地控制工作站,是 MLK 的控制显示单元,控制本联锁区域的范围。它主要负责把车站值班员的操作命令经过一定的预检查后传递给 MLK(进路办理、道岔操作等),并接收车站 ATS 分机发送的中心操作命令。同时车站现地控制工作站显示 MLK 发送的显示信息[主要包括道岔、信号机、进路、故障报警(声光)]等状态,并把相应的显示信息通过车站 ATS 分机发送给中心。

主要完成的功能有:实现值班员发送控制命令、接收中心发送列车位置信息、接收 MLK 发送的联锁处理信息,显示管辖区域内的站场表示。车站现地控制工作站与 MSD 系统之间通过高速网络交换信息,可完成非安全逻辑处理功能(如选路判断、表示等)。

五、Microlok II 联锁控制器的软硬件组成

Microlok II 联锁控制器由单 68332 安全微处理器板控制,是一个具有软件多样性和自诊断功能的特殊安全结构。每个 Microlok II 联锁控制器包括一个主单元和一个备用单元。一个用于正常运行,另一个备用。如果在线的系统出故障,备用系统将自动转为在线系统。每个单元包括系统机笼、安全断路继电器(VCOR)、电源监控、电路绝缘/保护以及电码化轨道电路和机车信号接口。

1.系统机笼

系统机笼用来安装 CPU 印刷电路板、多块安全的 I/O 印刷电路板、电源板、串口适配器电路板、多块非安全的 I/O 印刷电路板等。系统机笼的主要组成如下。

(1)用于整套系统监视、控制、诊断和数据记录的安全 CPU。

(2)用于安全联锁功能的应用执行逻辑单元。

(3)用于非安全控制/通信功能的应用执行逻辑单元。

(4)用于控制道岔、探照式信号灯、信号的安全输出通道。

(5)用于采集道岔位置和探照式信号灯位置的安全输入通道。

(6)用于现地控制盘非安全控制和指示的非安全 I/O 通道。

(7)用于与其他非本地系统通信的串行 I/O 数据通道。

(8)用于非安全代码通信的非安全串行 I/O 通道。

(9)用于应用逻辑和执行软件下载和升级的串行 I/O 通道。

(10)用于指示系统结构和诊断的用户控制显示单元。

(11)轨道电路传输的车载信号的生成和编码。

2.外围设备

(1)安全断路继电器[事故继电器]

安全断路继电器(VCOR)由 CPU 控制,对所有安全输出板进行电源控制,例如道岔继电器和信号灯。VCOR 继电器由 CPU 微处理器控制,微处理器对影响安全的故障做出的反应是切断供给 VCOR 线圈的直流电源。VCOR 的失磁将切断对安全输出板的供电。这种故障—安全措施使联锁设备不执行错误指令。通过增加 VCOR 和隔离(绝缘)模块能够扩展系统控制

功能。

（2）电源监控

采用一个断电继电器提供当 Microlok II 的电源故障时的非安全指示。

（3）电码化轨道电路和机车信号接口

①用于电码化轨道电路信号接收和向钢轨输出轨道代码的接口盘。

②用于不同载频时车载信号输出的接口盘。

③用于使编码轨道探测反应时间最小化的快速分路模块。

（4）电路绝缘/保护

①用于双断轨道安全输出电路绝缘的绝缘模块。

②用于非安全串行通信线的浪涌抑制/绝缘单元。

③用于保护与远端设备室安全串行通信连接的串行通信适配器盘。

3. 系统软件

根据系统的应用功能，Microlok II 系统机柜包括的软件部分主要有管理软件、执行软件、应用软件和维护工具软件。

（1）所有 Microlok II CPU 板的执行软件已都跟随板子的出厂装载到内存中，版本升级通过 PC 机从位于 CPU 板前面板的串行口来下载。

（2）安全应用软件含适用于所有 Microlok II 配置的特殊应用逻辑（由用户设置），通常用户用与 US&S 相同的编程工具设置该软件。

（3）Microlok II 维护工具软件是一个基于 Windows 的程序。因为操作系统为 Windows，所以其外观和操作与其他基于 Windows 的应用程序相似。由于维护工具软件主要用于现场测试，所以通常安装在笔记本电脑上。笔记本电脑可以通过 RS232 串口与 MicrolokII 的 CPU 板连接。

（4）管理软件负责系统的所有安全监控，其管理范围包括如下内容：

①监视联锁安全输入、表决和发指令。

②监视所有安全输入/输出通道按预期状态执行。

③处理从便携机或 CPU 前面板上接收到的由用户输入的指令。

④持续不断地进行自诊断和对外部设备的诊断。

⑤记录和再现进路事件和错误代码。

⑥记录和再现用户的特殊操作。

⑦管理串行数据口。

⑧执行应用程序。

另外，在头尾连接设备室的 CPU 板的 EPPROM 中含有唯一特殊配置的数据，该数据能够利用 CPU 板前面面板上的开关和 LED 显示灯来装载，或用便携电脑连接到 CPU 板前面板的串行口来装载，利用 PC 机可以设置较大范围的数据配置。

六、Microlok II 机柜配置

Microlok II 机柜包含系统中心控制逻辑和与外部电路或中间设备的接口电路。

1. 机笼配置

逻辑接口电路集成于插拔式电路板中。每个板子都插在机笼背面的母板上，由母板提供

板子的工作电源。CPU 板通过母板监控机笼中其余电路板的工作。并不是所用的 Microlok II 电路板都通过母板与 CPU 板通信。某些电路板是通过别的电路板与 CPU 通信。表 3-2 列出了每个电路板用到的通信途径。

CPU 印刷电路板　　　　　　　　　　　　　　　　　　　　　　　表 3-2

电路板类型	CPU 控制	注　　释
安全、非安全输出	√	标准安全输出和非安全双极输出
安全输入	√	
安全信号灯控制	√	
混合安全 I/O	√	汇集标准安全输出和安全输入
非安全 I/O	√	
电码化轨道电路	√	
编码输出	√	
编码系统接口		靠电缆在机笼背面串行连接到 CPU
车载放大器		与编码输出板接口
OS 轨道电路		与安全输入电路板接口
电源板		若检测出故障,接收 CPU 发出的断电信号

　　系统机笼有 20 个插槽,这些插槽并非在每一次应用时都用到。Microlok II 是否用到特殊电路板完全取决于系统应用功能,编码系统接口电路板(若用到的话)特别要求放在机笼 20 个插槽的最右端,因为它的前面板是非标准的。为了防止电路板插错槽位,每个电路板都带有鉴别销。这些鉴别销与机笼母板各插槽位置的鉴别孔对应,一旦电路板的配置确定,相应鉴别销就安装在适当位置。如图 3-47 所示为 Microlok II 机笼常用配置前面板示意图。

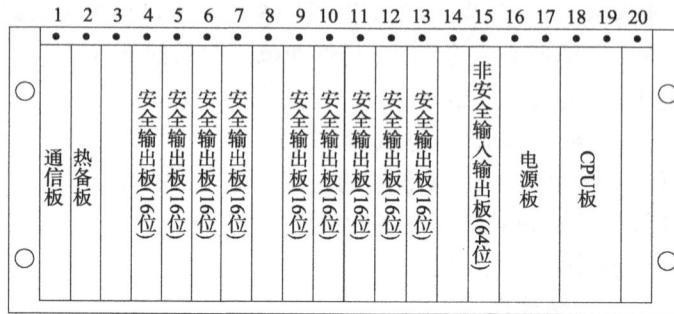

图 3-47　MicrolokII 机笼常用配置前面板示意图

2.常用插拔部件及功能

(1)CPU 板

CPU 用于系统监控、控制、诊断和数据记录。Microlok II 系统中的 CPU 板的常用功能包括:

　　①通过安全输入板、编码轨道电路板、非安全输入板、编码系统接口板监视外部信息指示。

　　②处理安全外部指示和通过软件完成逻辑定义。

　　③根据应用需要驱动安全输出板。

　　④监控串行通信口(连接到其他控制器)。

　　⑤测试个别安全输入、输出通道的故障,并对发现的故障做出反应。

⑥监视系统内部设备故障,并对故障做出反应。

⑦通过机柜供电设备和事故继电器控制安全输出电源。

⑧记录系统的故障信息和进路状态。

⑨对 CPU 前面板的开关设置和辅助显示做处理。

⑩与便携机配合。完成系统诊断、逻辑程序应用、软件版本升级。

CPU 板的 5 个串行数据口,4 个用来与其他安全和非安全系统通信,剩余 1 个用于通过 CPU 板前面的 9 针连接器与 PC 接口。

CPU 板前面面板如图 3-48 所示,有关前面板的控制和指示说明如表 3-3 所示。

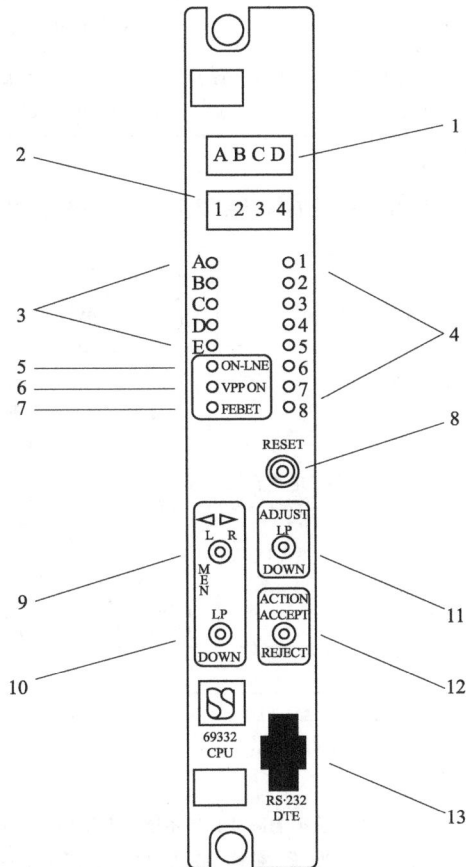

图 3-48　CPU 板前面板

CPU 印刷电路板　　　　　　　　　　　　　　　　　　　　　表 3-3

标号	标　签	设　计	目　的
1,2	(无)	4 字符字母数字显示	可视的配置程序菜单和选项
3	A,B,C,D,E	黄色 LED	预留给串口链接状态
4	1,2,3,4,5,6,7,8	红色 LED	应用软件的用户定义
5	ON-LINE	绿色 LED	亮灯时,表示正常的系统工作(成功诊断)
6	VPP ON	黄色 LED	亮灯时,表示 +5V 或 +12V 编程电压激活
7	RESET	绿色 LED	亮灯时,表示系统处于复位模式

标号	标　签	设　计	目　的
8	RESET	弹复式按钮	复位 CPU,也用于将 CPU 置于复位模式下
9	MENU L-R	3 向(自动回到中间位置)拨动开关	用于查找显示在显示窗口的菜单条目
10	MENU UP-DOWN	3 向(自动回到中间位置)拨动开关	用于选择显示在显示窗口的主程序菜单项
11	ADJUST UP-DOWN	3 向(自动回到中间位置)拨动开关	用于在可以配置的数值内循环,配置数值将由 ACTION 开关选择接受与否
12	ACTION ACCEPT-REJECT	3 向(自动回到中间位置)开拨动关	执行或取消配置的数值,配置的数值已经由 ADJUST 开关选择

(2)电源板和系统电源配置

Microlok II 系统电源结构如图 3-49 所示,电源板提供两路供机笼电路使用的输出电源,该电源板有以下功能:

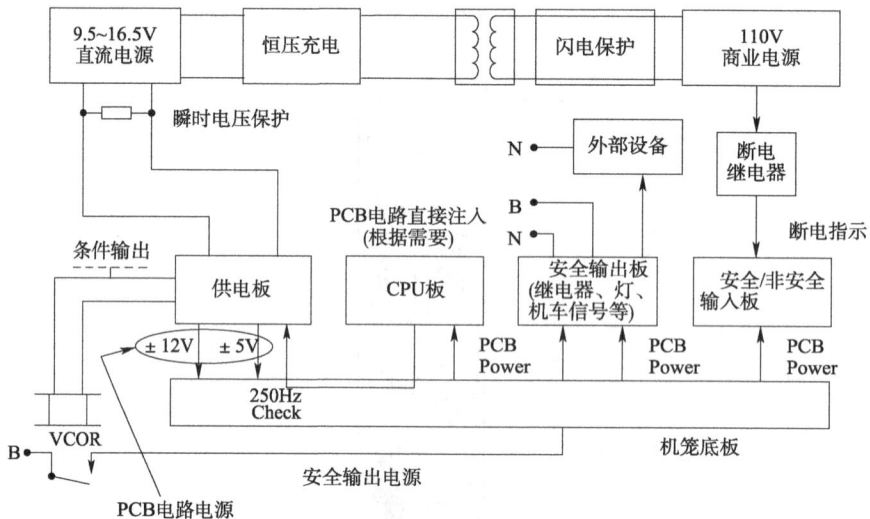

图 3-49　基本 Microlok II 系统电源结构

转换外部电压(直流 9.5 ~ 16.5V)为系统机笼内部电路使用的 ±12V 和 +5V 电源,提供外部联系电路使用的隔离电源,在 CPU 板控制下给事故继电器提供线圈励磁电源。

电源板在 Microlok II 实现故障—安全设计中起着重要的作用。Microlok II CPU 向电源电路板输出 250Hz 的检测信号,实现对系统内、外部件错误的持续检测,诊断出故障将通过切断事故继电器线圈(400Ω)的电源来切断电源输出,这样可以切断系统的全部输出。

±12V 和 +5V 电源通过机笼总线母板给系统电路板提供工作电源,两种电压用于电路板组成部件和电路的使用。 +12V 电源不用在安全或非安全输出上,电源由外部电池电源提供。

可选 Microlok II 电源控制继电器提供系统电源故障的报告,该继电器的输出可用于安全或非安全采集。

(3)非安全 I/O 电路板

非安全 I/O 电路板能使 Microlok II 产生和监视非安全离散输入、输出。例如非安全 I/O 包括远距离控制信号指示灯的输出,I/O 板还与现地控制盘(若安装的话)上的开关和指示灯配合使用。该电路板有两个版本,标号为 N17000601 的板子实现 Microlok II 与现地控制盘(不论是现地单元 LCP 还是远端单元)的接口;标号为 N17061501 的电路板仅用于外部 I/O 电路。

该板通过连接器后面 96 针提供 32 路输入和 32 路输出。通过多路开关(交换机)保护输出电路。多路开关功能相当于电路熔断器。当发生过流(大于额定电流 0.75A 时),开关切到高阻状态,当过载或短路消除后又切回低阻状态。电路板有两路输出由 5.0A 的保险丝保护,这些输出电路预留给一些需相对大电流设备使用。电路板的输入靠电池 6 ~ 30V 的直流电位差来激活。非安全 I/O 板利用门锁集成电路的缓冲输入以及场效应管(FETs)来驱动输出。

(4)安全输入电路板

Microlok II 安全输入电路板与 CPU 板接口采集外部继电器状态信息。典型安全输入包括探照式信号机构位置、道岔转辙机位置、联锁轨道电路的占用情况。输入板提供 16 路输入。

(5)标准安全输出电路板

Microlok II 标准安全输出电路板与 CPU 板接口控制外部继电器线圈和类似负载。输出板提供 16 路输出,输出板受"高侧"软件控制开关控制,如图 3-50 所示,该控制开关直接连接电池和输出。每个输出还受多路开关保护,该装置的功能类似断路器,当电流超过过流点(0.75A)时,该开关切到高阻态,当过载或断路解除后,多路开关切回到低阻态。电池负极的断路会影响多路开关,会导致事故继电器(VCOR)落下,保护所有安全输出电路与系统的连接。系统对错误输出的反应与电池断路的处理相同,也会导致事故继电器的落下。

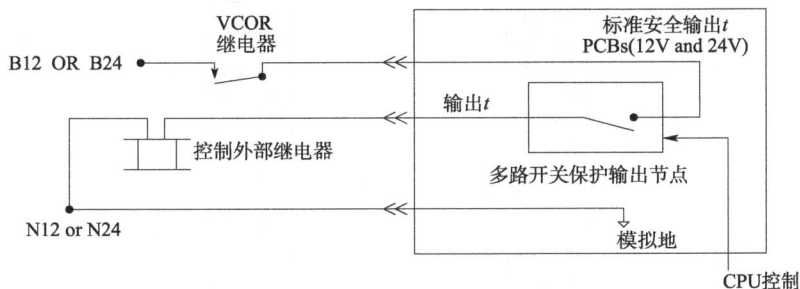

图 3-50 标准安全输出 PCB 基本结构

有关前面板的指示说明如表 3-4 ~ 表 3-7 所示,电源板前面板、非安全 I/O 板前面板、安全输入板前面板、安全输出板前面板如图 3-51 所示。

电源印刷电路板 表 3-4

标号	标签	设 计	目 的
1	5V ON	亮灯(绿色 LED)	亮灯时,表示机笼有 5V 的负载功率
2	VCOR	亮灯(绿色 LED)	亮灯时,表示条件电源对 VCOR 继电器供电(CPU 诊断正常)

非安全 I/O 电路板 表 3-5

标号	标签	设 计	目 的
3	输入 1 ~ 32	绿色 LED	监测 1 ~ 32 位的非安全输入状态;亮灯时表示有输入
4	输出 1 ~ 32	黄色 LED	监测 1 ~ 32 位的非安全输出状态;亮灯时表示有输出

安全输入电路板　　　　表 3-6

标号	标签	设　计	目　的
1	IN1-IN8	黄色 LED	监测 1~8 位的安全输入状态;亮灯时表示其有输入
2	IN9-IN16	黄色 LED	监测 9~16 位的安全输入状态;亮灯时表示其有输入

标准的安全输出印刷电路板　　　　表 3-7

标号	标签	设　计	目　的
3	OU1-OU8	黄色 LED	监测 1~8 位的安全输出状态;亮灯时表示有输出
4	OU9-OU16	黄色 LED	监测 9~16 位的安全输出状态;亮灯时表示有输出

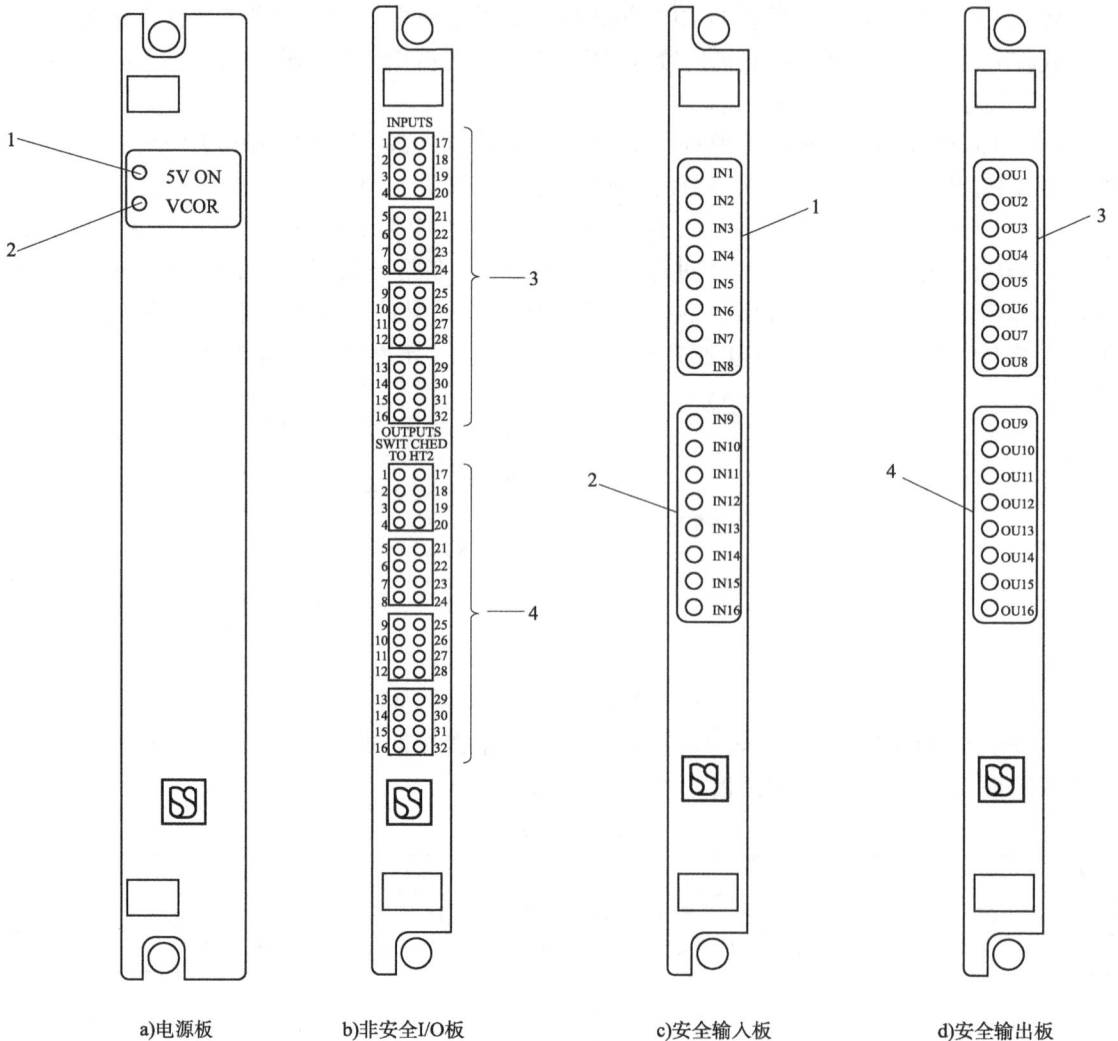

a)电源板　　b)非安全I/O板　　c)安全输入板　　d)安全输出板

图 3-51　前面板示意图

（6）混用安全 I/O 电路板

混用安全 I/O 电路板提供与标准安全输出板类似的输出通道、与标准安全输入板类似的输入通道。该板专用于对 Microlok II 少于16路通道(一个板)的较小应用情况。电路板包括8 路输入和8 路输出。使用混用安全 I/O 板,可以免除使用单独的安全输入 I/O 板和单独安全输出 I/O 板。

(7)非安全双极输出电路板

非安全双极输出电路板能使 Microlok II 驱动类似色灯信号机的双极输出。板子提供12路独立输出,通过改变极性控制24路安全输出。交替输出改变实际输出。板子前面两种颜色的 LED 指示灯指示实际输出,绿色和黄色分别指示两种极性(黄色指示通常极性,绿色指示相对极性)。如果两路都没有输出,则关闭输出,两个指示灯都灭灯。

(8)安全灯泡驱动电路板

安全灯泡驱动电路板能使 Microlok II CPU 直接控制色灯信号机和探照式信号机,该板使用16路输出驱动8、12 或16 个信号灯,型号根据灯泡功率划分(300W 为最大值)。常用灯泡的额定电压和功率,可以通过 CPU 板前面板的开关和指示或下载到便携机的 Microlok II 维护工具软件来定义。配置数据存储在 CPU 板的 EEPROM 上。

安全灯泡驱动板下边的开关控制特殊灯光输出。该开关通过外部的 VCOR 继电器把输出连接到电池正极。从灯光驱动点连接到电池正极不会引起电路短路。然而,CPU 板会切断系统,因为这种短路会产生闪光辅助显示。

图 3-52 为安全灯泡驱动板基本结构,灯泡电压可以用可变电阻调整。这些安装在 Microlok II 机架上的可变电阻可以保护由于外部设备的短路造成过流损坏驱动板。若输出电缆过长的话可以把灯泡电压提高到18V。

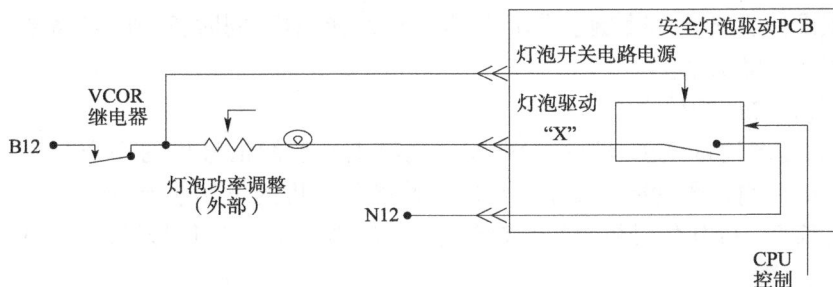

图 3-52　安全灯泡驱动板基本结构

(9)现地控制盘

Microlok II 现地控制盘能人工操纵联锁道岔、信号,还能选择输入、输出。现地控制盘可以实现简单的联锁功能,例如区间闭塞和渡线道岔。该设备安装在机笼上并通过48 针连接器与非安全 I/O 板 N17000601 相连。现地控制盘前面板上有 LED、2 位开关、1 个用于控制控制盘能否使用的钥匙锁。6 个排列的 LED 用于设置不同联锁轨道/信号的配置(东侧或西侧的区间闭塞或信号、道岔)。可插拔塑料销装在控制盘上,供开关和 LED 灯使用。该塑料销可以根据需要更改 LED 的配置。

(10)编码系统接口板

编码系统接口板用于需要与 CTC 编码系统之间的非安全串行通信的 Microlok II 应用。CPU 板与编码系统接口板直接通过两板之间的串行连接进行通信。

(11)编码轨道电路板

编码轨道电路板能使 CPU 板监视正线联锁轨道电路(分路或空闲)、生成输出到钢轨的轨道电路信号。使用在 US&S 的 MicroTrax 系统中。

(12)OS 轨道电路板

OS 轨道电路板负责产生和监视用于 OS 轨道电路的 400Hz 传输信号,能使处于轨道电路上的列车被检测出来。除了 400Hz 的传送器外,板子上还安装两个接收器,用来应答两个联锁 OS 轨道(安装在端点)传来的接收信号。OS 轨道电路板通过硬件连接,传送列车检测指示给安全采集电路板,这些信号不通过机笼总线传输。另外,OS 轨道电路板不受 CPU 板的监控,板子与系统机笼接口的外部模块具有类似的功能,OS 轨道电路板与用在 MicroTrax 编码轨道电路/ 端头控制器的板子是一样的。OS 轨道电路板前面没有安装控制指示设施。

(13)编码输出和辅助编码输出板

编码输出板和辅助编码输出板能使 Microlok II 覆盖车载放大电路板能处理的不同车载码率。这些板使用在 US&S 的 MicroTrax 系统中。

(14)60/100Hz 和 40/50Hz 车载放大器电路板

车载放大器电路板用于放大由编码输出或辅助编码输出板生成的车载信号载频频率。车载信号放大器板通过跳线选择合适的载频频率。另一个跳线配合车载信号辅助接口盘调整短路或长轨道电路情况下的限制电流。

七、Microlok II 系统的接口

1. 与信号机、转辙机的接口

正线联锁设备能安全、可靠地控制信号机和道岔转辙机,同时,正确、可靠地采集转辙机、信号机的状态及故障信息。

(1)与信号机之间的接口

Microlok II 系统通过该接口通过标准安全型继电器控制信号机的每个灯位,这些继电器由安全型输出板控制。通过标准安全型继电器监测信号机的工作情况,通过安全型输入板采集信号机状态信息;LED 信号机报警总机通过串口向维护台传送信号机每个灯位的灯丝断丝信息,实现断线报警。

(2)与转辙机之间的接口

Microlok II 系统通过该接口通过标准安全型继电器控制道岔转辙机,这些继电器由安全型输出板控制。通过标准安全型继电器来监测转辙机的状态,通过安全型输入板采集转辙机状态信息。

2. 与计轴的接口

正线联锁系统与计轴设备的接口采用继电器接口,通过安全型输入板采集计轴轨道空闲/占用和故障信息。计轴设备通过安装在钢轨轨条上的电子感应计轴数装置和室内的计轴计算机控制出轨道继电器,反映轨道区段的占用和空闲情况。

联锁系统结合计轴系统可实现故障计轴区段复位功能。联锁系统经操作后将输出计轴复位允许信号,输出时间为 1min,在此期间可以进行计轴预复位操作。设备集中站现地控制工作站上设置"计轴复位"按钮,计轴复位功能也在现地控制工作站界面上,如果操作人员需要对某区段进行复位时,操作人员首先按压现地控制工作站上的"计轴复位"按钮,该按钮的有

效时间为 60s,需在 60s 内按对相应的区段进行复位操作,否则需要重新办理。

3. 与屏蔽门接口

联锁系统与屏蔽门控制系统之间采用继电接口方式,继电电路均采用双断电路,联锁系统通过安全型输入/输出板去采集/驱动相应的标准安全型继电器接点状态。

当列车进入站台停车、满足定点停车精度要求后,车载设备发出停准停稳信息,解除对列车门的锁闭,允许 ATO 设备按指令执行开/关车门的操作,同时将开/关屏蔽门信息通过安全通信传送给联锁机,联锁机收到信息后通过安全输出驱动继电器将开/关信息送给屏蔽门系统。当联锁系统发送给屏蔽门系统的开、关信息无效时,屏蔽门系统须维持门的原状态不变。当联锁系统发送给屏蔽门系统的开、关门信息在发送过程中失效时,屏蔽门系统须继续按原命令执行,直至命令完成。

4. 与防淹门的接口

与防淹门的接口通过安全型继电器实现,通过安全型采集板采集信号系统防淹门全开且锁定状态信息,并纳入联锁。

5. 与 IBP 盘的接口

在 IBP 盘上,对应上、下行线路,分别设置扣车按钮。对应上、下行的站台扣车按钮,分别设置站台扣车按钮继电器,由联锁系统采集。

6. 与车站 ATS 分机之间的接口

Microlok II 系统通过该接口与 ATS 通过 TCP/IP 协议实现信息交换。交换的信息主要有:

(1)ATS 到 Microlok II 联锁控制器

ATS 向 Microlok II 联锁控制器发送 ATS 的操作命令。主要有进路请求/信号停止请求、信号锁闭/解锁请求、引导信号请求、道岔定/反位/锁闭请求、联锁控制器允许/禁止请求、快速通过信号允许/取消请求。

(2)Microlok 联锁控制器到 ATS

Microlok 联锁控制器向 ATS 发送显示信号。主要有信号机状态(开放,关闭,灭灯,引导,封锁,接近锁闭/接近锁闭延时,灯丝断丝)、计轴区段状态(占用/空闲,复零提示)、道岔状态(位置状态,锁闭)、进路锁闭(方向)状态、站台屏蔽门状态(关闭,旁路)、IBP 站台紧急停车按钮激活状态、IBP 站台扣车请求、联锁状态(离线,通信故障,恢复状态)、电源故障状态(接地检测故障,熔丝报警)、防淹门状态等。

7. 与区域控制器(ZC)的接口

(1)Microlok II 联锁控制器到区域控制器(ZC)的接口可实现以下信息的交换:

计轴区段状态(占用/空闲)、道岔位置、信号机状态、进路锁闭、解锁状态,进路人工取消进路解锁延时状态、站台自动折返按钮状态、站台紧急停车按钮激活、站台屏蔽门状态、进路取消请求。

(2)区域控制器(ZC)到 Microlok II 联锁控制器的接口可实现以下信息的交换:

CBTC 列车接近信号机(接近锁闭信号)、信号机前停车保证、信号机灭灯命令、列车已经越过信号机压入下一个区段、站台屏蔽门使能和门控命令。

CBTC 列车位置来自相应的区域控制器,每辆列车的位置都被传送给区域控制器。区域控制器给联锁的列车占用信息可覆盖计轴区段,从而计轴故障时不影响联锁的进路办理和取消。

8.与相邻联锁设备站的接口

所有联锁站之间的 MLK 通过以太网连接交换信息,主要交换的信息有:相关列车位置信息、相邻信号机状态、方向条件、敌对条件。

任务实施

一、操作流程

任务五的操作流程如图 3-53 所示。

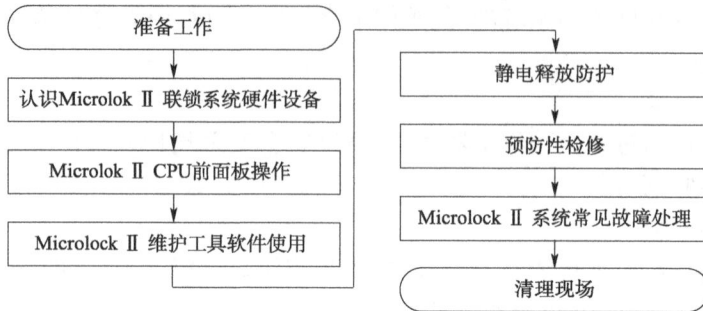

图 3-53　操作流程图

二、Microlok II CPU 前面板操作

1. Microlok II CPU 的运作模式

Microlok II CPU 有四个基本运作模式:在线模式,CPS 切断模式,配置模式和复位模式:

(1)在线模式是 CPU 的正常运作模式。Microlok II CPU 控制与联锁相关的所有进程,包括安全与非安全的不连续 I/O 监视和发码,机车信号的发送和编码轨道电路的监视。复位完成后,CPU 板的上面 4 字符显示窗口将滚动显示"US&S Microlok II",下面的 4 字符窗口将滚动显示应用程序名称。

(2)只要处理器发现内部诊断校验失败,CPU 就进入 CPS 切断模式。当检测到故障,CPU 切断提供给电源 PCB 的 250Hz 检测信号,然后 VCOR 电源也将切断。这将切断所有安全输出端口的电源。Microlok II CPU 继续执行所有非安全进程包括监视非安全 I/O 和轨道电路。你可以通过看电源板上的 VCOR LED 来知道系统什么时候进入该模式。当电源板切断 VCOR 继电器时,该发光二极管灭灯。

(3)只要计算机连上 Microlok II CPU 诊断端口并且开始 Microlok II 维护工具程序中的配置环节时,系统就进入配置模式。操作人员在该模式下配置各种系统标准和印刷电路板参数。当系统进入配置模式后,取消逻辑进程,停止所有控制功能。

(4)复位模式的主要目的是清除 CPS,复位 VCOR 继电器和 Microlok II 系统软件。通过该模式可以进入事件和错误日志以及一些邮件配置的功能。当 CPU 板处于复位模式时,CPU 前面板的 RESET 灯点亮。

2. Microlok II CPU 面板操作

在线模式和复位模式有独立的菜单结构(通过 CPU 前面板控制器访问),菜单显示与所选模式相关的许多功能。维护人员和工程师可以使用 Microlok II CPU 前面板控制器和指示器进行清除 CPS、监视系统事件及错误日志、校准系统时钟、显示系统等级数据和运行参数、监视 CPU 所控印刷电路板的激活状态以及 CPU 的串行连接状态等操作。也可以用安装有维护软件的计算机连接 CPU 前面板串行接口来完成这些功能。CPU 前面板控制器的具体操作方法如下：

复位菜单和在线菜单的最高层都有一个主菜单，主菜单下一层有许多一级选项，进入一级选项可以访问随后各层的相关选项功能。

操纵菜单使用功能相当简单，CPU 前面板有 4 个 3 位拨动开关和 2 个 4 位显示屏。参考 CPU 前面板图(图 3-49)。L-R 和 UP-DOWM 拨动开关用来从一个菜单选项切换到另一个菜单选项，ADJUST UP-DOWN 拨动开关用来增大或减少菜单中的可调变量，ACTION ACCEPT-REJECT 开关用来接受或拒绝更改新的数值。CPU 前面板上部 2 个 4 位显示屏通过显示或滚动文字来告诉你所在的菜单位置。每方块中的大写文字是 4 位显示屏所显示的内容。如果一个方块中显示两行文字，那么第一行显示在上面的 4 位显示屏中，第二行显示在下面的 4 位显示屏中。如果一个方块中只显示一行文字，那么就直接显示在上面的 4 位显示屏中，而下面的显示屏空白。

(1)复位菜单

复位菜单可用图 3-54 表示，菜单的最高层有一个主菜单，主菜单下一层有许多一级选项，进入一级选项可以访问随后各层的相关选项功能。

复位菜单用来清除 CPS 后复位 Microlok II 系统。通过菜单可以访问系统事件、错误记录等。系统进入复位模式方法为：按下再松开 CPU 前面板 RESET 按钮；快速操纵前面板 4 个拨动开关的任一个，保持住所拨动的位置；在 4 位显示屏显示 RES/MENU 后松开刚才拨动的开关。

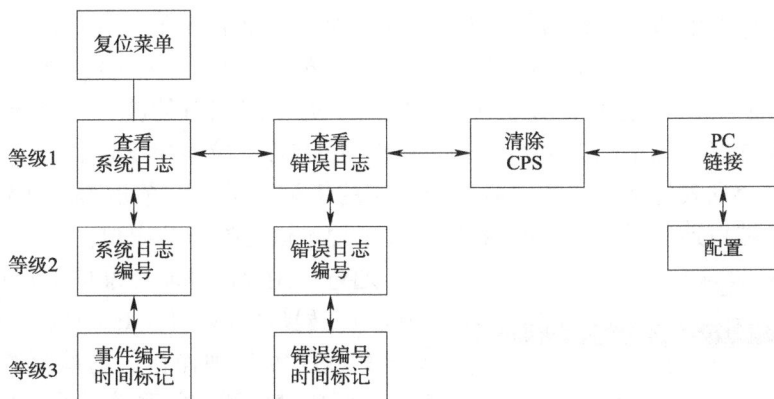

图 3-54　安全灯泡驱动板基本结构

①查看系统日志菜单。通过"查看系统日志菜单"选项可以进入系统事件日志。选择特定的事件进行浏览，这个事件记录包括所有发生的重大事件按时间进行排列的列表，同时还包括所有系统故障记录。

②查看错误日志。通过查看错误日志菜单选项可以查看所有错误的列表。错误日志包括一个按时间先后排列的所有系统故障列表。

③清除 CPS。清除 CPS 功能可以复位 CPU 软件和 VCOR 继电器,并能进入其他相关功能。

④PC 连接。笔记本电脑通过 PC 连接选项可以连接到 CPU 板的诊断端口。可以使用这个连接来浏览事件和故障日志的详细情况,复位系统,执行系统诊断以及在 CPU 不运行的情况下下载系统应用软件。

(2)在线菜单

只要 CPU 是在线模式,在线菜单就起作用。通过 CPU 前面板几个指示灯可以判断 CPU 是否是在线模式,CPU 是在线模式时:ON-LINE 指示灯点亮、RESET 指示灯熄灭、上面 4 位显示屏持续滚动显示 US&S Microlok II、下面 4 位显示屏持续滚动显示事先编好的应用名称。通过在线菜单可以访问独立的一级菜单,每个菜单可设置管理和诊断功能:

①系统配置菜单:查看或改变事先赋完值的辅助比特位状态,校准系统时钟参数。

②显示系统菜单:显示执行软件的版本号和当前系统工作量,查看系统数据位状态。

③显示日志菜单:显示或清空系统事件记录和错误记录的内容。

④显示 I/O 菜单:显示所安装和激活的 Microlok II 机笼内印刷电路板状况。

⑤串口菜单:查看与 Microlok II 机笼相关联的串行连接状况。

⑥串行测试菜单:可以生成测试信号用来测试串行通信电路。

另外,通过 Microlok II 系统产生的错误代码,可以调查到出错电路板的信息。通过详细的错误代码确定出错电路板的位置,而不需要连接计算机。

三、Microlok II CPU 维护工具软件使用

维护工具软件主要用于现场测试,所以通常安装在笔记本电脑上。笔记本电脑可以通过 RS232 串口与 Microlok II 的 CPU 板连接。

通过一台笔记本电脑,工具软件可以同时与两个 Microlok II 单元通信。电脑的一个串口(COM1)连接到其中一个 Microlok II CPU 的串口,另外一个串口(COM2)连接到另一个 CPU 的串口。通过"通信配置"选项可以分别配置笔记本的不同端口的波特率和单元地址。一旦笔记本的串口配置好并且正确连接到 Microlok II 的 CPU,下拉菜单 Box 将会显示出可以选择的连接列表。这个列表包括应用程序名称和相应的笔记本端口。单击 Box 按钮,然后从下拉菜单选择相应的端口连接,就可以选择希望通过笔记本进行控制的串口。

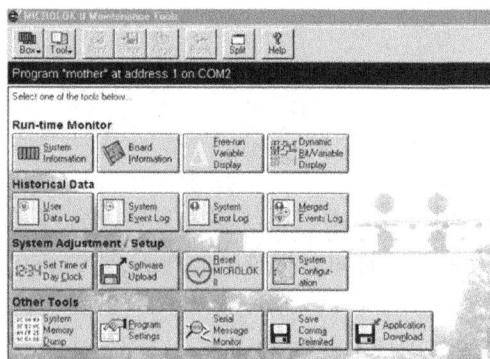

图 3-55　维护工具程序的主菜单

通过使用 Microlok II 维护工具软件,维护人员和应用工程师可以进行 Microlok II 系统进行维护、配置和诊断等各种操作。这些操作主要有:查看 Microlok II 设备和相关系统的当前状态;查看存储的系统事件和错误数据;在必要的时候重新配置和复位系统;进行记忆读取和修改程序设置。

Microlok II 维护工具的主菜单上以选项的形式提供了上述的这些功能,如图 3-55 所示。因为维护工具所提供的功能与安装过程中的选项有关,所以可能有些功能是不可用的。工具软件的

主菜单显示了可以执行该软件主要功能的按钮。

1. 实时状态监视器

（1）系统信息显示

系统信息是主菜单上 4 个实时监视器维护工具中的一个。单击维护工具主菜单的 System Information 按钮，就可以查看系统信息显示上的系统事件。

系统信息显示的是记录在系统调整表内的最近一次发生的重要的系统事件。该组工具允许用户查看设备和相关系统的当前状态。系统信息显示了某一事件最近一次发生时的日期和时间，这些事件主要有：系统复位、系统错误、单元配置、前面板轨道长度调整、前面板灯泡瓦数调整、清除系统事件日志、清除用户数据日志、修改时间、清除 CPS（条件电源）故障、PC 卡信息。

相比使用 CPU 面板操作查看事件日志来说，使用系统信息显示的好处是不需要从一个事件和错误消息的很长的列表内去搜索，以找到最近发生的特定事件。如果需要知道一个事件的详细信息，则可以通过更详细的显示，例如用户数据日志、事件日志或错误日志。

通过显示可以看到当前执行软件的版本号和记录的最近系统事件的简要描述。在需要的地方，系统信息显示也说明了对事件所采取的操作。单击工具栏上的 Back 按钮可以返回维护工具的主菜单。

（2）查看 PCB 的状态

通过 PCB 信息工具可以查看 Microlok II 机笼内的每个功能的 PCB 的当前状态。所显示的每个电路板的信息是动态更新的。单击维护工具主菜单上的 Board Information 按钮，可以查看 PCB 或者串行链接的状态。

显示信息包括了安装在机笼内并且通过应用程序正确定义并激活的每个 PCB 的选择按钮。单击选择按钮，就可以选择相应的 PCB 并查看 PCB 的实时状态。PCB 的状态将显示在屏幕上。所显示的信息与 PCB 的种类有关。典型的状态显示包括所有的输入、输出和与 PCB 相关的主要可调整及动态变化的参数。

单击工具栏上的 Back 按钮或者显示区域下部的 Done with Board Status 按钮都可以从状态菜单返回 PCB 板选择显示菜单。然后单击工具栏上的 Back 按钮，可以返回维护工具的主菜单。

（3）查看系统变量和动态位信息

维护工具上有两个可以查看 Microlok II 系统变量的实时状态的工具，分别是"自由运行变量显示"和"动态位/变量显示"。这两种显示功能以不同的方法提供相同的信息。自由运行变量显示以文本模式显示状态信息，而动态位/变量显示是以图形的形式显示。

（4）以文本模式查看变量

单击维护工具主菜单上的 Free-run Variable Display 按钮，可以以文本模式查看系统变量。自由运行变量显示提供了以文本形式描述变量当前状态的系统变量的列表。

（5）以图形模式查看变量

动态位/变量显示是条状记录形式的。单击维护工具主菜单上的 Dynamic Bit/Variable Dispaly，系统会有以条状形式对变量列表的显示，每个变量显示的是 ON/OFF 状态。

2. 历史数据

MicrolokII 系统以三类形式记录汇报信息。这些是严重错误、警告和操作事件。用户可以通过以下几种方法,通过维护工具主菜单上的历史数据部分的四种工具查看记录的系统信息。

(1)查看用户数据日志

用户通过用户事件日志可以监视所选择的一些事件。这些事件是通过工具软件设置的。系统将在日志内记录这些事件的任何状态改变,以及每次状态改变的日期和时间。该日志能够记录90000条最近发生的布尔改变,或者至少64000条布尔/数字改变。单击维护工具的主菜单上的 User Data Log 按钮,就可以查看用户数据日志。

(2)查看系统时间日志

系统日志可以记录5000条最近发生的系统严重错误、警告和事件。所有日志项都带有日期和时间。单击维护工具主菜单上的 System Event Log 按钮即可查看系统事件日志。

(3)查看系统错误日志

系统错误日志只记录最近发生的系统严重错误。所有的日志项带有日期和时间。单击维护工具主菜单上的 System Error Log 按钮,即可查看系统错误日志。

(4)查看综合事件日志

综合事件日志类似于系统事件日志,综合事件日志记录了最新的严重系统错误、警告和事件。此外,日志还记录了用户数据日志内指定的所有参数和事件的修改。综合事件日志有文本形式和图形数据形式两种显示。

①所有最近的严重错误、警告和事件以文本模式显示。

②所有用户指定的信息以图形模式显示。

与其他数据记录功能一致,所有日志项都是带有日期和时间的。单击维护工具主菜单上的 Merged Events Log,即可查看综合事件日志。

3.系统调整/测试

(1)设置系统时钟

这个工具用来设置 Microlok II CPU 的时钟。一般在系统初始配置的时候使用,可以同时显示 MircolokII CPU 和笔记本的日期和时间设置。

(2)复位 Microlok II 系统

这个工具允许用户从笔记本复位 Microlok II CPU。复位功能主要用于清除系统错误,使系统返回正常操作。

单击维护工具主菜单上的 Reset Microlok II 按钮,复位 Microlok II CPU。

注意:用户数据日志可以根据前面讲述的那样从维护工具下载。如果 PC 卡处于写保护模式,仅当 CPU 板上的应用程序与存储在卡上的匹配,才可以读取数据。在写保护模式下,卡中的用户数据日志不能清除。

四、Microlok II 系统维护

设备定期维护的方法就是对设备降级早期的预防检测,如果不进行检测和维护,最终可能导致系统故障。维护人员必须熟悉 Microlok II 系统的操作、测试和维修。

1.静电释放防护

当在 Microlok II 系统中工作,并且不可避免地与系统的电路板接触时,遵循以下措施:

（1）在触摸电路板时确保地板可以导电。

（2）手腕上戴上一个接地护腕，接地护腕应该有 $1M\Omega$ 限流电阻。把接地护腕和地连接起来。

（3）定期检查测试人员经常使用的接地护腕。确认其电阻在 $500k\Omega$ 到 $10M\Omega$ 之间。不要使用不满足这一标准的接地护腕。

（4）尽量触摸电路板的边缘，不要触摸其他部件。

（5）保持工作区的干净整洁。避免在 Microlok II 机笼附近使用绝缘物，例如聚苯乙烯泡沫塑料杯、塑料烟灰缸、玻璃包装纸或玻璃塑料黏合剂。

（6）如果要从机笼拆卸了电路板，应立即把电路板装进一个导体屏蔽袋中。将这些屏蔽袋装在导电泡沫中，可以在运输过程中保护这些电路板。

2. 预防性检修

应该定期检查 Microlok II 机笼和所有的外部设备的降级状况。也应该定期检查其他相关的安全设备。这种检查应该至少一年一次，要进行的检查主要有：

（1）用干净的不含麻的抹布清理机笼的周围。

（2）检查机笼周围有无伤痕。如果有，检查机笼内部有无损伤。

（3）确认机笼和所有外部模块都安装好，所有安装的硬件都齐全牢固。

（4）从机笼拆卸所有的电路板，检查机笼底板是否松动或连接插头毁坏。也要全面检查每一块电路板外部破损、污染或部件和导线绝缘毁坏、破裂或部件断裂及铜线裸露。将可能有问题的电路板用备件替换。

（5）机笼内应没有杂乱的配线。必要时用一个非金属的绝缘的真空吸尘器处理。

（6）将电路板装回机笼，拧紧板子上的螺栓。

（7）检查所有的电源输入和信号电源线磨损、绝缘不好及连接松动情况。同时检查所有防干扰设备的降级等现象。

（8）目测所有电线和电缆是否捆扎完好。

（9）拆下 VCOR 继电器，检查 VCOR 和维修手册描述的是否一致。

注意：电路板或部件的不适当处理可能会导致静态敏感线路的毁坏；不要在机笼带电的情况下安装或移走 Microlok II 电路板，可能导致毁坏电路板或机笼底板。

3. Microlok II 系统常见故障处理

（1）LCW 及 ATS 人机界面部分显示灰色。

检查 MLK 机柜是否正常上电，检查 VCOR 励磁、电源板 VCOR 等是否已点亮。CPU 板上1、2 灯是否熄灭。

（2）MLK 机柜正常上电后，CPU 无法正常运行。

在程序正确的情况下：用万用表测试 DC12V 供电电源是否送给 MLK 机柜，电源线配线是否牢固；检查 MLK 板卡是否齐全，背板插头是否齐全；检查 MLK 机柜中 VCOR 插接是否牢固。

（3）MLK 正常上电后，CPU 不断重启。

检查机柜内部 P 端子是否插接牢固；检查组合柜 P 端子是否插接牢固；MLK 上电后与相邻 MLK 通信是否正常。

（4）某条进路始端信号无法开放。

查看是否有区段条件、PSD 条件及紧停等条件不满足。判断是室内故障还是室外故障。

在分线盘处测试电压,在室外查找相应配线,若是室内问题,先看驱动灯,再查找配线。

(5)MLK 驱动电压已送出,输出板上的输出驱动灯亮,但继电器无法励磁。

P 端子没有插接好,则重点检查柜内转接板上 P 端子是否插接好;继电接口故障,则从组合零层往组合侧面及内部查找;P 端子电缆断线。

知识拓展

故 障 维 修

Microlok II 系统故障维修仅限于改正基本的配线和硬件,更换标准的系统组件。

故障检修 Microlok II 系统需要仔细分析所观察到的症状,具备 Microlok II 系统操作的一套知识,以及进行标准的电气和电子故障检修操作的能力。

注意:不要在现场试图修理轨旁的任何一个 Microlok II 系统电路板或外部设备。任何试图维修轨旁的 Microlok II 系统设备的行为都可能危害系统功能的安全。

1. 故障分析

下面是分析大多数 Microlok II 系统故障的一般步骤。

①查阅维修部门或中心部门的故障报告,详细说明当时的环境,如故障发生的时间、故障发生时系统的条件、故障发生时列车的位置是在联锁区还是接近联锁区。

②浏览一下 Microlok II 系统显示是否正常,正常显示为电源板 5V ON LED 点亮、电源板 VCOR LED 点亮、CPU 板 ON-LINE LED 点亮、CPU 板 VPP LED 熄灭、RESET LED 熄灭、CPU 上面 4 位显示应该滚动显示 US&S Microlok II、CPU 下面 4 位显示应该滚动显示应用软件的名字。

③除了步骤②中提到的系统相关的显示之外,要观察所有 I/O 板的显示。

④按压 CPU 板前面板上的 RESET 按钮,试着复位 Microlok II 系统。许多情况下,这将清除与软件相关的故障。

⑤如果系统复位后故障仍然存在,检查系统的错误记录和事件记录,得到与故障相关的信息。

一般的故障检修方法是用 PC 机或前面板菜单获得一个错误代码,再查看错误代码,从所给的提示中查找故障。用户也可以使用工具程序的信息诊断功能得到更多的关于近期系统的错误。

⑥如果错误和事件记录没有对确认问题提供帮助,试着更换受影响的 Microlok II 印刷电路板并重新检查影响电路的操作。如果这没有使系统恢复到正常工作,检查配线和任何相关接口的面板。

⑦如果在步骤⑥中没有结果,更换 Microlok II CPU 板,重新检查错误电路的工作情况。

⑧一旦所有与故障电路相关的硬件作为导致故障的原因都已经排除,检查应用程序可能引起的错误。

2. 恢复系统到普通运行

系统日志和系统事件日志包含大量的关于 Microlok II 系统单元(以下简称 Microlok II 单元)运行的历史信息。这些记录能够在检修 Microlok II 单元故障时使用。其中的信息分成 3

种类型:严重错误(由错误条件引起单元故障并复位或关机)、警告(由错误条件引起单元工作不正常产生,但不会引起单元复位或关机)、事件(由正常的或不正常的条件产生,这可能对任何检修或监控 Microlok Ⅱ 单元的运行有利)。

系统错误记录只包含最后 50 次引起控制单元复位或关机的故障严重错误记录。系统事件记录包含系统错误记录每个事件,以及正常系统运行的一般的信息报警和事件。

(1)严重错误

Microlok Ⅱ 单元是高可靠的、安全的执行单元。它不断地测试 Microlok Ⅱ 硬件和执行软件以确保正确的工作。测试到任何故障,系统将记录严重错误,并复位或关闭该单元。

确认为硬件正确工作的测试故障一般是由于一个部件的故障造成的,通过更换严重错误信息中显示的部件来纠正故障。确认为执行硬件正确工作的测试故障,可以在短期内通过配置 Microlok Ⅱ 单元安装或修改应用程序来避免引起严重错误的情况来纠正故障。

(2)警告

报警通常由 Microlok Ⅱ 单元外面设备故障或较小的可修复的内部故障引起。如果报警重复发生并且不容易解释原因,应该被认真地解决掉。报警不应该有规律地出现。表 3-8 包含了大部分普通报警推荐解决方法。

CPU 板错误/事件代码　　　　　　　　　　　　　　　表 3-8

分类/子类	描　　述
1C01	NV. OUT32 I/O 板反馈错误:替换相应的 NV. OUT32 板
1C02	NV. OUT32 I/O 板类型错误:板类型错误-检查相对于应用程序列表和连接插头标签的所有 I/O 板的地址开关,如果这个问题还存在则替换相应的 NV. OUT32 板
1C04	NV. OUT32 传输错误:替换相应的 NV. OUT32 板
1D01	NV. IN32 I/O 板反馈错误:替换相应的 NV. IN32 板
1D02	NV. IN32 I/O 板类型错误:板类型错误-检查相对于应用程序列表和连接插头标签的所有 I/O 板的地址开关,如果这个问题还存在则替换相应的 NV. IN32 板
1D06	NV. IN32 驱动器内部错误:替换 CPU 板,并向 US&S 汇报该问题
1E01	NV. IN32. OUT16 板反馈错误:替换相应的 NV. IN32. OUT16 板
1E02	NV. IN32. OUT16 板类型错误:检查相对于应用程序列表和连接插头标签的所有 I/O 板的地址开关,如果这个问题还存在替换相应的 NV. IN32. OUT16 板
1E03	NV. IN32. OUT16 I/O 输入错误:替换相应的 NV. IN32. OUT16
1E06	NV. IN32. OUT32 驱动器内部错误:替换 CPU 板,并向 US&S 汇报该问题
103	系统看门"狗"超时:检查 CPU 板
107	RAM 错误:检查 CPU 板
108	RAM 错误:检查 CPU 板
10A	内部错误:检查 CPU 板
10B	时间来源错误:检查 CPU 板
117	在执行软件中不支持 LAMP 板
119	PC 卡错误:检查或替换卡

续上表

分类/子类	描　述
201	数据总线错误:检查 CPU 板
202	地址总线错误:检查 CPU 板
203	内部错误:检查 CPU 板
207	CPU 错误:检查 CPU 板
208	CPU 看门"狗"故障:检查 CPU 板
209	内部错误:检查 CPU 板
301	可执行 PROM 错误:检查 CPU 板
302	可执行 PROM 错误:检查 CPU 板
303	RAM 错误:检查 CPU 板
304	RAM 错误:检查 CPU 板
305	内部错误:如果重复出现和 US&S 联系
306	数据错误:检查 CPU 板
307	CPU 数字错误:检查 CPU 板
308	内部错误:检查 CPU 板
309	PC 卡诊断错误:检查 PC 卡
401	内部错误:检查 CPU 板
402	内部或应用软件错误:检查 CPU 板或应用软件
403—40C	内部错误:检查 CPU 板
40D	中断错误:检查 CPU 板
501	应用变量数据库错误:检查 CPU 板
502	应用变量数据库错误:检查 CPU 板
503	应用变量数据库错误:检查 CPU 板
601	应用软件启动错误:检查 CPU 板
602	应用软件启动错误:检查 CPU 板
603	应用软件启动错误:检查 CPU 板
604	应用软件执行错误:检查 CPU 板
605	内部错误:检查 CPU 板
606	错误的应用软件编译器或应用软件遭破坏:检查应用软件再检查 CPU 板
607	应用软件 CRC 错误:重新上载应用软件再检查 CPU 板
701	应用软件逻辑队列溢出:检查应用软件程序
702	应用软件错误:检查应用软件
703	内部错误:检查 CPU 板
704	应用软件引起复位
705	应用软件导致系统故障
706	应用软件引起复位

分类/子类	描 述
707	应用软件逻辑初始化时间太长:检查应用软件
801	内部错误:检查 CPU 板
806	内部错误:检查应用软件和 CPU 板
901	IN16 反馈错误:检查 IN16 板
902	IN16 类型错误:检查 IN16 板
906	IN16 内部错误:检查 CPU 板
A01	OUT16 反馈错误:检查 OUT16 板
A02	OUT16 类型错误:检查 OUT16 板
A04	OUT16 硬件故障:检查 OUT16 板
A05	OUT16 硬件故障:检查 OUT16 板或配线
A06	OUT16 内部错误:检查 OUT16 板
B01	IN8OUT8 反馈错误:检查 IN8OUT8 板
B02	IN8OUT8 类型错误:检查 IN8OUT8 板
B04	IN8OUT8 硬件故障:检查 IN8OUT8 板
B05	IN8OUT8 硬件故障:检查 IN8OUT8 板或配线
B06	IN8OUT8 内部错误:检查 IN8OUT8 板
C01	LAMP16 反馈错误:检查板 LAMP16 板
C02	LAMP16 类型错误:检查板 LAMP16 板
C04	LAMP16 输出错误:检查板 LAMP16 板或配线
C05	LAMP16 输出错误:检查板 LAMP16 板或配线
C06	LAMP16 内部错误:检查 CPU 板
D01	编码器反馈错误:检查车载编码器板
D02	编码器类型错误:检查车载编码器板
D04	编码器硬件故障:检查车载编码器板
D05	编码器硬件故障:检查车载编码器板
D06	编码器内部错误:检查 CPU 板
E01	NVIN32OUT32 反馈错误:检查 NVIN32OUT32 板
E02	NVIN32OUT32 类型错误:检查 NVIN32OUT32 板
E06	NVIN32OUT32 内部错误:检查 CPU 板
F01	NVOUT12 反馈错误:检查 NVOUT12 板
F02	NVOUT12 类型错误:检查 NVOUT12 板
F06	NVOUT12 内部错误:检查 CPU 板
1001	TRX.TRACK 反馈错误:检查 TRX.TRACK 板
1002	TRX.TRACK 类型错误:检查 TRX.TRACK 板
1005	TRX.TRACK 反馈错误:检查 TRX.TRACK 板
1006	TRX.TRACK 硬件故障:检查 TRX.TRACK 板
1201	车辆控制共享存储器错误:检查应用软件

分类/子类	描　述
130X—1720X	多为串行链接内部错误:检查 CPU 板
4240	非支持的诊断口中断:替换 CPU 板,并向 US&S 汇报该故障
4440	任务执行时间警告:这个警告指出元件在一些环境下可能反应迟缓。如果这种情况存在和 US&S 商议
4504	数值超出范围:检查应用软件
4702	应用软件的布尔数学或数字表达错误:检查应用软件程序

(3)事件

一般来说,事件消息是一种信息,并且不用纠正行为。它们仅仅包含有利于人员检修或维护 Microlok II 单元的信息。除了单元正常工作时,除一般事件之外的其他重要事件将被记录。

(4)分析系统错误和事件日志

无论 Microlok II 单元工作在正常模式、PC LINK 模式或者关闭模式,都可以使用 Microlok II 单元维护工具得到系统错误日志和系统事件日志。当检修的单元已经故障,首先检查系统错误记录中的严重错误历史是至关重要的。系统错误记录中包含近期的故障信息,还有过去故障的历史信息。系统的错误记录不能被用户删除,并且会一直在 CPU 关电几个小时以后保留信息。检查系统错误记录的样式条目是非常重要的,例如相同的故障或一组故障重复发生时。

如果系统错误记录中没有近期的严重错误,系统事件记录应该下载到 Microlok II 维护工具软件上并进行复查。系统事件记录包含能引起各种单元故障条件的信息。记录的报警和事件包含在与物理 I/O 板相关的复原错误记录中,以及关于串行链接行为的信息。大多数的报警和事件消息是可以解释清楚的。

任务六　DS6-60 型计算机联锁系统的维护

任务描述

DS6-60 型计算机联锁系统是北京全路通信信号研究设计院有限公司在引进、消化和吸收国际先进计算机联锁技术基础上,继承和发扬自身技术优势,自主创新研发的一个符合欧洲铁路安全标准的计算机联锁系统。本任务的目的是掌握 DS6-60 型计算机联锁系统的设备组成、控制原理和控制功能,提高计算机联锁系统的维护能力和设备常见故障的处理能力,为从事计算机联锁设备的维护和工程施工打下坚实的基础。

相关知识

一、DS6-60 型计算机联锁系统概述

1. DS6-60 型计算机联锁系统的主要特点

(1)DS6-60 系统采用二乘二取二冗余结构设计,系统中所有涉及到安全信息处理和传输的部件均按照"故障—安全"原则采取了双重系结构设计,任何单点故障都不会影响系统的正常使用,以满足轨道交通联锁控制设备高可靠和高安全的使用要求。

（2）系统联锁逻辑部为二乘二取二结构，分为Ⅰ系和Ⅱ系，各系内部为二取二结构，任何一系都可以独立工作，双系采用主从方式运行，任一系检测到严重故障都会主动切换，以保证系统功能正常执行，使系统具有高可靠性。

（3）联锁双系中每系均包括两个独立的CPU单元，两个CPU单元实现二取二比较，只有两个CPU的运算结果一致才能对外输出。双系中每系两个CPU单元的软件分别采用不同编译器编译，可以有效防止编译器产生共模错误，使系统具有高安全性。

（4）输入采集单元采用静态采集方式，由输入采集机笼内的两个独立CPU单元分别进行采集，由联锁逻辑部对采集结果进行比较，比较一致则认为采集数据有效，否则采集数据无效，构成二取二故障—安全采集。

（5）输出单元采用双断控制，动态和静态两路驱动串联输出，静态和动态输出分别由输出机笼内的两个独立的CPU单元控制，当一路输出无效时，总输出则为无效，构成硬件相异的二取二故障—安全输出。

2. DS6-60型计算机联锁系统的性能

（1）DS6-60系统电磁兼容和防雷性能均按照轨道交通相关行业标准进行设计，并经指定机构检测，各项性能指标均满足城市轨道交通相关标准要求。

（2）系统联锁软件采用已通过铁道部计算机联锁检测中心检测的DS6计算机联锁软件，系统联锁功能符合《铁路车站计算机联锁技术条件》（TB/T 3027—2015）要求。

（3）系统控显和电务维修机均以Windows 2000操作系统为平台，人机操作界面友好，易于操作，方便现场人员使用和维护。

二、DS6-60型计算机联锁系统硬件构成

DS6-60计算机联锁系统由5个部分组成，分别为：电源子系统、联锁子系统、输入输出子系统、控显子系统和电务维修子系统。系统结构如图3-56所示：

系统硬件设备标准配置为3个19in（1in＝0.0254m）标准机柜和一个电务维修台，机柜高2250mm、宽600mm、深800mm，分别为电源柜、联锁柜、输入输出柜。

设备标准装配分别为：

电源柜：自上而下为2个24V逻辑电源，2个24V接口电源，两个远程通信单元。

联锁柜：自上而下为联锁Ⅰ系机笼、联锁Ⅱ系机笼、控显A机、控显B机、ARCNET集线器Ⅰ和ARCNET集线器Ⅱ。

输入输出柜：自上而下为Ⅰ系输出1机笼、Ⅱ系输出1机笼、输出防雷1机笼、Ⅰ系输入1机笼、Ⅱ系输入1机笼，输入防雷1机笼。

电务维修终端：放置监测机、显示器、打印机及鼠标。

1. 电源子系统

（1）电源柜组成

DS6-60计算机系统要求信号电源屏经隔离变压器单独提供一路单相交流220V电源。从电源屏接入的220V电源送到DS6-60的电源柜，经过柜内UPS后向系统设备供电。图3-57为含自带UPS电源柜布置图。

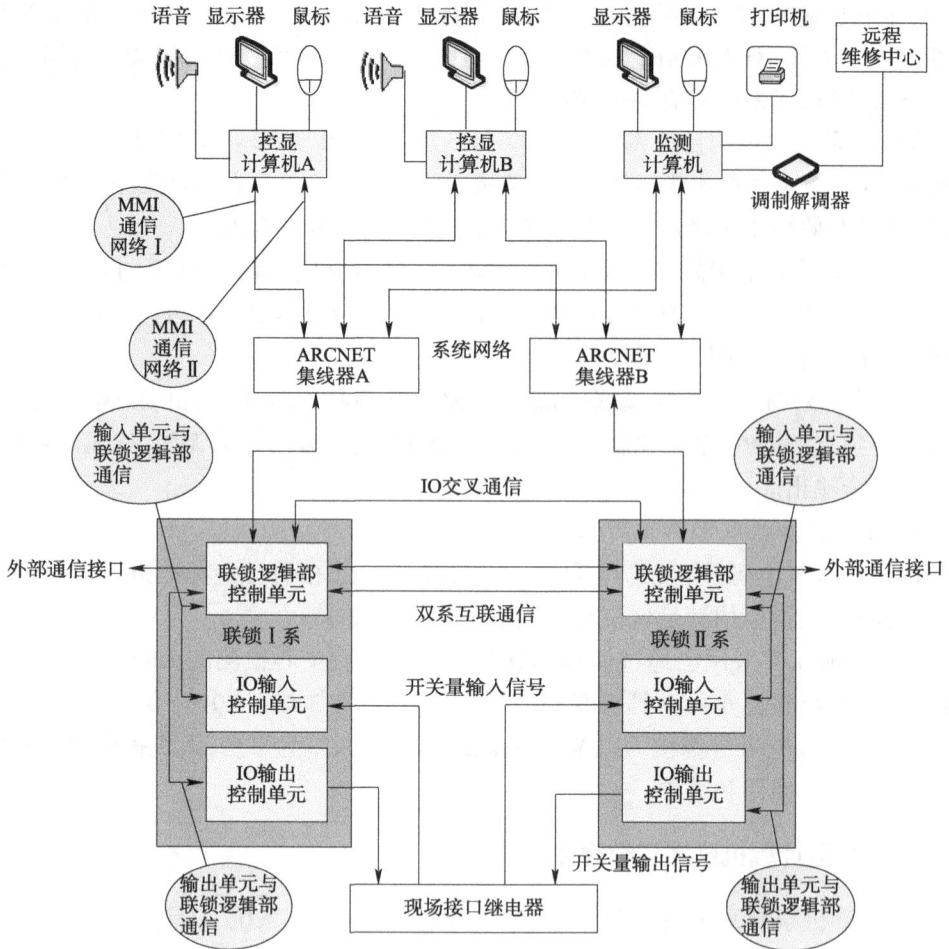

图 3-56 DS6-60 系统结构图

①AC220V 电源

信号电源屏送来的 AC220V 微机电源,经过电源柜内的两台 UPS 和 1 台冗余转换器实现冗余供电,当 UPS 或冗余转换器故障时,自动切换到电源屏 AC220V 直供,保证系统供电的高可靠性。

②DC24V 电源

包括 4 台 24V 直流稳压电源,按照其承担负载性质的不同分为逻辑电源和接口电源,两类电源分别由 2 台直流稳压电源并联供电,保证每一类电源在有 1 台发生故障时不影响该类电源所带负载的供电。

(2)电源柜供电原理

控显机、监测机和控制台显示器使用 AC220V 电源。ARCNET 集线器等设备使用逻辑 24V 电源(L24),此电源同时为联锁机笼和输入输出机笼提供逻辑 24V 电源,经 DS6-60 内部电源板的 DC-DC 变换,产生逻辑电路工作所需的 5V 电源。接口 24V 电源(I24)供输出接口驱动继电器和输入接口采集继电器状态使用。每一路电源均设两台继电器并联工作。图 3-58 为电源配置示意图,图 3-59 为 AC220V 电源供电原理图。如图 3-59 所示,①为交流接触器。

②和③为交流接触器的接点,当 UPS 和冗余转换器工作正常时,②常闭③常开,系统供电取自冗余转换器的输出。当 UPS 或冗余转换器故障时,②常开③常闭,系统直接由信号电源屏供电。

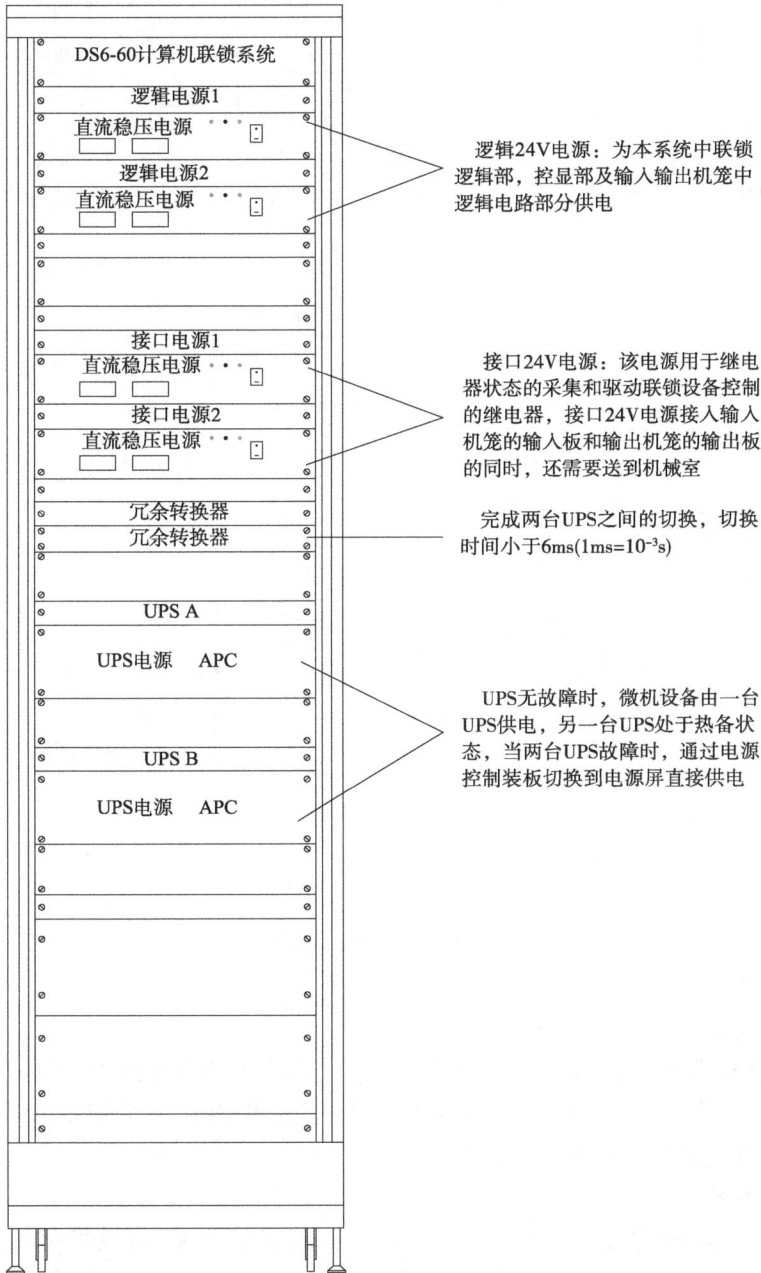

逻辑24V电源:为本系统中联锁逻辑部,控显部及输入输出机笼中逻辑电路部分供电

接口24V电源:该电源用于继电器状态的采集和驱动联锁设备控制的继电器,接口24V电源接入输入机笼的输入板和输出机笼的输出板的同时,还需要送到机械室

完成两台UPS之间的切换,切换时间小于6ms(1ms=10⁻³s)

UPS无故障时,微机设备由一台UPS供电,另一台UPS处于热备状态,当两台UPS故障时,通过电源控制装板切换到电源屏直接供电

图 3-57 电源柜布置图

(3)电源接线(DC24V 接线)

为提高系统供电可靠性,每台 24V 电源都连接双线到接线排,因此对于一个接线排共有 4 根电源输入接线,任何一根电源接线完好都可以保证系统正常供电。对于增加了应急盘的联锁系统,系统中输入和输出机笼的接口电源(I24V(-))需分开引入输入输出机柜。

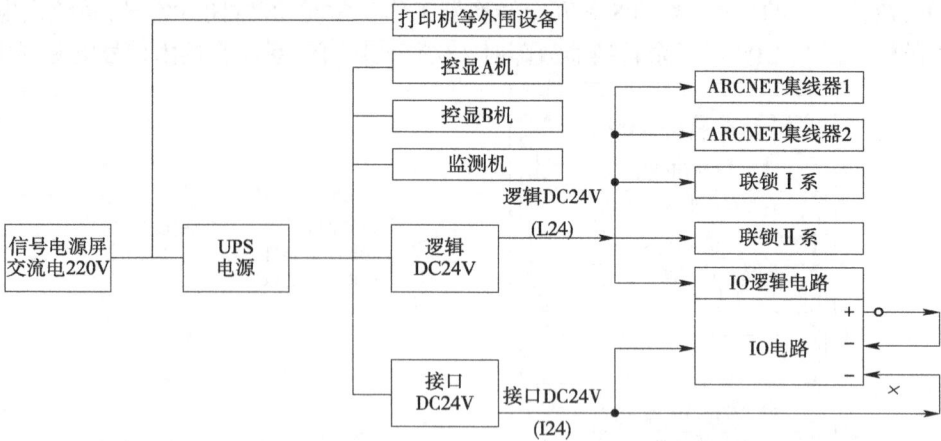

图 3-58　系统供电配置图

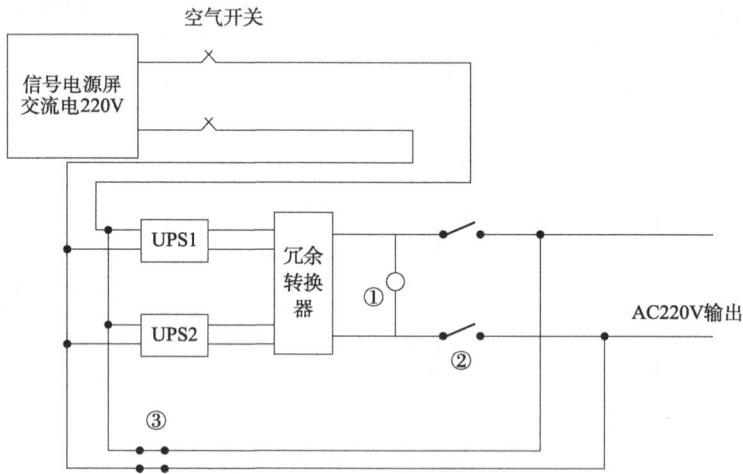

图 3-59　AC220V 供电原理图

2. 联锁子系统

(1)联锁柜组成

DS6-60 计算机系统的联锁子系统和控显子系统都分布在联锁柜中,如图 3-60 所示为联锁机柜布置图,联锁机柜由上而下分别为联锁 I 系机笼、联锁 II 系机笼、2 台控制显示计算机(以下简称控显机)、两个 ARCNET 集线器。

(2)联锁子系统

联锁机笼为标准 6U 机笼,与 19in(1in = 0.0254m)机柜配装,机笼采用总线式结构,各种模板通过底板总线连接通信,完成信息的采集。所有前插和后插线路板集中装配到 6U 高标准机笼内,并通过机笼后端底板连接而成。标准模式的联锁机笼结构图如图 3-61 所示。

联锁机通过光纤与输入子系统连接,接收输入子系统采集的现场信号设备状态,通过光纤与控显机连接,接收控显机下发的控制台操作命令,根据按钮命令进行联锁运算,产生输出命令,通过光纤与输出子系统连接,发送输出命令到输出子系统,由输出子系统驱动继电器动作,实现对道岔和信号机的控制。

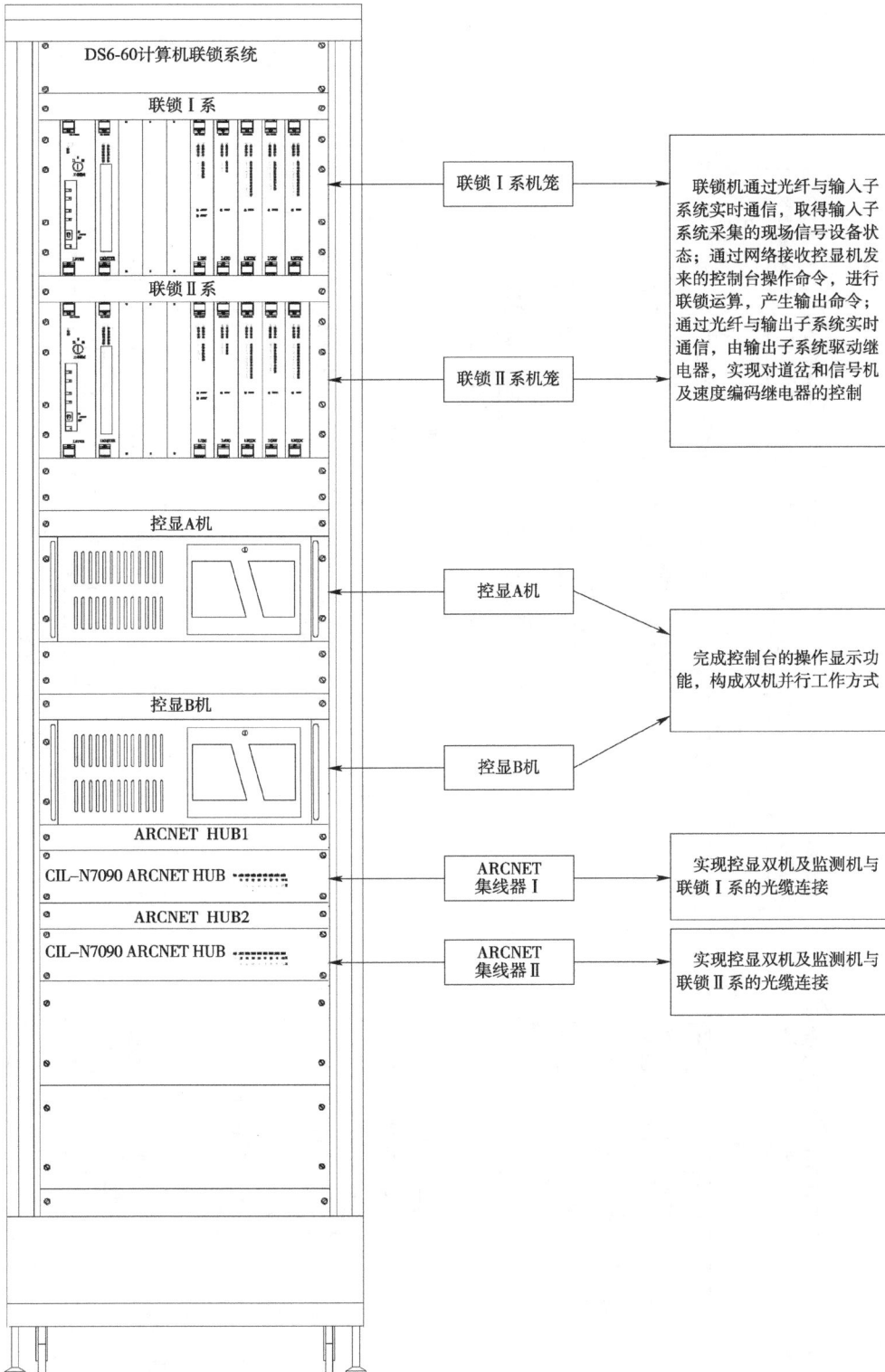

图 3-60 联锁柜布置图

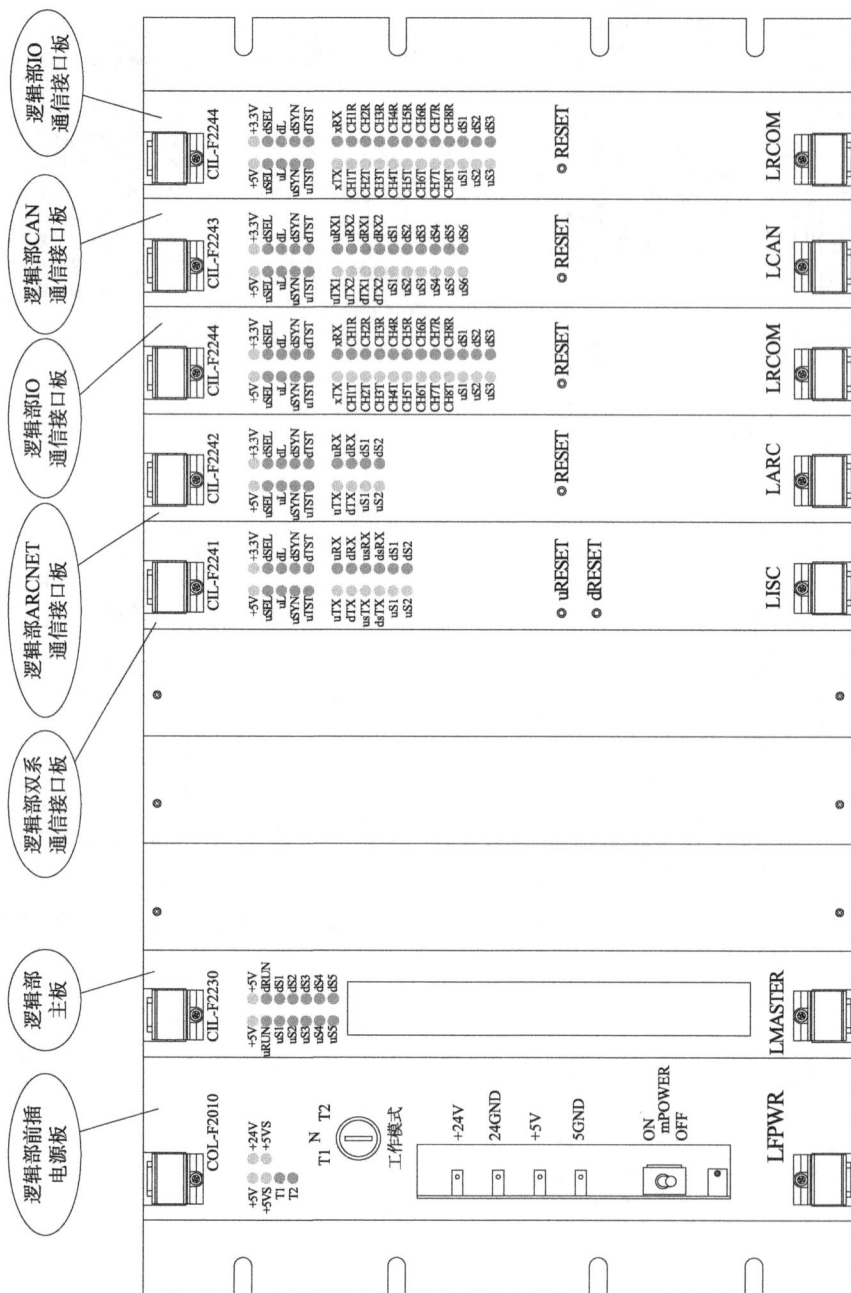

图 3-61　联锁机笼前视图

联锁子系统由联锁 I 系机笼、联锁 II 系机笼组成。两系机笼中硬件设备完全相同,但两个系机笼底板(CIL-N2220)拨码和 ARCNET 通信接口板(CIL-F2242)拨码设置不同。

联锁双系的工作方式为并行主从系统,根据开机顺序,首先投入运行的为主系,后投入的为从系。在运行中,从系与主系保持同步,如果其中一系发生故障,按故障程度不同降级为待机或退出运行,另一系自动升为主系,维持系统控制功能。故障系退出运行后,由看门"狗"自动复位,重新投入使用。

联锁机笼前插部分由逻辑部主板(CIL-F2230)、前插逻辑部电源板(CIL-F2010)、逻辑部双系通信接口板(CIL-F2241)、逻辑部 ARCNET 通信接口板(CIL-F2242)、逻辑部 CAN 通信接口板(CIL-F2243)和逻辑部 IO 通信接口板(CIL-F2244)组成。联锁机笼后插部分由后插逻辑部电源板(CIL-B2010)、逻辑部双系通信端子板(CIL-B2241)、逻辑部 ARCNET 通信端子板(CIL-B2242)、逻辑部 CAN 通信端子板(CIL-B2243)和逻辑部 IO 通信端子板(CIL-B2244)组成。其中后插逻辑部电源板位置固定,其余线路板位置与前插接口板相对应。

①联锁逻辑部主板(CIL-F2230)

联锁逻辑部主板是一个具有二取二结构的故障-安全处理单元,主要实现联锁运算功能、二取二比较功能与外围板卡通信功能。联锁逻辑部主板包含有两个独立的 CPU 单元,通过设在两个 CPU 单元间 DPRAM 实现两个 CPU 单元的数据交换和比较。两个 CPU 单元同时运行联锁程序,利用外部提供的同步时钟源产生的中断,使两个 CPU 能够保持同步;两者的运算结果通过 DPRAM 做比较,比较一致时输出数据,完成二取二安全控制功能。

联锁逻辑部主板正面板上为每个联锁 CPU 单元设置了电源指示灯、运行指示灯和状态指示灯。如图 3-62 所示,指示灯说明如表 3-9 所示。

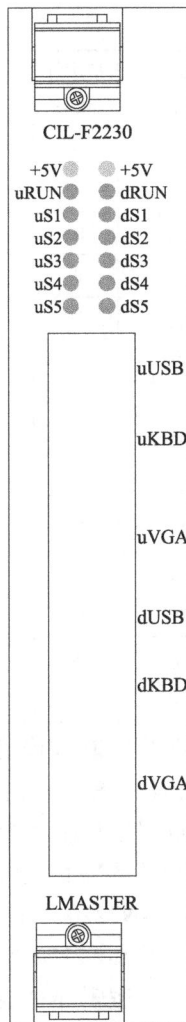

图 3-62 联锁逻辑部主板面板图

CIL-F2230 联锁逻辑部主板指示灯说明   表 3-9

指示灯名称	指示灯状态	指示灯含意
+5V(L)	亮	UP CPU 5V 电源正常
	灭	UP CPU 5V 电源掉电
+5V(R)	亮	DOWN CPU 5V 电源正常
	灭	DOWN CPU 5V 电源掉电
uRUN	亮	UP CPU 系统软件运行在初始化阶段,此时 uS1-uS5 均处于熄灭状态
	亮	UP CPU 初始化故障,此时用 uS1-uS5 来表示初始化故障类型
	闪	UP CPU 系统软件进入周期控制,正常运行
	灭	UP CPU 系统软件未运行或软件退出运行

指示灯名称	指示灯状态	指 示 灯 含 意
dRUN	亮	DOWN CPU 系统软件运行在初始化阶段,此时 dS1-dS5 均处于熄灭状态
		DOWN CPU 初始化故障,此时用 dS1-dS5 来表示初始化故障类型
	闪	DOWN CPU 系统软件进入周期控制,正常运行
	灭	DOWN CPU 系统软件未运行或软件退出运行
uS1 dS1	亮	在 uRUN/dRUN 灯闪烁时,系统为主系
	灭	在 uRUN/dRUN 灯闪烁时,系统为从系或待机态
uS2 dS2	亮	在 uRUN/dRUN 灯闪烁时,系统处于控制态
	灭	在 uRUN/dRUN 灯闪烁时,系统处于待机态
uS3 dS3	亮	在 uRUN/dRUN 灯闪烁时,系统与主系同步
	灭	在 uRUN/dRUN 灯闪烁时,系统与主系不同步
uS4 dS4	亮	在 uRUN/dRUN 灯闪烁时,系统处于脱机检测状态
	灭	在 uRUN/dRUN 灯闪烁时,系统处于正常运行状态
uS5 dS5	亮	在 uRUN/dRUN 灯闪烁时,系统存在故障
	灭	在 uRUN/dRUN 灯闪烁时,系统无故障

在系统软件没有启动时,联锁逻辑部 CPU 板的指示灯状态为:uRUN/dRUN 灭灯,S1-S3 灭灯,S4 和 S5 亮灯;在系统软件加载后,uRUN/dRUN 点亮,通过联锁逻辑部 CPU 板的 S1-S5 指示灯可以反映系统当前的运行状态和故障状态。

②逻辑部底板(CIL-N2220)

CIL-N2220 联锁逻辑部总线底板是联锁子系统的总线背板,联锁部所有可插拔板控制板,都通过 CIL-N2220 联锁逻辑部总线底板连接起来。

联锁逻辑部总线底板的设计目标是在底板为联锁机与各功能提供总线接口和电源接口,功能包括:

a. VME 总线接口:包括两套 VME 总线。

b. VEM 总线终端电阻匹配。

c. 系统功能板供电:包括主 +5V 电源和 standby +5V 电源。

逻辑部底板上设有 SW1、SW2 两个拨码开关,可设置逻辑部机笼所在站号、区域号和系别。

SW1 和 SW2 的第 1 位设置 CPU 号,SW1 对应 CPU1,须设为 ON,SW2 对应 CPU2,须设为 OFF。

SW1 和 SW2 的第 2 位设置系别,ON 表示 I 系机笼,OFF 表示 II 系机笼,同一个机笼的 SW1 和 SW2 的第二位设置相同。

SW1 和 SW2 的第 3~6 位设置机笼所在站号,同一个机笼的 SW1 和 SW2 的第 3~6 位设置相同。

SW1 和 SW2 的第 7~8 位设置机笼所在区域号,同一个机笼的 SW1 和 SW2 的第 7-8 位设置相同。

③逻辑部前插电源板(CIL-F2010)

逻辑部机笼内的前插电源板内部设置了24VDC/5VDC转换电路,将系统提供的+24V电源转换成+5V,提供给逻辑部的各个电路插板。

联锁逻辑部前插电源板的主要功能是为联锁逻辑部的双系通信板(CIL-F2241)、联锁逻辑部Arcnet通信板(CIL-B2242)、联锁逻辑部主板(CIL-F2230)提供+5V电源。

联锁逻辑部前插电源板的正常工作电压值为5.10±0.02V。

前插电源板共有4个测试柱,分别是+24V(TP1)、24GND(TP2)、+5V(TP3)、5GND(TP4)。+24V(TP1)是逻辑+24V的输入,24GND(TP2)是+24V的地,+5V(TP3)是逻辑+5V的输出,5GND(TP4)是+5V的地。

测量+24V(TP1)和24GND(TP2)两端的电压是逻辑24V输入的电压。

前插电源板只有逻辑+5V的输出电压值是可以调节的。调整方法是:取下前插电源板面板上的前挡板,将万用表拨到直流电压测量20V档。在电源板上电的情况下,用万用表红表笔接测试柱+5V(TP3),黑表笔接测试柱5GND(TP4)(5GND),读取万用表读数。用一字螺丝刀调节电位器RT1,直到万用表的示值为5.10±0.02V为止。

逻辑部前插电源板面板上设置"工作模式"钥匙开关。系统正常工作时,钥匙开关应置于中间位"N"位。系统为联锁软件脱机测试模式时,钥匙开关置于"T1"位,"T2"位为预留位。

④逻辑部后插电源板(CIL-B2010)

逻辑部机笼内的后插电源板内部设置了24VDC/5VDC转换电路,通过电压比较电路,选取前插电源板的+5V输出和自身产生的+5V输出中较稳定的一路,最终输出。

联锁逻辑部后插电源板的主要功能是为联锁逻辑部的I/O通信接口板(CIL-F2244)和联锁逻辑部I/O通信端子板(CIL-B2244)提供+5V电源。

联锁逻辑部后插电源板的正常工作电压值为5.10±0.02V。

后插电源板共有5个测试柱,分别是+24V(TP1)、24GND(TP2)、+5VB(TP3)、5GND(TP4)、+5VA(TP5)。+24V(TP1)是逻辑+24V输入,24GND(TP2)是+24V的地,+5VB(TP3)是背板上产生的+5VB输出,5GND(TP4)是+5V的地,+5VA(TP5)是前插板上的+5VA输出。

测量+24V(TP1)和24GND(TP2)两端的电压是逻辑24V输入的电压。

测量5GND(TP4)和+5VA(TP5)两端的电压是前插电源板的的输出电压(若前插电源板此时插在机笼内并处于工作状态)。

后插电源板只有逻辑+5VB的输出是可以调节的。调整方法是:将万用表拨到直流电压测量20V档。在电源板上电的情况下,用万用表红表笔接测试柱+5VB(TP3),黑表笔接测试柱5GND(TP4),读取万用表读数。用一字螺丝刀调节电位器RT1,直到万用表的显示值为5.10±0.02V为止。

⑤联锁逻辑部双系通信接口板(CIL-F2241)(表3-10、图3-63)

双系通信接口板指示灯说明　　　　　　　　　　　　　　　　　　　　表3-10

指示灯名称	指示灯状态	指示灯含义
+5V	长亮	+5V电源正常
	长灭	+5V电源掉电

续上表

指示灯名称	指示灯状态	指 示 灯 含 义
u+3.3V	长亮	UP+3.3V 电源正常
	长灭	UP+3.3V 电源掉电
d+3.3V	长亮	DOWN+3.3V 电源正常
	长灭	DOWN+3.3V 电源掉电
uSEL	闪烁	UP CPU 正在访问本板的 DPRAM
	长灭	UP CPU 未访问本板的 DPRAM
dSEL	闪烁	DOWN CPU 正在访问本板的 DPRAM
	长灭	DOWN CPU 未访问本板的 DPRAM
uTX	闪烁	本系 UP CPU 有数据发往他系 UP CPU
	长灭	本系 UP CPU 没有数据发往他系 UP CPU
uRX	闪烁	本系 UP CPU 接收到他系 UP CPU 发来的数据
	长灭	本系 UP CPU 没有接收到他系 UP CPU 发来的数据
dTX	闪烁	本系 DOWN CPU 有数据发往他系 DOWN CPU
	长灭	本系 DOWN CPU 没有数据发往他系 DOWN CPU
dRX	闪烁	本系 DOWN CPU 接收到他系 DOWN CPU 发来的数据
	长灭	本系 DOWN CPU 没有接收到他系 DOWN CPU 发来的数据

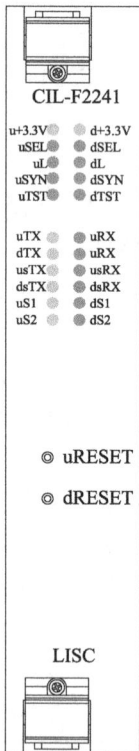

图 3-63 联锁逻辑部双系通信接口板面板图

联锁逻辑部双系通信板完成联锁双系间通信的功能,它将一个系 CPU 模块通信数据转发给另一 CPU 模块。该板采用前、后插板设计,前插板完成 VME 总线接口及逻辑功能,后插板完成光纤收发驱动电路及光纤连接功能。

为了方便维护、调试,以及运行时设备状态显示,在联锁逻辑部前插双系通信板的前面板上设置电源指示灯、信号指示灯、复位开关。手动复位开关用于双系通信接口板全局复位。

在联锁逻辑部前插双系通信板上设置 SW1、SW2 拨码开关,用来设置 UP CPU 和 DOWN CPU 中断信号。

⑥联锁逻辑部 ARCNET 通信接口板(CIL-F2242)

联锁子系统与 MMI 子系统通信通过 ARCNET 通信实现。联锁逻辑部 ARCNET 通信采用前、后插设计,前插板完成 VME 总线接口及本板核心逻辑功能,后插板完成光纤收发驱动电路及光纤连接功能。

为了方便维护、调试,以及运行时设备状态显示,在联锁逻辑部 ARCNET 通信板的前面板上设置电源指示灯、信号指示灯、复位开关。手动复位开关用于 ARCNET 通信接口板全局复位。

在联锁逻辑部 ARCNET 通信板上设置 SW1、SW2 拨码开关,其功能和设计状态如下所示:

a. SW1:正常工作时 8 位都拨成 OFF 状态。

b. SW2:正常工作时 8 位都拨成 OFF 状态。

在联锁逻辑部 ARCNET 通信板上设置 ID2 跨线器,以区分该板

ID 号。

⑦联锁逻辑部 I/O 通信接口板(CIL-F2244)

联锁子系统与本地 IO 层或远程 IO 层通信由逻辑部 IO 通信模块实现,IO 通信模块设计为智能模块,完成应用数据包的发送和接收,减轻 CPU 的工作负担。

由于逻辑部 IO 通信板供电是由联锁逻辑部后插电源板供电,因此在联锁前插电源板电源关闭时,只要后插电源板(CIL-B2010)在正常工作状态,逻辑部 IO 通信板可以正常工作。

I/O 通信模块的物理实现是 I/O 通信板。该板采用前、后插板设计。前插板是 I/O 通信接口板,完成 VME 总线接口、本板核心逻辑功能和状态指示灯;后插板是 I/O 通信端子板,完成光纤通信收发驱动电路及端子引线功能。

该模块与 I/O 子系统通过光纤连接,通过 DPRAM 与 CPU 运算单元接口。

为了方便维护和调试,以及运行时设备状态显示,在 CIL-F2244 逻辑部 I/O 通信接口板的前面板上设置电源指示灯、信号指示灯、状态指示灯、手动复位开关。

手动复位开关用于 I/O 通信接口板全局复位。

联锁逻辑部前插 I/O 通信板上设置 SW1、SW2、SW3、SW4 拨码开关,其功能和设计状态如下所示:

a. SW2:正常工作时 8 位都拨成 OFF 状态。

b. SW4:正常工作时 8 位都拨成 OFF 状态。

c. SW1 和 SW3 用于设置内存基地址。

I/O 通信板 I 用于本地 I/O 机笼的控制,I/O 通信板 II 用于远程通信控制(含区域联锁、站间通信)。

⑧联锁逻辑部 CAN 通信接口板(CIL-F2243)

CAN 通信板是联锁系统对外的一个接口,使系统能够和其他具有 CAN 接口的智能设备进行数据交换。该板采用前、后插板设计,前插板完成 VME 总线接口、数据交换逻辑功能和各种状态指示;后插板作为 CAN 通信端子板,完成端口电气隔离和收发驱动电路。即前插板完成所有的逻辑功能,后插板仅仅作为收发端子板完成收发接口电路。

逻辑部 CAN 通信接口板上设置共有 13 个跳线,分别为 J2、J3、J4、J5、J6、J7、J8、J9、J10、J11、J12、J13、J16。

a. 正常工作时,J3、J5、J6、J8、J10、J12 不跨接,保持开路,J16 的 8 位均保持开路。

b. J7、J11、J9、J13 跨接,J2 的 2、3 跨接,1、2 保持开路,J4 的 1、2 跨接,2、3 保持开路。

⑨联锁逻辑部 CAN 通信端子板(CIL-B2243)

联锁逻辑部 CAN 通信端子板仅仅作为收发端子板完成收发接口电路。

为了方便维护调试,以及运行时设备状态显示,在联锁逻辑部 CAN 通信板的前面板上设置电源指示灯。

逻辑部 CAN 通信端子板 CIL-B2243 上设置 4 个 DB9(F)接口插座,分别命名为 uCC1、uCC2、dCC1、dCC2,对应 4 个端口,其中 uCC1、uCC2 对应一路通道 U,两个端口为冗余关系,dCC1、dCC2 对应一路通道 D,两个端口为冗余关系。通道 U 和通道 D 完全独立工作。

CIL-B2243 线路板上共有 4 个跳线,分别为 J1、J2、J3、J4,分别对应 4 个 CAN 的通信端口,用于设置是否连接终端匹配电阻。

每个跳线均为 1 位跳线,其中 J1、J2 对应 1 个节点设备,设置相同,其中 J3、J4 对应另一个节点设备,设置相同。

当该节点设备作为端点设备接入 CAN 总线时,将相应的两个跳线跨接。如作为中间设备接入 CAN 总线,不跨接两个跳线。

(3)远程通信单元

远程通信单元用于在同一个高速通信环网上实现各种终端(联锁逻辑部、远程 I/O 机笼、区域控显机)之间的数据通信。远程通信单元高为 1U,与标准 19in(1in = 0.0254m)机柜配装。

DS6-60 系统区域联锁和站间通信在同一个远程通信网上实现。在远程通信网上每一个通信节点都配有一个远程通信单元,各个节点的远程通信单元相互连接组成一个环形远程通信网络。环形网络上每个通信节点可以连接的系统有联锁逻辑部、I/O 机笼或区域控显,以实现区域联锁和站间通信功能。联锁逻辑部通过机笼内远程 I/O 通信端子板(CIL-B2244)和远程通信单元连接,I/O 机笼通过机笼内远程通信接口板(CIL-B3444)与远程通信单元连接,区域控显机通过机箱内的区域控显卡(CIL-C1144)与远程通信单元连接,实现控制数据的远程传输。

在远程通信单元的背面有两排低速光收发器,第一排的 4 对低速光收发器从左到右依次对应端口 5 ~ 8,第二排的 4 对光收发器从左到右依次对应端口 1 ~ 4。每一对光收发器中,左侧的是光发送器,右侧的是光接收器。

8 对端口中的任意一对端口都可以用于连接网络终端设备。但每对端口具体连接哪种终端设备,由实际工程配置决定。在远程通信单元的后面板的最左侧有一个黄色的指示灯,用于指示远程通信单元的 24V 电源是否正常。每一个光发送器右侧有一个黄色的指示灯,指示该端口的信号发送状态。每一个光接收器右侧有一个绿色的指示灯,指示该端口的信号接收状态。

在远程通信单元的背面的最右侧有两个高速光收发器,用于实现站间通信;任意一个高速光收发器的左侧(以图 3-64 的方向为准)为发送部分,右侧为接收部分;图 3-64 中左侧的高速光收发器(hLD1),用于同一个域内的各个远程通信单元构建高速环网,右侧的高速光收发器(hLD2)用于不同域之间的连接。

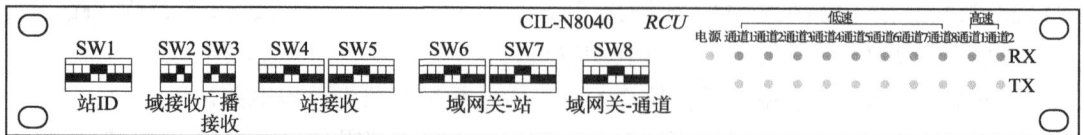

图 3-64 远程通信单元前视图

远程通信单元(CIL-N8040)前面板(图 3-65),从左到右分别设置 SW1、SW2、SW3、SW4、SW5、SW6、SW7、SW8 拨码,含义和具体设置如下所示:

①SW1——站 ID。

ON:0。

OFF:1。

②SW2——域接收允许。

ON：允许接收。

OFF:禁止接收。

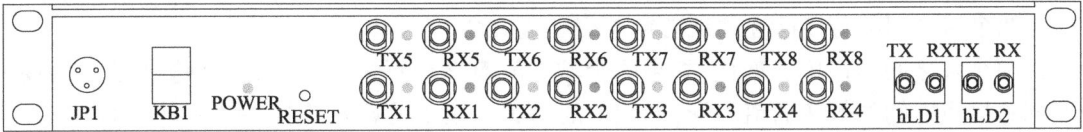

图 3-65 远程通信单元后视图

说明:本域内数据是否允许接收不受 SW2 拨码影响,该拨码仅对跨域数据有效,比如域 1 内的某站,即使设置了不接收域 1 的信息,也不会导致该站不接收域 1 其他站的数据。

③SW3——广播接收允许。

ON：允许接收。

OFF:禁止接收。

说明:广播接收允许仅对本域内广播数据有效,跨域不接收广播数据。

④SW4——站接收允许(站 15 ~ 站 8)。

ON：允许接收。

OFF:禁止接收。

说明:站允许接收仅对本域内数据有效,即只设置是否允许接收本域内某站数据。

⑤SW5——站接收允许(站 7 ~ 站 0)。

ON：允许接收。

OFF:禁止接收。

说明:站允许接收仅对本域内数据有效,即只设置是否允许接收本域内某站数据。

⑥SW6——域网关—站(站 15 ~ 站 8)。

ON：允许跨域发送。

OFF:禁止跨域发送。

说明:设置哪些站的信息被允许跨域发送。

⑦SW7——域网关—站(站 7 ~ 站 0)。

ON：允许跨域发送。

OFF:禁止跨域发送。

说明:设置哪些站的信息被允许跨域发送。

⑧SW8——域网关—通道。

ON：作通道号时表示 0;作通道使能时,表示该通道允许作为域网关通。

OFF:作通道号时表示 1;作通道使能时,表示该通道禁止作为域网关通道。

说明:该开关设置哪些低速通道的数据被允许发往另一个域。

⑨SW6-SW8 及跨域设置注意事项:

a. 如果 SW6-SW7 共 16 个拨码都处于 OFF 状态(即没有站允许跨域发送),则 SW8 设置的 2 个低速通道无效(不管是否使能),这两个低速通道都可用于本域内数据通信;建议不用跨域传输的时候,SW8 设置为 0ff。

b. 如果 SW6-SW7 共 16 个拨码至少 1 个处于 ON 状态(即有站允许跨域发送),则 SW8 设置的 2 个低速通道有效,这两个低速通道被用于跨域传输,本域内数据通信不得占用这两个低速通道;这两个低速通道允许设置成一样(即事实上只有 1 个低速通道被用来跨域传输)。

c. 两个域之间的跨接低速通道总数不得超过 2 个。

d. 两个域之间建议单点连接;如果两个域之间有 2 个(不得超过 2 个)跨接点,则必须保证不同跨接点之间的低速通道不同;如域 1 的站 3 和域 2 的站 4 跨接,占用低速通道 CH7,则域 1 的站 3 和域 2 的站 4 对应的 SW8 均设置为 0b1111 0110;且域 1 的站 6 和域 2 的站 8 跨接,占用低速通道 CH8,则域 1 的站 6 和域 2 的站 8 对应的 SW8 均设置为 0b1111 0111。

e. 不支持跨两个域传输,即域 1 的数据无法经过域 2 转发至域 3。

f. 如果出现某个域和另外两个域分别通信的情况,如域 2 和域 1、域 2 和域 3 间分别有数据交换,则域 2 和域 1 间的通信通道(最多 2 个)与域 2 和域 3 间的通信通道(最多 2 个)不得相同,且本域内数据通信不得占用这几个域间通信通道(最多 4 个)。

3. 输入输出子系统

(1)输入输出柜组成

DS6-60 计算机系统输入输出柜由输出子系统和输入子系统组成,详见输入输出机柜布置图,机柜由上而下分别为 I 系输出 1 机笼、II 系输出 1 机笼、输出防雷 1 机笼、I 系输入 1 机笼、II 系输入 1 机笼和输入防雷 1 机笼。

(2)输出子系统

①原理。

输出子系统由 I 系输出机笼、II 系输出机笼和输出防雷机笼组成。每一个输出机笼是一个具有双 CPU 控制的故障—安全处理系统,输出子系统通过两个 CPU 完成二取二控制。CPU A 和 CPU B 分别接收联锁逻辑部内 CPU A 和 CPU B 下发的控制命令,通过对控制命令校验后,各自控制一套独立的驱动电路进行静态的不同方式的驱动。输出单元采用双断控制,动态和静态两路驱动串联输出,静态和动态输出分别由输出机笼内的两个独立的 CPU 单元控制。当一路输出无效时,总输出为无效,构成硬件相异的二取二故障—安全输出,从而保证输出的安全性。输出子系统具有完善的自诊断和自检测功能,当发现输出板出现异常故障能够快速停止故障输出板的输出,点亮 CPU 板的故障指示灯,并发送相关报警信息到监测系统。输出子系统构成原理如图 3-66 所示。

②配置。

输出机笼由输出底板、电源板、CPU 主板、若干块输出接口板、与输出接口板数量相同的输出端子板组成。其中输出板和输出端子板的数量由站场规模决定,单机笼最多可插入 10 块输出板。所有模板集中装配到 6U 高标准机笼内,并通过机笼后端无源底板连接而成,与输出机笼连接的电缆全部由机笼后端的输出端子板引出如图 3-67 所示。

输出防雷机笼由输出防雷板和输出防雷底板组成。一个输出防雷机笼最多可插入 10 块输出防雷板。每一块输出防雷板对应 II 系输出机笼的两块输出板。

输出机笼配置说明如下:

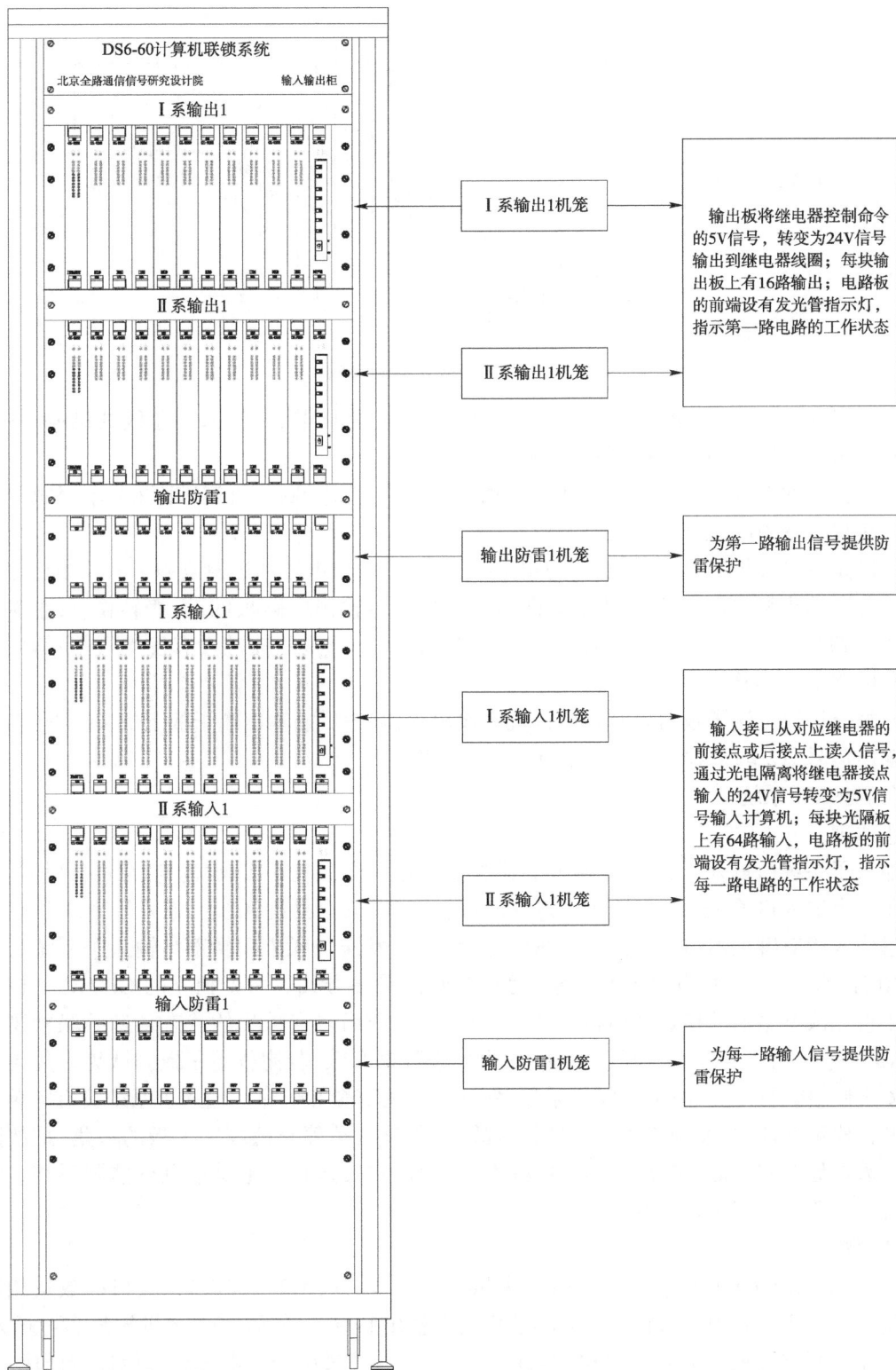

图 3-66 输入输出机柜布置图

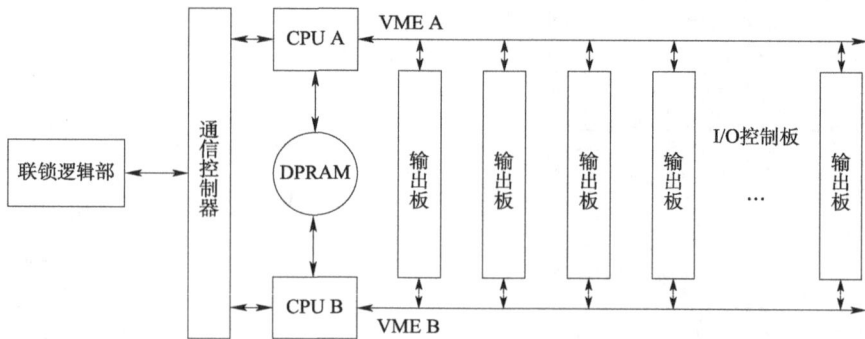

图 3-67　输出子系统构成原理图

a.机笼为标准 6U 机笼,与 19in(1in = 0.0254m)机柜配装,机笼采用总线式结构,各种模板通过底板总线连接通信,完成信息的采集。

b.机笼正面左起依次插入 CPU 板、10 块输出板和 IO 电源板,机笼后面右起依次插入 I/O 部通信接口板和 10 块输出端子板。

c.机笼输出底板接口电源插座、逻辑电源插座,将接口电源和逻辑电源引入输出机笼。

d.光隔输出板将继电器控制命令的 5V 信号,通过输出电路板的动、静转换,转变为 24V 信号输出到继电器线圈;每块输出板上有 16 路输出。电路板的前端设有发光管指示灯,指示每一路电路的工作状态。

e.每一块输出端子板对应其相应位置的输出板,其中后插输出端子板上的 T1 端子对应接口架输出信号,T2 端子对应输出防雷机笼的防雷板。

(3)输入子系统

①原理。

输入子系统由输入 I 系机笼、输入 II 系机笼和输入防雷机笼组成,机笼数量由站场规模决定。每一个输入机笼是一个具有双 CPU 控制的故障—安全处理系统。输入子系统以脉冲方式通过输入板对继电器节点状态进行采集,并将结果发送至联锁逻辑部。输入子系统采用两套 CPU 控制的两套采集电路进行采集,为动态脉冲采集方式。两个独立的 CPU 分别控制输入采集板完成继电器前接点和后接点的双采集,并将前后接点采集的状态传送给联锁逻辑部的双 CPU 进行比较处理,若比较一致则认为采集数据有效;若比较不一致则认为采集无效并导向安全侧,构成二取二故障—安全采集,保证采集的安全和可靠。输入子系统具有完善的自诊断和自检测功能,当发现输入板出现异常故障,能够快速停止故障输入板的采集,把故障板的采集数据导向安全侧,点亮 CPU 板的故障指示灯,并发送相关报警信息到监测系统。输入子系统构成原理如图 3-68 所示。

②配置。

输入机笼由输入底板、电源板、CPU 主板、若干块输入接口板,与输入接口板数量相同的输入端子板组成。其中输入板和输入端子板的数量由站场规模所决定,单机笼最多可插入 10 块输入板。所有模板集中装配到 6U 高标准机笼内,并通过机笼后端无源底板连接而成,与输入机笼连接的电缆全部由机笼后端的输入端子板引出。

输入防雷机笼包含防雷板,单机笼最多可插入10块输入防雷板。每一块输入防雷板与输入Ⅱ系机笼的对应的一块输入端子板连接。

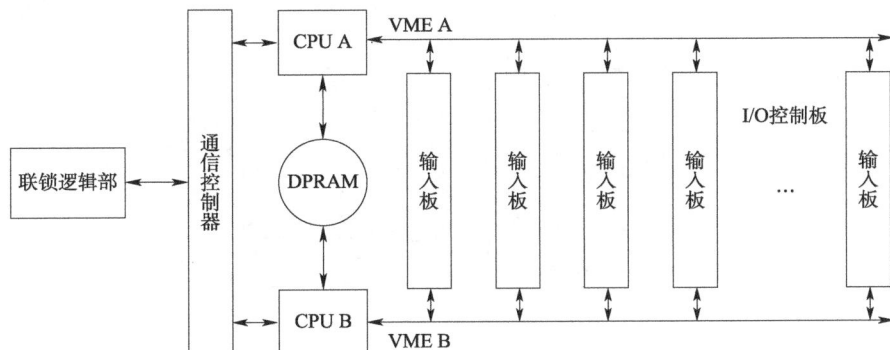

图3-68　输入子系统构成原理图

输入机笼配置如下:

a. 机笼为标准6U机笼,与19in(1in=0.0254m)机柜配装,机笼采用总线式结构,各种模板通过底板总线连接通信,完成信息的采集。

b. 机笼正面左起依次插入CPU板、10块输入板和IO电源板,机笼后面右起依次插入I/O部通信接口板和10块输入端子板。

c. 机笼输入底板设有接口电源插座、逻辑电源插座,将接口电源和逻辑电源引入输入机笼。图中JX2为接口电源插座,JX3为逻辑电源插座。

d. 本系统设计使用光电隔离输入板(包括光电隔离状态板)。输入板将继电器接点输入的24V信号转变为5V信号输入计算机;每块输入板上有64路输入,电路板的前端设有发光管指示灯,指示每一路电路的工作状态。

e. 每一块输入端子板对应其相应位置的输入板,其中:U1、U2插座对应01~32采集,D1、D2插座对应33~64采集;当端子板作为Ⅰ系输入机笼端子板时,U1、D1插座对应接口架采集信号,U2、D2对应Ⅱ系输入机笼端子板U1、D1;当端子板作为Ⅱ系输入机笼端子板时,U1、D1插座对应Ⅰ系输入机笼端子板,U2、D2,U2、D2插座对应防雷输入机笼的防雷板。

(4)输入输出接口连接

①输入接口连接(图3-69)。

系统双系采用并线输入模式,即Ⅰ系和Ⅱ系输入接口在柜内完成并线,对外只采集继电器一组接点。

②输出接口连接(图3-70)。

系统双系采用并线输出模式,即Ⅰ系和Ⅱ系输出接口在柜内完成并线,系统输出信号线(正线和负线)加载在继电器的1/4线圈,若任何一系有输出信号,继电器都会吸起。

4. 控显子系统(图3-71)

(1)控显子系统组成

控显子系统是可以实时显示站场图形和供车站值班员操作的设备。控显子系统由控显主机、显示器、鼠标及音箱组成。控显主机设在机械室的联锁机柜中,显示器、鼠标及音箱设在运转室。鼠标通过串行通信线与控显主机中的串行接口连接,液晶显示器通过视频电缆与控显主机中的多屏显示卡连接,音箱通过音频线与控显主机中的声卡连接。

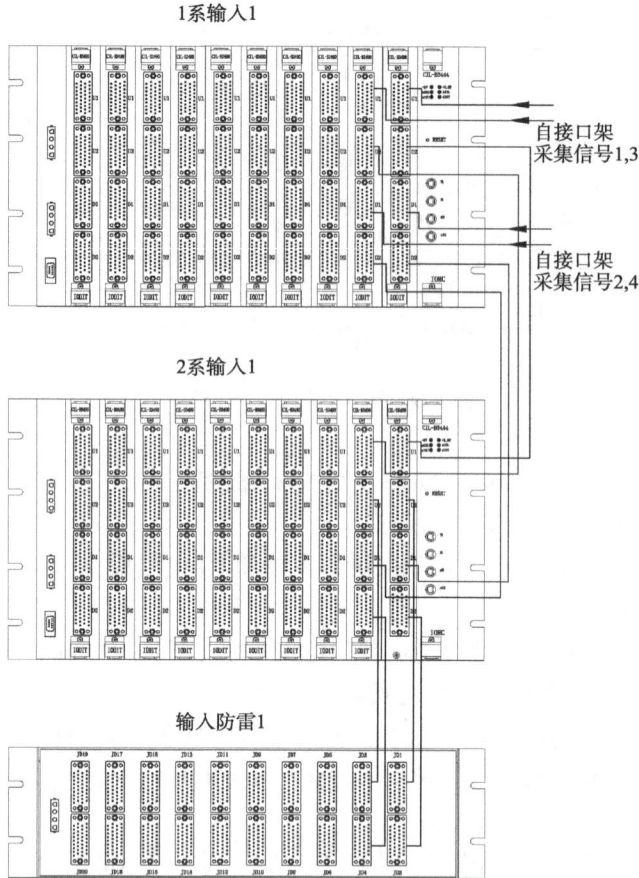

图 3-69　输入接口连接图

系统设置两台控显机,两台控显机采用相同的硬件设备和相同的软件,双机采用主备工作方式,各自连接有一套显示器和鼠标,平时同时在线运行。用户可以选择任意一台控显机使用。

控显机内安装两块 ARCNET 通信网卡(CIL-C1140),通过光纤分别与联锁 I 系和 II 系连接。控显机内安装有声卡,用于语音提示和报警。

控显机内安装有多串口卡,用于和 TDCS 或 CTC 或车站列控中心通信。

控显机显示界面上有 2 个指示灯,分别显示联锁 I 系和 II 系的工作状态。当联锁系工作状态为主系时显示为绿灯,当联锁系工作状态为从系时显示为黄灯,当联锁系工作状态为待机时显示为蓝灯,当联锁系工作状态为停机或控显机与联锁系的网络通信故障时显示为红灯。

控显机与联锁双系的网络通信状态在控显显示界面上由 2 个指示灯分别显示:I 网和 II 网。I 网指示灯表示控显机与联锁 I 系的网络通信状态,II 网指示灯表示控显机与联锁 II 系的网络通信状态。当网络通信正常时,指示灯显示为绿灯,当网络通信故障时显示为红灯。当出现 I 或 II 网中断时,表明控显机与对应联锁系通信故障,应该及时处理。

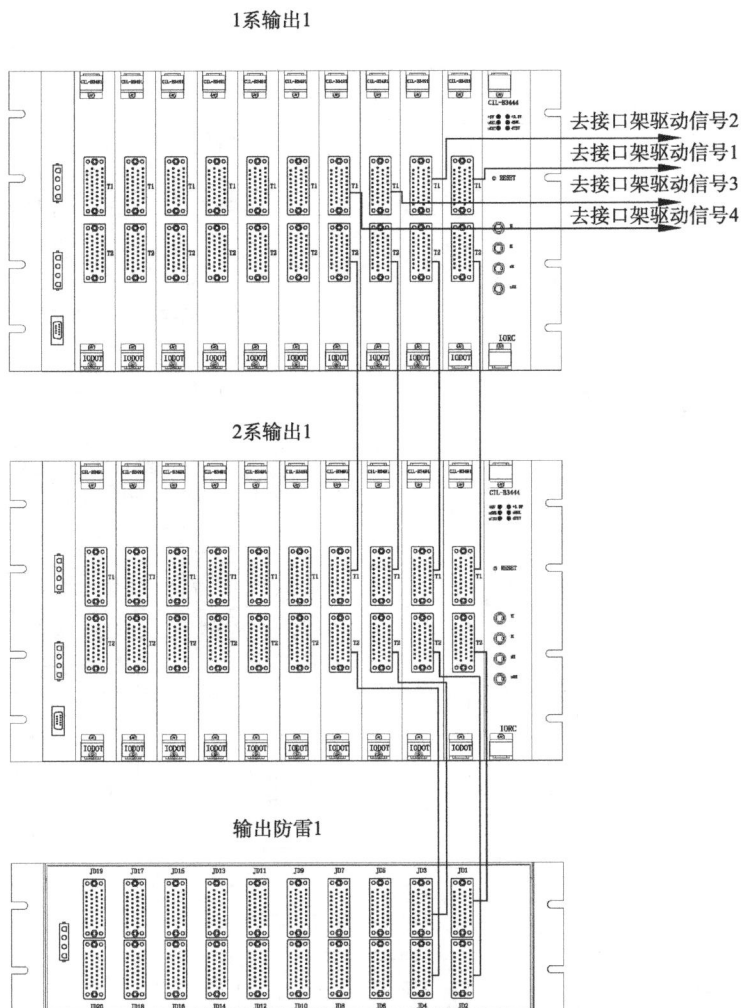

图 3-70 输出接口连接图

（2）Arcnet 通信网卡（图 3-72）

系统控显主机和监测主机与联锁双系通信通过 ARCNET 网络实现。控显和监测通过 ARCNET 通信网卡接收来自于联锁双系的数据，将控制台值班员的操作信息数据发送到联锁双系。

在 ARCNET 通信网卡的侧面板上设置电源指示灯、信号指示灯、复位开关、光纤接收/发送接口和 DB-15 连接器。其手动按钮复位开关用于复位通信网卡。

控显 A 机、控显 B 机、监测机中均插接两块 ARCNET 通信板，分别用于和联锁 I 系和 II 系通信，各卡的节点地址不同，通过位于卡上的 SW1、SW2、SW3 拨码开关和 J2 跨接器设置。

（3）ARCNET 集线器

ARCNET 集线器用于系统内 ARCNET 网络通信连接。联锁双系、控显双机和监测机通信光纤都直接与 ARCNET 集线器连接，通过 ARCNET 集线器实现各个子系统间通信信息的交互，如图 3-73、图 3-74 所示。

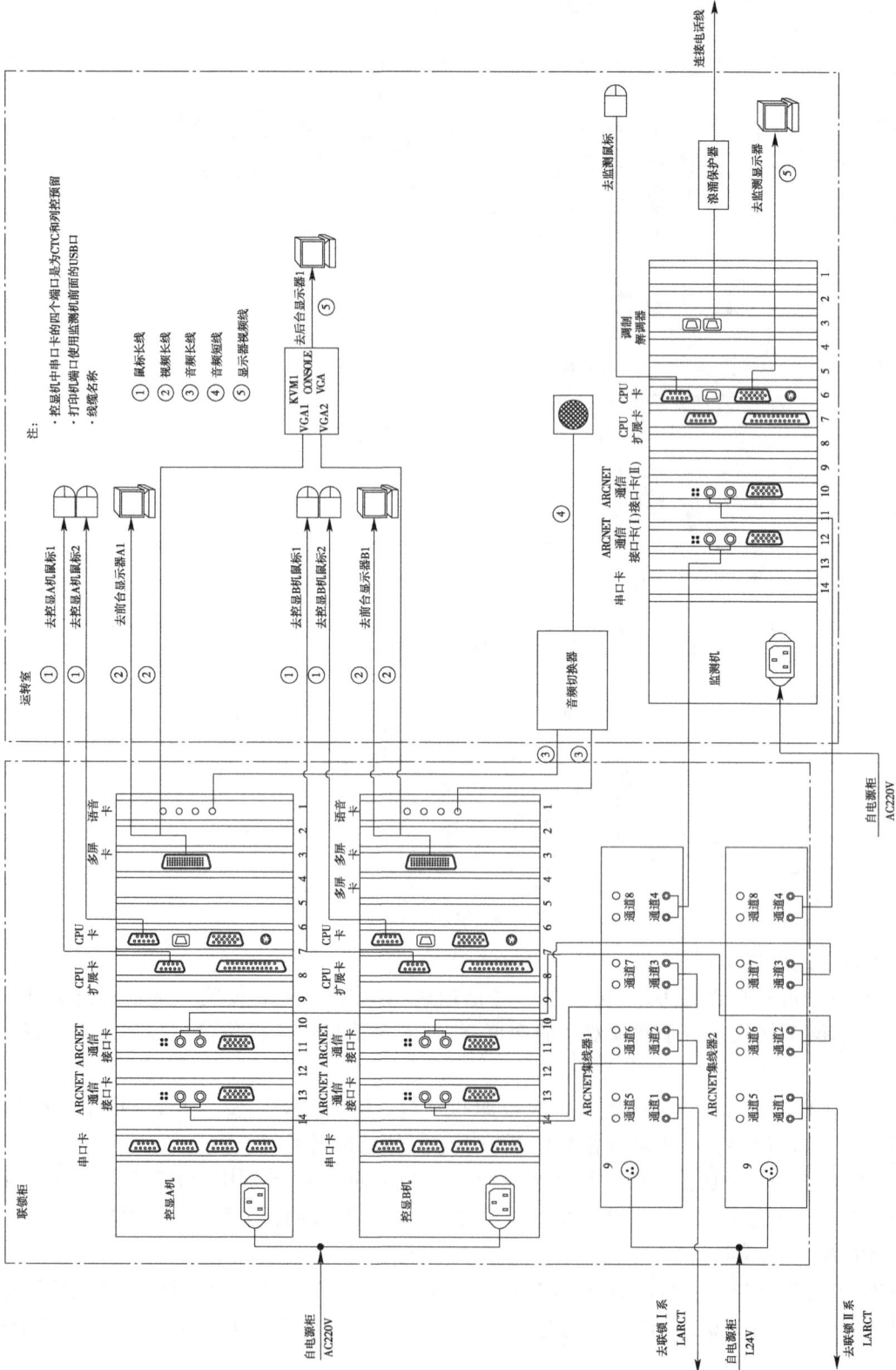

图 3-71 控显子系统接口配线图

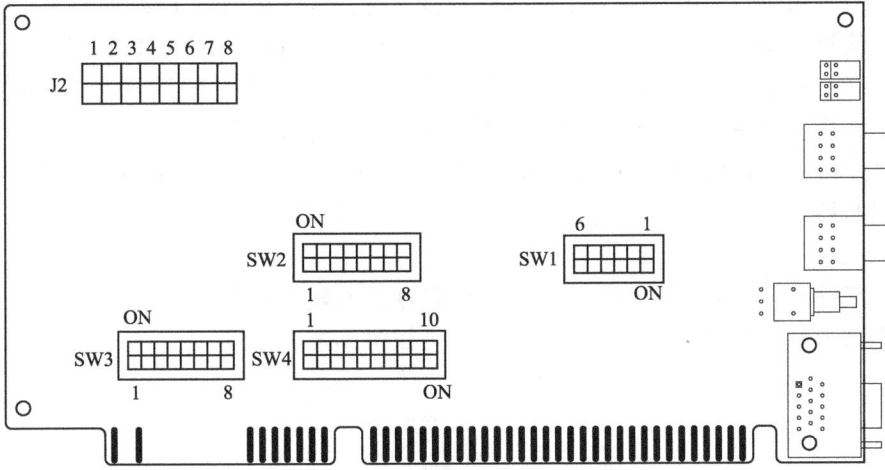

图 3-72　ARCNET 通信网卡外形图

图 3-73　ARCNET 集线器前视图

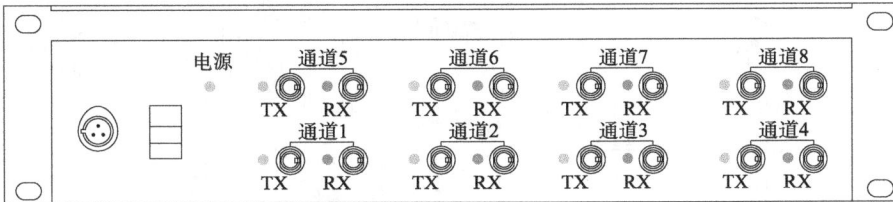

图 3-74　ARCNET 集线器后视图

在 ARCNET 集线器的背面有两排光收发器,第一排的 4 对光收发器从左到右依次对应端口 5~8,第二排的 4 对光收发器从左到右依次对应端口 1~4。每一对光收发器中,左侧的是光发送器,右侧的是光接收器。8 对端口的功能完全一样,任何一对端口都可以用于连接网络终端设备或用于 ARCNET 集线器的级联。

在 ARCNET 集线器的后面板的最左侧有一个黄色的指示灯,指示内部的 5V 逻辑电源。每一个光发送器左侧有一个黄色的指示灯,指示该端口的信号发送状态。每一个光接收器左侧有一个绿色的指示灯,指示该端口的信号接收状态。

5. 电务维修子系统

电务维护子系统主要功能包括系统硬件、软件运行状态监视,以及现场操作和信号设备动作的记忆、查询、再现、打印等,为维护人员提供良好的操作界面,是整个系统维护的重要设备。

电务维修子系统设在机械室,硬件设备包括监测主机、显示器、鼠标和打印机。

监测主机设置为单机,采用高可靠工业控制计算机,机内安装两块 ARCNET 通信网卡

（CIL-C1140），通过光纤分别与联锁 I 系和 II 系连接。通过 ARCNET 网络通信，监测主机从联锁双系接收值班员操作信息、现场设备状态、系统输出命令、输入输出端口状态、系统故障报警信息等，并实时记录在数据库中，所有记录信息可保存 1 个月以上，供维修人员查询。

监测子系统通过串行通信口或以太网接口可以实现与微机监测连接。

监测子系统通过内置 Modem 和外部电话线与设计院维修中心连接，实现车站计算机联锁系统的远程监控和故障诊断，为现场维护工作提供指导和帮助。

6. 系统光纤连接

系统内联锁机与 MMI（控显机和监测机），联锁机与输入和输出的通信均采用光纤连接，使用光纤类型为 ST-ST 多模光纤。系统光纤连接如图 3-75 所示。

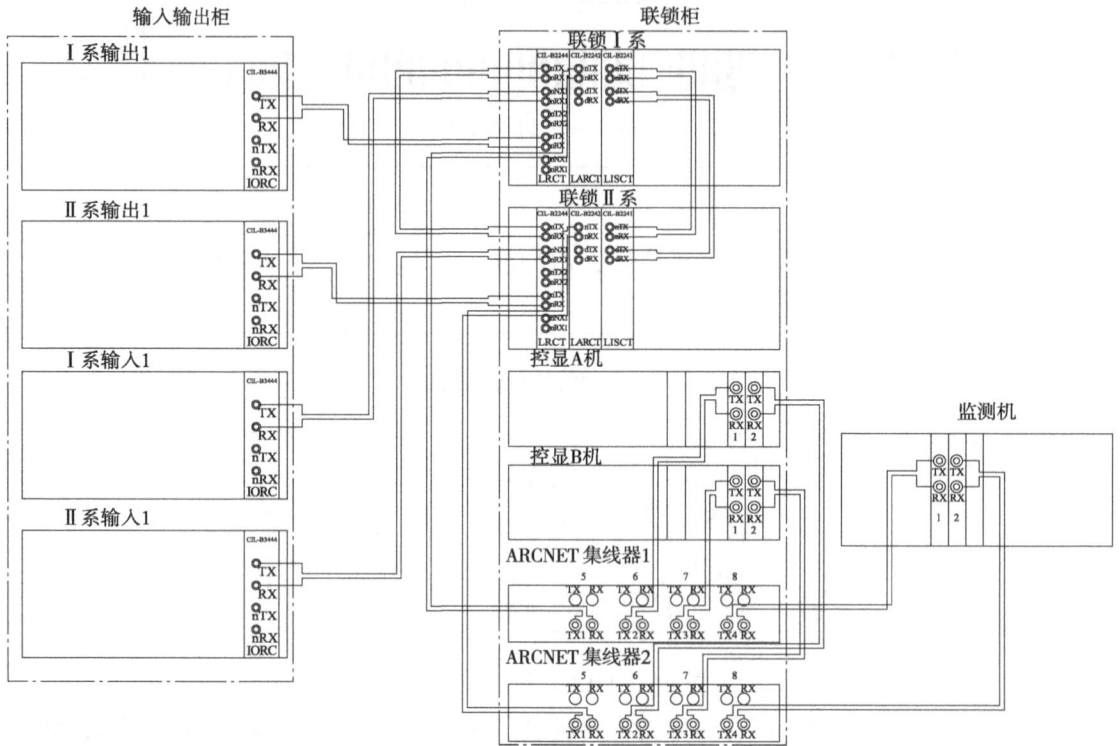

图 3-75　系统光纤连接图

三、DS6-60 型计算机联锁系统软件构成

DS6-60 的软件系统由联锁机软件、控显机软件和监测机软件组成。

1. 联锁机软件

联锁机软件运行在 DS6-60 的联锁机上。由系统管理软件和联锁应用软件组成，系统管理软件主要完成系统的周期任务管理、输入输出管理、双系冗余管理；联锁应用软件主要完成联锁逻辑运算。

系统管理软件的输入程序模块将从输入子系统、控显机取得输入信息，以约定的数据格式放入联锁输入数据区。

联锁应用软件从该区取得输入数据进行联锁运算。联锁程序将运算结果生成的输出命令、控制台显示信息和监测信息,以约定的数据格式放入联锁的输出数据区。

系统管理软件的输出程序模块从输出数据区取得输出数据发送到相应的外部设备。

2. 控显机软件

控显机软件是供车务值班人员办理行车作业的人机界面软件。主要功能有:与联锁机通信,从联锁机接收站场实时变化信息、操作提示和报警信息;向联锁机发送按钮命令信息;完成控制台的站场图形显示、操作提示和报警信息的文字和语音输出;鼠标操作和按钮信息处理等。

3. 监测机软件

监测机软件是在 Windows 操作平台上开发的供电务维护人员进行设备监视和故障诊断的人机界面程序,其主要功能有:与联锁机通信,接收联锁机发送的站场实时信息和 DS6-60 系统的工作状态信息和系统自诊断信息。监测程序将所有的信息记录到实时数据库中。维护人员可以通过屏幕菜单操作查询、显示或打印输出各类信息。

任务实施

一、系统启动操作

1. 启动前的准备

(1)检查系统设备构成是否完整。

(2)检查系统电源连接是否正确。

(3)检查系统光纤连接是否正确。

(4)检查输入输出接口插头是否连接正确,各连接部件是否牢固。

2. 系统加电操作顺序

系统加电应按照以下步骤顺序进行:

(1)开启电源柜背面下方电源控制板上的空气开关。

(2)开启两台 UPS 电源,方法为按下 UPS 面板上的 TEST 按钮,在 UPS 启动完成自检后(各指示灯停止闪烁),确认 UPS 工作状态正常(参阅 UPS 说明书)(无 UPS 时跳过该步骤)。

(3)开启两台接口电源和两台逻辑电源,确认接口电源和逻辑电源的电压范围在 24.5 ~ 25.5V。

(4)开启联锁 I 系和 II 系的前插、后插电源板的电源开关,电源面板 24V 和 5V 指示灯应正常点亮,联锁机笼中各控制板的 5V 电源指示灯应点亮,否则电源板可能存在故障。

(5)开启各输入输出机笼电源板的电源开关,电源板面板 24V(24F)和 5V(5VF)指示灯应正常点亮,各输入输出板和 IO CPU 板的 5V 电源灯应点亮,否则电源板可能存在故障。

(6)开启控显 A 机和 B 机电源,开启后控显机前面板上 5V、12V 指示灯应点亮。

(7)开启监测机电源,开启后监测机前面板上 5V、12V 指示灯应点亮。

(8)开启 ARCNET 集线器电源,开启后 ARCNET 集线器前端指示灯应点亮。

3. 系统停机操作

系统停机应按照以下步骤顺序进行。

（1）用鼠标点击监测机菜单"关闭系统"中的"关闭计算机"，输入密码后，监测机会自动关闭，关闭监测机显示器电源。

（2）关闭控显 A 机 B 机电源和显示器电源。

（3）关闭联锁机前插、后插电源板电源和输入输出机笼电源。

（4）关闭四台直流 24V 电源。

（5）关闭 2 台 UPS，方法为分别按下 UPS 面板的按钮（无 UPS 时跳过该步骤）。

（6）关闭电源柜中电源控制板的总电源开关。

4.电路板更换

系统内所有电路板都不允许带电插拔，现场维修或检修需要插拔电路板时需按照以下顺序操作。

（1）关闭故障电路板所在机笼的电源板开关。关闭方法为用螺丝刀打开电源板的防护盖，按下电源开关。

（2）用工具把固定电路板的 2 个螺丝拧松。

（3）分别按下电路板面板上 2 个辅助扳手的红色按钮。

（4）双手分别按住面板上 2 个黑色助力扳手内侧，向外用力，则电路板可以从机笼中拔出。

（5）插入新的电路板，双手分别按住面板上 2 个黑色助力扳手外侧，向内用力，使电路板面板与其他电路板面板在同一平面即可。

（6）用工具把固定电路板的 2 个螺钉拧紧。

（7）开启机笼电源板电源开关。

（8）电路板的 5V 电源灯正常点亮，说明电路板更换成功。

二、系统维护

1.维护人员要求

维护人员的主要责任是为系统正常运行创造良好的环境条件，掌握并运用系统提供的设备显示和记录信息，定位故障，用更换备件的方法排除硬件故障。软件系统因为关系到联锁功能的安全和可靠，需由软件设计人员负责维护。

维护人员必须经过技术培训，应该具备车站联锁的基本知识，对计算机有一定的了解，并能熟练的使用鼠标进行操作。

2.环境条件

供电要求：计算机系统须从电源屏单独引出一路交流 220V 电源，容量不小于 2 千瓦（需根据站场控制规模决定）。要求电压稳定、连续不间断。DS6-60 系统采用不间断电源给计算机供电。不间断电源（UPS）在中断 10min 内可保证计算机系统继续运行。超过 10min 应人工操作停机，关闭 UPS 电源。

温度和湿度：设备允许的工作环境温度上限为 40℃，最佳环境温度为 25℃。

防尘要求：机房必须清洁，少灰尘。控显机和监测机机箱上的防尘网应定期清洁（1～3 个月，视灰尘情况而定）。

3.维护要点

DS6-60 系统各关键部件均采用双重冗余设计,在系统运行时,单一设备故障时不会影响到系统正常使用,但需要维护人员根据系统故障提示,能够及时发现并恢复故障,以保证系统的可用性。系统故障提示通过 3 个途径反映:

系统监测机系统图形和悬浮报警框:若监测机图形出现红色或蓝色线条或模块,说明系统存在故障,根据故障现象及时更换故障板。

各电路板面板工作状态指示灯:各电路板运行或电源指示灯灭灯时,说明电路板工作异常,要及时更换。

系统控显机"系统报警"闪烁提示,说明系统存在故障,请及时观察监测机系统图形和悬浮框文字报警,根据报警内容定位故障,及时维修。

系统维护人员应定时对设备状态进行巡检,以便及早发现故障。

(1)接口电路的维护

维护内容包括以下内容:

①定期检查接口架插头固定螺丝是否紧固。

②I/O 机笼内电缆插头固定螺丝是否紧固。

③逻辑 24V 电源电压是否正常,电源线是否紧固。

④接口 24V 电源电压是否正常,电源线是否紧固。

⑤系统接地电阻阻值是否正常。

(2)控显子系统的维护

控显子系统工作状态可以在监测机的系统图上观察。控显子系统维护的主要内容有:

①鼠标操作是否正常。

②鼠标线两端连接是否紧固。

③显示器图形显示是否正常。

④视频线两端连接是否紧固。

(3)联锁子系统的维护

①观察监测机系统图形上联锁双系的工作状态和与各子系统的连线是否正常,故障设备会以红色或蓝色标识。

②联锁双系机笼中各通信接口板的状态指示灯是否正常。

(4)输入输出子系统维护

①观察监测机系统图形上输入输出机笼和各控制板的工作状态是否正常,如果出现异常,故障设备会以红色标识。

②观察监测机系统图形上输入输出机笼与联锁系的连接是否正常。

③输入输出机笼中各控制板的状态指示灯是否正常。

(5)电源子系统维护

①观察电源柜中 2 台接口 24V 电源和 2 台逻辑 24V 电源电压和电流显示是否正常,是否存在声音报警。正常电压是否在 24.5~25.5V 范围内。

②观察 UPS 和冗余转换器各指示灯显示是否正常。

知识拓展

常见故障处理

1. 控显机发生常见故障及解决方法(表3-11)

控显机故障类型 表3-11

序号	故障现象	解决方法
1	控显机停机,控显机面板5V和12V板电源指示灯灭灯	1. 用万用表测量接入控显机 AC220V 电源是否正常,如果异常检查电源线是否松动; 2. 重新开机查看控显机面板5V和12V板电源指示灯是否正常点亮,电源风扇是否转动,如果异常需更换控显机电源
2	电源正常,控显机无法启动,屏幕显示蓝屏	1. 用键盘修复系统,在开机时始终按下键盘的 F11 键,选择还原系统; 2. 如无法还原,可能电子盘故障,需更换系统电子盘; 3. 如电子盘无故障则可能是主板故障,需更换控显机主板
3	与联锁 I 系或 II 系通信故障	1. 查看 ARCNET 集线器电源指示灯和各通道接收和发送指示灯是否点亮,如果是灭灯状态,重新开启 ARCNET 集线器电源,如果不能恢复需更换 ARCNET 集线器; 2. 查看控显机内 ARCNET 网卡5V和3.3V电源指示灯是否正常点亮,如果异常,需更换 ARCNET 网卡; 3. 查看联锁双系是否在工作; 4. 查看光纤是否连接正常; 5. 重新启动控显机
4	鼠标操作故障	1. 如果双鼠标都不能操作则需重新启动控显机; 2. 如果单鼠标不能操作,需要检查故障鼠标连接线是否紧固连接,若连接线没有问题更换备用鼠标; 3. 如果鼠标和连接线都正常则可能是主板串口存在故障,需要更换控显机主板
5	显示黑屏,电源指示灯灭	1. 用万用表测量显示器接入电源 AC220V 是否有电; 2. 若电源正常,检查电源连接是否松动,如果电源连接正常需更换显示器
6	显示黑屏,电源指示灯亮	1. 检查控显机是否在工作,如果控显机在停机状态需重新启动控显机; 2. 检查视频连接线各连接处是否松动,如果连接线松动,紧固连接后检查; 3. 控显机视频卡故障,更换视频卡
7	显示花屏	1. 检查视频连接线是否松动,紧固视频连接各连接处; 2. 调整显示器菜单中相关选项; 3. 更换显示器

2. 联锁机故障

通过观察监测机的系统状态和报警信息可以及时发现联锁机的故障。

当联锁单系发生故障,若故障系为主系,则系统自动切换到从系工作,原主系转为待机或退出控制;当故障系为从系,则从系转为待机或退出控制。系统将由双机工作态自动降级为单机工作态。故障板可停机更换,更换完闭后加电投入自动进入同步状态。

联锁机故障主要表现如表3-12所示。

联锁机故障类型　　　　　　　　　　　　　　表 3-12

序号	故 障 现 象	解 决 方 法
1	联锁系电源故障	1. 查看联锁系电源板 5V 指示灯是否点亮,如果在灭灯状态需更换电源板; 2. 用万用表测量联锁系机笼背面的逻辑 24V 电源是否正常,如果异常需检查电源连接线是否松动
2	电源正常,联锁停机故障	重新加电启动看能否恢复,如果不能恢复,则需更换联锁逻辑部主板
3	系间通信板故障	1. 查看系间通信板 5V 电源指示灯是否正常点亮,如果在灭灯状态需更换对应通信板; 2. 查看系间通信板的接收和发送灯是否闪烁,如果停止闪烁,则需更换系间通信板; 3. 更换连接光纤
4	ARCNENT 板通信故障	1. 查看 ARCNET 通信板 5V 电源指示灯是否正常点亮,如果在灭灯状态需更换 ARCNET 通信板; 2. ARCNET 通信板的接收发送灯状态和 ARCNET 集线器接收发送灯状态是否闪烁,如果指示灯灭灯或稳定点亮,则重新加电启动 ARCNET 光集线器; 3. 更换连接光纤
5	I/O 部通信板故障	1. 查看 I/O 部通信板 5V 电源指示灯是否正常点亮,如果在灭灯状态需更换对应通信板或后插电源板; 2. 确认光纤连接是否正常,如果异常需更换光纤

注意:1. 更换故障板必须首先切断联锁机电源!

　　　2. 参考故障板说明,对备用板作必要设置,标有 ＊ 的电路板需要参照对应板设置 ID。

3. 监测机故障

监测机故障主要表现如表 3-13 所示。

监测机故障类型　　　　　　　　　　　　　　表 3-13

序号	故 障 现 象	解 决 方 法
1	监测机停机,面板 5V 和 12V 板电源指示灯灭灯	1. 用万用表测量接入监测机 220V 电源是否正常,如果异常检查电源线是否松动; 2. 重新开机查看监测机面板 5V 和 12V 板电源指示灯是否正常点亮,电源风扇是否转动,如果异常需更换监测机电源
2	监测机无法启动,屏幕显示蓝屏	1. 用键盘修复系统,在开机时始终按下键盘的 F11 键,选择还原系统; 2. 更换系统硬盘; 3. 更换监测机主板
3	显示器无显示	1. 检查显示器电源; 2. 检查电源连线是否松动; 3. 更换监测机主板
4	通信中断	1. 检查光纤连接是否正确; 2. 检查 ARCNET 集线器是否正常; 3. 更换 ARCNET 网卡
5	打印机不工作	检查打印机电源和联机电缆,以及打印纸安装情况。如一切正常,则可能是主机板上的打印机接口电路故障,需更换监测机主板

4. 输入采集故障(表 3-14)

输入采集故障类型 表 3-14

序号	故障现象	解决方法
1	输入机笼故障,所有输入板指示灯灭灯,CPU板电源指示灭灯	开启输入机笼电源板电源开关,查看输入机笼电源板的24V和5V指示灯是否点亮,如果在灭灯状态用万用表测量机笼背面逻辑电源是否为24V;如果逻辑24V电源正常,则需要更换电源板;如果逻辑24V异常,则需要检查电源配线是否连接正确
2	机笼电源正常,所有输入板指示灯灭灯	检查机笼IO CPU板5V电源指示灯是否点亮,观察IO CPU面板各指示灯是否正常点亮或闪烁,如果指示灯正常需要用万用表检查接口24V电源线是否连接正确,如果指示灯异常需要更换IO CPU板
3	输入板单板故障,板内所有采集指示灯灭灯	检查输入板安装是否紧固,板上5V电源指示灯是否点亮,如果5V指示灯没有点亮更换输入板; 如果电源灯点亮则检查对应后插输入端子板安装是否紧固,检查连接电缆插头是否紧固,检查对应接口架电缆插头是否紧固
4	输入板通道故障,继电器在吸起时,输入板通道指示灯灭灯,控显或监测机对应的采集状态为继电器落下	查看继电器的状态,用万用表测量接口架故障通道采集电压;如果继电器在吸起态则前接点采集电压应为20V～24V,如继电器状态和测量采集电压一致说明输入板故障,需更换输入板;如果采集电压不正确说明继电器端的配线存在故障

5. 输出驱动故障(表 3-15)

输出驱动故障类型 表 3-15

序号	故障现象	解决方法
1	输出机笼故障,所有输出板指示灯灭灯,CPU板电源指示灭灯	开启输出机笼电源板电源开关,查看输出机笼电源板的24V和5V指示灯是否点亮,如果在灭灯状态用万用表测量机笼背面逻辑电源是否为24V;如果逻辑24V电源正常,则需要更换电源板;如果逻辑24V异常,则需要检查电源配线是否连接正确
2	机笼电源正常,联锁有输出信号但所有输出板指示灯灭灯	检查机笼IO CPU板5V电源指示灯是否点亮,观察IO CPU面板各指示灯是否正常点亮或闪烁,如果指示灯正常需要用万用表检查接口24V电源线是否连接正确;如果指示灯异常需要更换IO CPU板
3	输出板单板故障,板内所有驱动指示灯灭灯,所有驱动无输出电压	1.检查输出板安装是否紧固,板上5V电源指示灯是否点亮,如果5V指示灯没有点亮需更换输出板,机笼重新加电; 2.如果电源灯点亮则检查对应后插输出端子板安装是否紧固,检查连接电缆插头是否紧固,检查对应接口架电缆插头是否紧固
4	输出板单路没有输出	查看双系对应的输出通道是否都没有输出,如果另一系的对应输出板通道有输出,而本板的无输出则更换输出板

任务七　iLOCK 型计算机联锁系统的维护

任务描述

iLOCK 型计算机联锁系统是卡斯柯信号有限公司引进法国 ALSTOM 公司 SMARTLOCK 系统核心技术并进行了国产化开发的二乘二取二系统。该系统在一般的二取二硬件冗余结构基础上,采用 NISAL 专利技术,增加了独立的"故障—安全"校验用 CPU 模块,使系统比一般的二取二具有更高的安全性。iLOCK 系统的联锁功能、系统可靠性、可维护性、系统带载能力及系统抗干扰能力等,均满足轨道交通相关标准和现场的实际需要;系统具备现场仿真测试接口、出厂测试接口;系统的软件及系统硬件的防雷和电磁兼容特性等,均通过了轨道交通行业的测试。

相关知识

一、iLOCK 型计算机联锁系统概述

1. iLOCK 型计算机联锁系统的主要特点

(1)iLOCK 系统采用全热备(冗余)体系结构,即人机接口(MMI)、联锁机、网络及通信部分、UPS 电源等均为冗余热备设置,提高了系统的可靠性。

(2)联锁机采用同步跟踪技术,系统间无扰动切换,提高了系统的稳定性。

(3)在计算机之间采用了多通道重组技术,系统重组灵活,提高了系统的可用性。

2. iLOCK 型计算机联锁系统的主要技术条件

(1)满足《铁路车站计算机联锁技术条件》(TB/T 3027—2015)。

(2)系统具备完整的符合轨道交通行业标准的微机监测功能并具有组成计算机监测网的能力。

(3)可按"集中联锁、分散控制"的原则组成多子站的"一点多址"区域联锁系统。

(4)系统具备远程诊断功能,可供维护技术人员在异地实时监测系统工作状态,指导维护人员排除故障。

(5)与室外接口电路定型化、标准化,接口电路采用国产普通安全型继电器,价格便宜、性能稳定、安全可靠。

(6)适用于电气化及非电气化区段。

二、iLOCK 系统体系结构

iLOCK 系统由人机界面子系统(MMI)、联锁处理子系统(IPS)、控制台系统(GPC)、诊断维护子系统(SDM)、冗余网络子系统(RNET)和电源子系统(PWR)组成。iLOCK 系统基本结构如图 3-76 所示。

MMI 是 iLOCK 系统与车站值班员之间的交互接口。通常情况下,iLOCK 系统采用彩色显示器作为计算机联锁系统的人机交互界面,供车站值班员通过鼠标办理各种作业,显示站场信号设备,并给予明了的语音提示。对于特殊要求的车站,iLOCK 系统还可以采用控制台等作为人机交互界面。

IPS 是由一个或多个机柜组成的二乘二取二系统,A 系和 B 系无论是否同时启动,双系开机并通过安全校验后即能很快自动同步。A 系和 B 系采集共享、并行输出,当一个系某一路采集或输出发生错误时,只要另一个系对应的码位不发生错误,即不会影响系统的运行。单系实行双通道采集、双断稳态输出,只有在双通道运算结果一致、双通道总线控制结果一致、双通道输出电路完好等各项二取二严格条件都满足以后,才使输出真正有效。

　　根据城市轨道交通运营的要求,在比较大的车站,设有 GPC,供值班员监视站场内列车运行情况以及站场状态。GPC 的界面显示与 MMI 完全一致。

　　SDM 采用图形化"诊断维护电子向导",为维修人员进行系统维护和信号设备监测的工具。

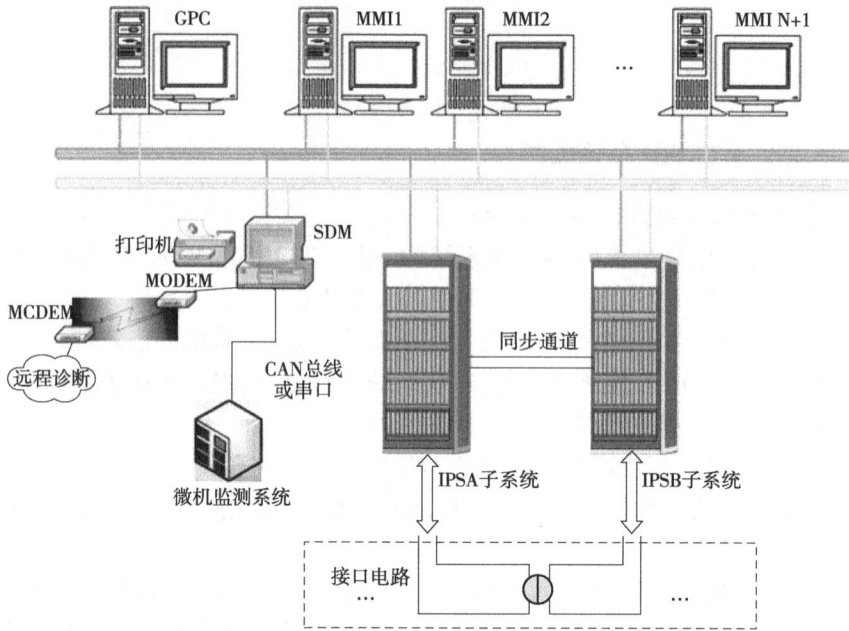

图 3-76　iLOCK 系统基本结构图

　　iLOCK 系统还设有基于交换机的以太网技术的冗余网络和冗余热备的 UPS 的供电配置。

　　iLOCK 系统通过标准的联网方式,可以在任何地点接入任意数量的调度显示终端。根据距离远近和用户所能提供的通道情况,可以采用光缆方式,也可以采用专线(或拨号)MODEM方式完成终端接入。

　　iLOCK 系统也可以通过专用的 FSFB2 安全通信协议,实现与 ATP 等安全系统联网,构成全程全网的综合安全系统。

　　iLOCK 系统由 4 架机架组成。分别是联锁 A、B 机架,双机切换与电源机架,联锁 A_1/B_1 扩展机架。联锁 A、B 机架负责安装系统机箱、4 个 I/O 机箱和电源机箱。双机切换与电源机架安装系统切换机箱、电源切换机箱、配电机箱、交换机、UPS、MMI。联锁 A_1/B_1 机架是联锁 A/B机架的扩展机架,可安装 6 个 I/O 机箱。iLOCK 系统联锁 A 机如图 3-77 所示。

　　1. 联锁处理子系统

　　联锁处理子系统(IPS)是整个 iLOCK 系统的核心,它由专用联锁机(IPS A 和 IPS B)组成,根据需要可以采用中央逻辑控制(CLC)和区域逻辑控制(ZLC)结构。IPS 硬件由一个或多个机柜组成,包含一个以上的机箱,机箱中有一定数量的印制电路板、连接电路板的线路,以及与其他设备交换信息的接口。iLOCK 系统机箱高度为 9U,扩展机箱高度为 6U,每层扩展机箱有14 个槽道,灵活及可扩展性好。

　　iLOCK 系统下的 IPS 主要包括以下印制电路板。

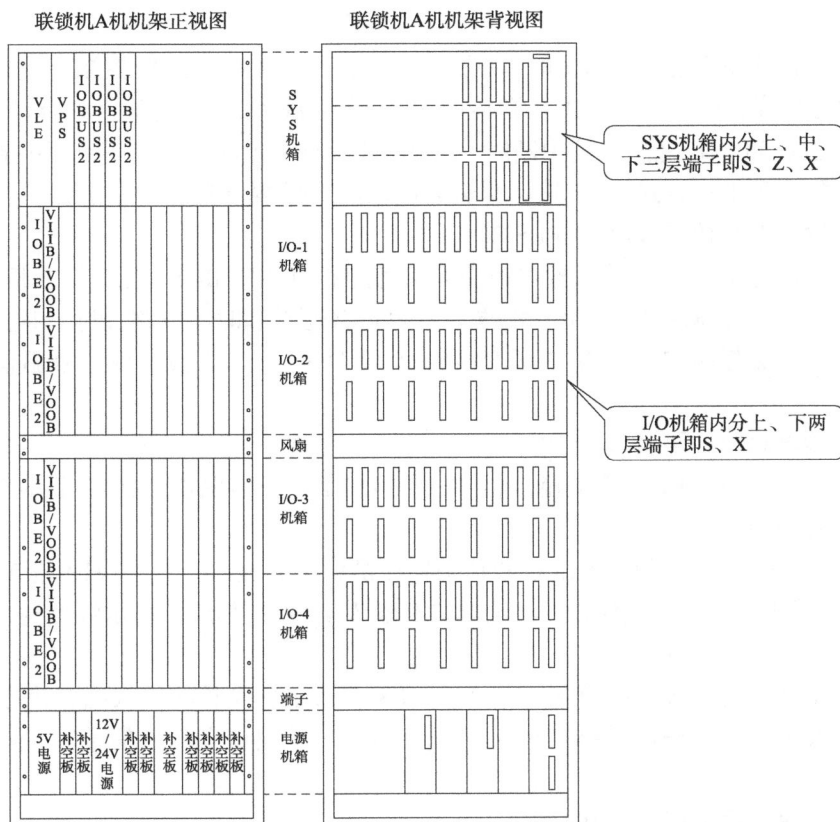

图 3-77 iLOCK 系统联锁 A 机配置示意图

（1）安全逻辑运算板（VLE）

VLE 板是整个联锁处理子系统的核心，包括通过 I/O 选址读取输入/输出信息；进行联锁运算；与 MMI、SDM、其他 iLOCK 系统通信等。对于大型联锁车站或有光通信的车站，为了缓解 VLE 板的通信压力，其中的安全通信由 CPU/PD1 板完成。VLE 板通过总线与 VPS 板、CPU/PD1 板等通信。

（2）安全校验板（VPS）

VPS 板是 iLOCK 系统的安全型监视机构，独立于 VLE 板并对系统进行全面的安全检查。它以一定的间隔接收到一组编码检查信息，如经检查这组信息正确，则输出一个安全型数字信号，这个信号通过一个安全型滤波器滤波并用于励磁一个安全型继电器 VRD，用以证明系统自检正常。所有通向 iLOCK 系统的安全型输出的电源都经过该继电器 VRD 的前接点。当发现系统有错误时，在 $90\text{ms}(1\text{ms}=10^{-3}\text{s})$ 内 VRD 继电器失磁，然后这个安全型继电器将会切断 iLOCK 系统所有的安全型输出的电源。VRD 继电器在 VPS 经过 7 个周期连续检查后，证明系统是正常时才能再度励磁，以确保系统安全。

（3）母板（MB）

母板是联锁处理子系统中各印制电路板之间连接的桥梁，通过母板，VLE 板可以进行 I/O 选址，可以与 VPS 板交换信息，对于配置安全通信板的联锁车站还可以与 CPU/PD1 板交换信息，通过母板、I/O B 板可以与输入输出板交换数据，从而达到了整个联锁处理子系统之间的信息互通。

采用 CLC 和 ZLC 分层逻辑结构时,联锁运算和输入输出板的逻辑控制交由两组 VLE 板来完成。CLC 进行联锁逻辑运算,ZLC 则接收 CLC 的控制命令,实施采集和驱动的控制。同时,也可以在 CLC 和 ZLC 之间通信中断时,实现基本联锁(如基本列车进路、引导进路)的自律控制。IPS 的这种工作方式,对区域计算机联锁区段进行站场改造非常方便。

(4)输入输出总线接口板(I/O BUS 2)

I/O BUS 2 板是 VLE 板和输入输出板交换信息的通道,I/O BUS 2 板为输入板的测试数据和输出板的端口校验数据提供存储空间;同时它也包含逻辑和时序电路,以控制输出端口的连续校验。I/O BUS 2 板能与 I/O BE 2 板交换信息,通过 I/O BE 2 板实现差分驱动,驱动双断输出板。

(5)输入输出总线扩展板(I/O BE 2)

I/O BUS 2 板与 I/O BE 2 板交换信息,通过 I/O BE 2 板实现差分驱动,驱动双断输出板。

(6)双采安全型输入板(VIIB)

VIIB 板为 iLOCK 系统的两个 CPU 分别采集提供相同的接口。每块 VIIB 板有 16 个输入端口,每个输入端口对应一个指示灯,当某端口有输入信号时,相应的指示灯点亮。

(7)安全型输入板(VIB)

VIB 板为 iLOCK 系统提供采集接口。使 iLOCK 系统能安全检测输入端口状态。每块 VIB 板有 16 个输入端口,每个输入端口对应一个指示灯,当某端口有输入信号时,相应的指示灯点亮。

(8)安全型双断输出板(VOOB)

VLE 板通过 VOOB 板产生输出信号,驱动接口设备,并且系统能实时检测 VOOB 板输出的正确性、输出与实际驱动的一致性。作为双断输出板,VOOB 板为二取二系统的两个 CPU 分别提供正负电控制对象。每块 VOOB 板有 8 对输出,每对输出设一个正电输出和一个负电输出对应一个有效输出。每对输出端口设一个指示灯,当正电和负电输出同时有效时,相应的指示灯点亮。

(9)安全型单断输出板(VOB)

VLE 板通过 VOB 板产生输出信号,驱动接口设备,并且系统能实时检测 VOB 板输出的正确性、输出与实际驱动的一致性。作为单断输出板,VOB 板仅提供正电控制对象。每块 VOB 板有 16 个输出,每个输出端口设一个指示灯,当输出有效时,相应的指示灯点亮。

2.人机界面子系统

(1)MMI 功能

MMI 用于 Windows 2000 或更高版本 Windows 多任务操作系统,对每个车站采用 N + 1 热备工作方式,使用高可靠的工业控制计算机,通过高速网口或串口与其他系统(子系统)交换信息。

MMI 完成以下功能:

①车站值班员发送控制命令和接收现场表示信息。

②MMI 之间、MMI 与 SDM 子系统和仿真测试系统之间通过高速网络交换信息。

③完成非安全联锁逻辑功能(如选路判断、表示等)。

④数字式道岔动作电流显示。

⑤通过串口提供 iLOCK 系统与 ATS 系统交换信息的接口。

⑥用户所要求的其他表示与报警功能。

(2)MMI 界面

MMI 界面由站场图窗口、操作输入窗口、信息提示窗口组成,可以复示现场信号设备状态、发送控制命令、并给出信息提示。

①站场图窗口

站场图窗口包括:信号机的状态表示,进路的锁闭状态表示,轨道及道岔区段的占用表示,反映进路控制过程的其他必要表示,与其他系统联系的相应表示,主要设备的报警,其他必要的表示和报警。

②操作输入窗口

车站值班员通过操作输入窗口可以进行排列进路、取消进路、重复开放信号、延时解锁进路、操纵道岔、单独锁闭/解锁道岔、关闭信号、事故解锁区段、办理引导进路、引导总锁闭、封锁信号设备的操作以及其他用户要求的有关操作。

③信息提示窗口

信息提示窗口中记录了操作员进行的各种操作。车站值班员可以选择显示和隐藏信息提示窗口。当车站值班员办理了 MMI 能识别的非法操作时,信息提示窗口自动弹出,并用红色字体给出提示。

(3)控制台(GPC)

较大车站(一般为 25 组道岔以上车站)根据用户需要设置控制台。

3. 诊断维护子系统

诊断维护子系统 SDM,主要完成系统诊断维护及接口设备在线监测的功能,由工控机、彩色显示器、激光打印机、鼠标、键盘等组成根据需要还可以提供双套热备,可以联网,提供远程诊断功能。

SDM 可与微机监测站机构成二合一系统(微机监测与诊断维护系统),以提高整个系统的综合化水平,充分发挥计算机的处理能力,减少了硬件配置和维护。

(1)SDM 的功能

①IPS 的系统诊断与维护,通过高速网络接收 IPS 的诊断结果信息、输入/输出信息、全站简化参数信息、制定参数详细信息。系统正常工作时,不需要查询,SDM 自动接收 IPS 的工作信息,当 SDM 故障修复后或与联锁子系统通信恢复后,SDM 仍能接收到 IPS 记录的一天内的报警和错误信息。

②通过网络接收来自 MMI 和联锁机的操作和表示信息,并记录关键操作和表示。

③站场显示、历史回放。

④网络管理。

⑤通过 Modem 实现远程诊断接入。

⑥通过 CAN 总线或串口接收微机监测机的监测信息。

⑦根据需要,SDM 可以与不同的中央维修中心接口。

⑧通过以太网为其他管理系统与 iLOCK 系统通信提供接口。

(2)诊断维护内容

①在线监测 IPS 的工作状态,诊断并记录 1 个月内的工作正常与故障信息。

②在线监测冗余网络的运行状态,包括双网和网上各节点的连接工作状态。当网络发生故障或某个网络节点不正常工作时,发出报警信息,并做记录。

③记录值班员对 MMI 的各种操作,记录始终端及铅封按钮操作的时间和次数,并可以在 1 个月内按时间先后次序查询。

④记录 MMI 上的各种站场表示状态,并可以回放 1 个月内的 MMI 站场信息。

⑤在线显示并记录 1 个月内的输入、输出码位信息。

⑥对所测试数据随时存储,并可根据需要回放。

（3）诊断维护电子向导

系统设计了独特的图形化"诊断维护电子向导"模式,SDM 可以用图形化方式将联锁机故障定位到板级,输入输出板的故障定位到具体某一位,指明哪台联锁机发生故障、故障发生在联锁机的哪个部位、哪块印制板、从故障记录上提示用户该印制板可能发生了什么故障、应该如何处理等等。用户只要经过简单的培训,很快就能掌握 iLOCK 系统故障诊断,能处理系统的常见故障。

4.冗余网络子系统

iLOCK 系统采用基于高速交换机的以太网冗余网络结构,进一步加强了网络系统的可靠性。通过网络通信的各子系统均安装有两块以太网接口卡将其接入冗余网络,一条网络故障,各子系统可以自动通过另一条网络通信,并在 SDM 子系统中给出故障诊断信息,便于及时维护。

5.电源子系统

iLOCK 系统采用了双 UPS 热备的冗余供电方式。来自电源屏的单相交流电经过二级电源防雷后输入在线式 UPS,UPS 输出净化 220V 交流电,经过电源柜配电端子排供给 iLOCK 各子系统。

正常情况下,整个系统由一个 UPS 供电,当工作 UPS 出现故障时,电源切换电路自动切换至备用 UPS 供电,当两个 UPS 均不能正常工作时,电源切换电路自动切换至由电源屏直接供电。两个 UPS 之间也可通过切换按钮实现人工切换。电源切换不影响系统的正常工作。

三、安全性和可靠性

1.故障—安全设计

iLOCK 系统基于 ALSTOM 设计的专用于城市轨道交通控制专利安全技术,采用了多重故障—安全保证措施,综合运用了反应故障—安全、组合故障—安全、固有故障—安全技术。

（1）VLE 板采用双 CPU 进行运算,对同一功能,在 CPU_1 和 CPU_2 中采用了独立相异的两组编码来表示,运行各自独立的软件,使联锁机从硬件到软件均构成二取二的"组合故障—安全"体系结构。

（2）在联锁运算采用二取二模式的基础上,CPU_1 和 CPU_2 每执行一行程序,均分别构成校核字的一部分被实时地送到以 VPS 板为核心的独立的安全防护（校验）部分进行校核,以监督系统完好,且每行程序均得到正确执行。VPS 板还对各安全型输出端口进行实时动态校核（校核周期为 50ms）,确保防护电路能在系统可能发生错误输出之前即切断输出通道的电流,以实现故障—安全目的。

（3）iLOCK 系统中的 VPS 板、VIB 板、VIIB 板、VOOB 板以及安全输出板中的 AOCD 元器件，均像安全性继电器一样具有固有故障—安全特性。

2. 可靠性设计

iLOCK 系统的印制电路板采用高品质高可靠性的元器件。满足欧美铁路和中国计算机联锁系统防雷和抗电磁干扰双重要求，经过电源防雷线路防雷及端口防雷，能在重雷区稳定可靠地工作。iLOCK 系统的输入输出板每一路都设有防雷防浪涌元件。系统分设了多个滤波器，以防电源噪声和外部电磁干扰（EMI）进入 iLOCK 系统。安全型输入和安全型输出的每一种状态都用双通道、各 32bit 来表达，大大增强了系统的抗干扰能力。

3. 冗余工作原理

由于模块化设计，iLOCK 系统采用 N + 1 热冗余的操作员台 MMI、冗余联锁机 IPS、双网、双 UPS 等全面冗余结构，任意一个或多个子系统故障时，iLOCK 系统能通过自动重组，继续稳定可靠地工作。

IPS 既可以采用两系统并行控制的工作方式，也可以选用双系统热备模式。并行控制的可靠性更高，但双系统热备方式比较节能省电，且 iLOCK 系统输出板有单断或双断、输入板有单采和双采两种不同的类型可供用户选择。

iLOCK 系统特有的"双系采集共享和双系并行控制"技术，使每个联锁计算机及其采集板、输出板，都成为一个相对独立的子系统。当两个联锁机的输入/输出出现交叉故障（如联锁 A 机采集故障、联锁 B 机输出板故障）时，仍能继续正常工作，并不会导致其他子系统无故切换。

四、接口电路

iLOCK 系统可与室外信号设备、ATC 等设备接口，联锁机通过驱动普通安全型继电器和采集安全型继电器接点与继电电路接口，实现计算机联锁设备与现场设备的电路衔接和安全隔离。

由于 iLOCK 系统采用 NISAL 专利技术，稳态输出、内部回采输出信息，输出控制只需采用普通安全型继电器，不需要采用昂贵的、其性能得不到计算机系统持续的直接检查的动态继电器或动态组合电路，不仅大大降低了室内接口电路的工程造价，也简化了接口电路结构，确保了输出驱动电路的可靠性，节约了用户的维修成本，更重要的是彻底消除了动态继电器或动态组合电路的安全隐患。

1. 正线车站接口

（1）与车辆段/停车场 CBI（计算机联锁）子系统的接口

排列出、入车辆段/停车场的进路，满足正线与车辆段/停车场的相互敌对照查条件。正线联锁系统和车辆段/停车场联锁系统之间的接口电路采用安全通信模式，通过联锁站间安全通信网络即采用安全型数字通信接口传递相应信息，节省了大量的继电器。

其接口内容主要为：敌对照查条件、相邻区段占用出清信息、相邻道岔信息等。

（2）与计算机的接口

CBI 与信号机之间通过安全型继电器接口。CBI 通过安全型输出板输出控制信号继电器

（如对于防护信号机和进段信号机的 LXJ、ZXJ、YXJ，对于调车信号机的 DXJ，对于具有点灯和灭灯两种模式的信号机需设置点灯继电器 DDJ）。

通过安全型采集板采集信号机的灯丝继电器信息。

LED 信号机报警装置通过串口向 SDM 传送信号机每个等位的灯丝电流超标的信息。

与信号机的接口分界点在电缆分线柜接线端子。

（3）与转辙机的接口

CBI 与转辙机之间的接口通过安全型继电器实现。CBI 的安全型输出板输出控制道岔动作继电器（DCJ\FCJ 和 DCQD）。CBI 的安全型采集板采集道岔位置（DBJ、FBJ）信息。

与转辙机的接口分界点在分线柜接线端子。

（4）与紧急停车按钮的接口

在 IBP 盘上设置紧急停车按钮及相应表示灯。在紧急情况下，可按下车站控制室综合控制台的紧急停车按钮或车站站台上的紧急停车按钮，实现对列车的紧急控制。非设备集中站的紧急停车按钮状态通过站扣电缆送到集中站，再由 CBI 采集。同时，CBI 把该信息送给 ATC。CBI 与紧急停车按钮的接口是通过安全性继电器来实现的。紧急关闭继电器状态通过安全型输入送至联锁系统。

（5）与电源设备的接口

CBI 的工作电源为经过防雷稳压的 AC220V，按照系统结构，可以分为三路输入。两路给联锁系统，正线每路 1500W，由联锁再分配给各个子模块。1 路给机架风扇和打印机用电 1000W。CBI 与接口架的接口电源为 DC24V，工作电流为 10A。

设备集中站的电源设备通过串口与 SDM 相连；有设备集中站的系统维护台统一显示所辖区域的电源报警信息，通过 ATC 骨干网送至维修中心的维修服务器。

非设备集中站的操作员通过串口和非设备集中工作站的 UPS 连接，获取相关报警信息，在通过 ATC 骨干网传至设备站 SDM 设备，由设备集中站的系统维护台统一显示所辖区域的电源报警信息，通过 ATC 骨干网送至维修中心的维修服务器。

（6）与车载 ATP/ATO 之间的接口

CBI 与车载 ATP/ATO 之间通过安全型通信交换信息，主要完成与屏蔽门接口的信息交换功能。

（7）与计轴设备的接口

CBI 通过安全型采集板采集计轴设备的轨道信息，其接口采用安全型继电器。

（8）与地面 ATP 的接口

CBI 与地面 ATP 通过安全型通信交换数据。CBI 向地面 ATP 提供信号机和道岔状态、列车进路设置情况、防护进路的建立等信息。地面 ATP 向 CBI 提供检测的列车位置、信号机点灯和灭灯命令等信息。

（9）与相邻连锁站的接口

CBI 与相邻联锁站之间的信息交流通过 ATP/ATO 信号安全子网完成。相邻联锁站之间主要交换相关列车位置、相邻信号机状态等。

（10）与 ATS 的接口

联锁操作工作站与 ATS 工作站合一设置，称为现地控制工作站。联锁设备与 ATS 系统结合实现对列车进路的自动控制。通过车站级的局域网,联锁设备向 ATS 设备提供列车运行的表示信息和信号状态信息,并接受 ATS 子系统的进路控制命令。

CBI 向 ATS 发送的数据包括:现场信号设备状态(计轴器状态、道岔位置、信号机显示、紧急停车按钮状态等)、内部设备状态(进路、运行方向等)。

ATS 向 CBI 发送的数据包括对进路、道岔、信号机等的控制命令。

(11)与屏蔽门的接口

CBI 需能与屏蔽门(PSD)系统接口,接口位于各车站 PSD 系统设备控制室内中央控制盘端子排,通过安全型继电器来实现,CBI 通过安全型输入/输出板去采集/驱动相应的安全型继电器。

2. 车辆段/停车场接口

与信号机、转辙机、电源设备的接口与正线一致(但不含输出信号点灯继电器)。

(1)与 ATS 的接口

仅 CBI 子系统向 ATS 子系统提供列车运行的表示信息和信号状态信息,ATS 子系统不向 CBI 子系统发送进路控制命令,及车辆段/停车场的 ATS 子系统只监不控。

(2)与轨道电路的接口

CBI 通过安全型采集板采集轨道电路信息,其接口采用安全型继电器。该状态为负逻辑,当该继电器落下时,轨道电路为占用状态。

(3)与试车线的接口

试车线作为车辆段/停车场 CBI 子系统控制的一部分,其联锁受车辆段/停车场信号楼的控制。试车线设备与车辆段/停车场计算机联锁设备采用数字接口。

(4)与应急控制盘的接口

车辆段/停车场各设置一套应急控制盘,在联锁机均故障的情况下,办理车辆段/停车场的道岔单操以及引导总锁闭下的引导信号开放。应急控制盘与 CBI 子系统不能同时操作,并且应急控制盘是没有联锁关系的控制设备,其安全完全需要人工保证。

任务实施

一、PCB 故障判断及更换

iLOCK 系统有故障诊断功能,可以对系统的印制电路板(以下简称 PCB)进行故障判断。故障的 PCB 必须送回卡斯柯公司进行维修。

1. iLOCK 系统的故障诊断方法

(1)观察 PCB 的 LED 灯。

每块 PCB 的面板上有许多表示灯,这些表示灯能够用于判断 PCB 的故障。有经验的维修人员,根据 VPI-3/iLOCK 系统内表示灯的不同状态能很快找到故障的 PCB。

(2)通过系统维护台来诊断。

系统维护台可用来查询系统运行状态,获得较详细的故障信息;或者用来查询布尔逻辑参数的结果和输出状态,读出输入结果或许多其他系统内部参数。

2. 系统诊断维护应该检查的内容

(1)在 PCB 的电压测试点上测量到的电压值必须在 4.85V 和 5.25V 之间。

(2)供给 VPS 板的 12V 电源必须在 9.0V 和 16.0V 之间。

(3)CPU/PD1 或 VLE 板上的应用芯片里的数据是最新版本。

3. 故障初判

(1)SDM 与 MMI 通信中断

措施:首先确认 SDM 和 MMI 之间的网线是否连接正常;或把 SDM 关机再重新开机。

(2)联锁机 A 机的"A 机联机"灯闪亮

正常状态下,"A 机联机"表示灯亮稳定的灯光。当此表示灯闪亮时,表示联锁机 A 机与 MMI 通信中断。可按以下办法检查故障原因:

①措施 1:检查联锁机、MMI 的通信线接触是否正常;

②措施 2:检查 MMI 网卡是否正常;

③措施 3:复位 CPU/PD1 板或 VLE 板,如故障仍在,请更换 CPU/PD1 板或 VLE 板。

(3)联锁机 B 机的"B 机联机"灯闪亮

措施同上(2)。

(4)联锁机 A 机的 VRD 灯灭

正常状态下,VRD 灯点稳定的灯光。如果"VRD 灯"灭,则按以下方法检查:

①措施 1:检查此灯的灯泡是否完好;

②措施 2:对联锁机进行诊断,判断故障所在。

(5)联锁机 B 机的 VRD 灯灭

措施同上(4)。

(6)联锁机同步工作表示灯灭

正常状态下,同步工作表示灯点稳定的灯光。如果"同步工作"表示灯灭,则按以下方法检查:

①措施 1:检查此表示灯的灯泡是否完好;

②措施 2:检查联锁机 A 机和联锁机 B 机间的安全通信线、非安全通信线接触是否牢固;

③措施 3:复位 CPU/PD1 板或 VLE 板,如故障仍在,请更换 CPU/PD1 板或 VLE 板。

4. 板子更换步骤

一旦确定印制电路板故障,按照下列步骤更换板子,确认新板子的工作。这些步骤适用于 iLOCK 系统的各种类型维修,但并不代表每个特定故障的处理办法,仅供调试人员处理故障参考。

(1)VLE 板/CPU/PD1 板

①关闭 IPS 电源。

②拔出故障电路板。

③拔出板上系统和应用电子盘。

④备用板安装系统和应用电子盘。

⑤检查备用板上跳线和开关的位置是否与被更换板一致。

⑥插入板子,观看 SDM 有关诊断信息。

⑦如果 SDM 诊断显示系统正常,没有必要验证板子的功能。

⑧观察系统运行至少 5 分钟,如果没有异常,系统恢复使用。

⑨系统维修日志中记录有关维护信息。

(2)VPS 板

①关闭 IPS 电源。

②拔出故障电路板。

③更换备板。

④恢复使用,在系统维修日志中记录有关维护信息。

(3)I/OBUS1(I/OBE)板/I/OBUS2(I/OBE2)板

①关闭系统电源。

②拔出故障电路板。

③更换备板。

④恢复使用,在系统维修日志中记录有关维护信息。

(4)VIB 板/ VIIB 板

①关闭系统电源。

②拔出故障电路板。

③更换备板。

④恢复使用,在系统维修日志中记录有关维护信息。

(5)VOB 板/ VOOB 板

①关闭系统电源。

②拔出故障电路板。

③更换备板。

④恢复使用,在系统维修日志中记录有关维护信息。

二、故障排除方法

1. 如何区分是室外故障还是室内故障

(1)采集:

主要查看相应的继电器状态是否与意图一致,如一致,则故障点在室外;如不一致,则故障点在室内。

若故障点在室内,对照联锁机采集码位表,查看相应的印制板灯位,如灯位确实与继电器状态一致,则说明是 IPS 故障。若灯位与继电器状态不一致,则说明故障发生在采集板与接口继电器电路之间。此时在联锁机接口架处相应的位置测量电压,判断出哪一根线的连接有故障。

例如:在 MMI 上有道岔挤岔表示,首先查看道岔表示继电器是否有吸起,如无吸起,则为室外故障;如吸起,则为室内故障。

(2)驱动:

查看相应的继电器位置是否与要求的一致,如一致,则故障点为室外;如不一致,则故障点在室内。

对照联锁机驱动码位表,查看相应的印制板灯位,如灯已点亮,而继电器无驱动,说明驱动的条件电源没有,查看联锁机机架后24V电源是否处于保险状态。

2. 在遇到下列故障时,请重新启动上位机

(1)按钮按下无反应。

(2)操动道岔无红闪反应。

(3)无语音报警。

(4)白光带出现之后,道岔还在红闪。

三、故障处理

1. 故障类型:输出端口未驱动

(1)故障信息说明(解释这种故障由哪些情况引起的)

这种故障是由于输出板上的电流监测模块没用监测到电流的原因而报警的。有两种原因可以造成这种报警:

①输出板该码位电流监测模块故障,不能检测电流通过,这种故障只需更换输出板即可恢复正常。

②从输出板驱动继电器之间的回路中有断线,确实造成输出板已输出而继电器不能驱动,这种故障可以通过检查继电器至联锁机柜之间的配线查出。输出板上没有驱动电源,此时输出便会报出该信息。

(2)处理过程(步骤说明)

①关闭联锁机。

②拔出该输出板,更换新的输出板。

③联锁机开机,系统同步后办理操作试验原来报故障的码位是否还存在问题。

④若更换板子后仍有问题,检查插头上 KZ-VRD-Q 与 KF-VRD-Q 的通电情况,或是检查相应码位的针是否有问题,或者在驱动该码位时测量继电器线圈两端的电压是否满足要求。

(3)校对改正

①若发现是板子的问题更换板子即可。

②若是接插件的问题更换接插件。

③若是继电器的问题更换继电器。

④若是线缆的问题更换线缆。

⑤通过维护台检查是否已经没有该错误信息。

2. 故障类型:输出端口未驱动 正电混电

(1)故障信息说明(解释这种故障由哪些情况引起)

这种故障是由于外界混电造成输出板输出端口有正电,可以通过检查联锁机柜该输出板至继电器之间的配线来查找混电的位置。

(2)处理过程(步骤说明)

①根据报警信息找出相应码位的96芯插头及其相应位置。

②拔出插头后测量该插头相应码位是否还有电。

③若没有电了,则说明混电的位置在母板和机箱处,再提供观察和测量找出真正的位置。

④若仍旧有电,则说明混电的位置是从96芯插头至组合架,可按供线的走向一级一级判断查找。

(3)校对改正

通过维护台检查是否已经没有该错误信息。

3.故障类型:输出端口未驱动 负电混电

(1)故障信息说明(解释这种故障由哪些情况引起的)

这种故障是由于外界混电造成输出板输出端口有负电,可以通过检查联锁机柜该输出板至继电器之间的配线来查找混电的位置。

(2)处理过程(步骤说明)

①根据报警信息找出相应码位的96芯插头及其相应位置。

②拔出插头后测量该插头相应码位是否还有电。

③若没有电了,则说明混电的位置在母板和机箱处,再提供观察和测量找出真正的位置。

④若仍旧有电,则说明混电的位置是从96芯插头至组合架,可按供线的走向一级一级判断查找。

(3)校对改正

通过维护台检查是否已经没有该错误信息。

4.故障类型:输出板出错

(1)故障信息说明(解释这种故障由哪些情况引起的)

输出板故障时该板报错,通过更换该报错输出板即可恢复。

(2)处理过程(步骤说明)

①关闭联锁机。

②拔出故障板,更换新的输出板。

③开启联锁机。

(3)校对改正

问题解决后待联锁机同步,通过维护台检查是否已经没有该错误信息。

5.故障类型:VRD继电器前接点采集不到

(1)故障信息说明(解释这种故障由哪些情况引起的)

联锁系统已经自检通过,并且驱动了VRD,但是系统采集板上没有采集到VRD的前节点。引起这种故障的可能原因有:

①系统采集板上采集VRD的码位故障,更换系统采集板即可恢复。

②电源机箱系统采集的空气开关跳开了,闭合即可恢复。

③VPS板后的96芯插头松动,重新插好即可恢复。

④系统采集电缆故障,需要更换系统采集电缆。

⑤VPS驱动VRD的电缆故障,需要更换电缆后恢复。

⑥VPS板故障,造成驱动VRD的电压过低,更换VPS板。

(2)处理过程(步骤说明)

①检查相关空气开关是否跳掉。

②检查相关插座插头是否插好。

③检查相关电缆是否完好,插头上的针是否完好。

④测试 12V 电源是否满足要求。

⑤更换 VPS 板试验。

⑥校对改正。

通过维护台检查是否已经没有该错误信息。

6. 故障类型:AB 机标志采集不到

(1)故障信息说明(解释这种故障由哪些情况引起的)

联锁机启动后采集不到系统的标志位,主要由以下情况:

①系统采集板上采集标志位的码位故障,更换系统采集板即可恢复。

②系统采集电缆故障,需要更换系统采集电缆。

③电源机箱系统采集的空气开关跳开了,闭合即可恢复。

(2)处理过程(步骤说明)

①关闭联锁机,更换系统采集板。

②检查系统采集电缆,如有问题可更换该电缆或插头。

③检查相关空气开关。

(3)校对改正

通过维护台检查是否已经没有该错误信息。

7. 故障类型:通道 1 输入板出错

(1)故障信息说明(解释这种故障由哪些情况引起的)

这种故障说明 VLE 的上 CPU 读写输入板出错,引起这种问题主要是以下原因:

①I/OBUS2 板故障。

②I/OBE2 板故障。

③总线电缆故障。

④输入板故障。

(2)处理过程(步骤说明)

①关闭联锁机,先后更换 I/OBUS2、I/OBE2 板、输入板试验,通过维护台看诊断结果。

②若先后更换 I/OBUS2、I/OBE2 板、输入板后仍旧报错,拔下相应电缆校对及检查。

(3)校对改正

通过维护台检查是否已经没有该错误信息。

8. 故障类型:通道 1 输出板出错

(1)故障信息说明(解释这种故障由哪些情况引起的)

这种故障说明 VLE 的上 CPU 读写输出板出错,引起这种问题主要是以下原因:

①I/OBUS2 板故障。

②I/OBE2 板故障。

③总线电缆故障。

④输出板故障。

(2)处理过程(步骤说明)

①关闭联锁机,先后更换 I/OBUS2、I/OBE2、输出板试验,通过维护台看诊断结果。

②若先后更换 I/OBUS2、I/OBE2 输出板后仍旧报错,拔下相应电缆校对及检查。

(3)校对改正

通过维护台检查是否已经没有该错误信息。

9.故障类型:输入板拔出

(1)故障信息说明(解释这种故障由哪些情况引起的)

有输入板被拔出,只要将其插到相应位置即可恢复。

(2)处理过程(步骤说明)

①关闭联锁机。

②插入被拔出的输入板。

③开启联锁机。

(3)校对改正

①检查是否能够同步。

②通过维护台检查是否已经没有该错误信息。

10.故障类型:高速串口 1 故障,主备通信主通道断开

(1)故障信息说明(解释这种故障由哪些情况引起的)

主备机串口 1 通信失败,能够引起的原因有:

①CPU/PD1 板或 VLE 板上串口故障,更换 CPU/PD1 板或 VLE 板即可恢复。

②检查主备机通信电缆。

(2)处理过程(步骤说明)

①关闭联锁备机,更换相应 CPU/PD1 板或 VLE,开启联锁机试验是否恢复。

②若还不能恢复,人工切换联锁机,再关闭现在的联锁备机,更换相应 CPU/PD1 板或 VLE,开启联锁机试验是否恢复。

③若还不能恢复,校核相应通信电缆及插头。

(3)校对改正

通过维护台检查是否已经没有该错误信息。

11.故障类型:高速串口 3 故障,与前站通信中断

(1)故障信息说明(解释这种故障由哪些情况引起的)

主备机串口 3 通信失败,能够引起的原因有:

①CPU/PD1 板或 VLE 板上串口故障,更换 CPU/PD1 板或 VLE 板即可恢复。

②检查该联锁机串口 3 的通信电缆。

(2)处理过程(步骤说明)

①关闭联锁备机,更换相应 CPU/PD1 板或 VLE,开启联锁机试验是否恢复。

②若还不能恢复,人工切换联锁机,再关闭现在的联锁备机,更换相应 CPU/PD1 板或 VLE,开启联锁机试验是否恢复。

③若还不能恢复,校核相应通信电缆及插头。

(3)校对改正

通过维护台检查是否已经没有该错误信息。

12.故障类型:高速串口4故障,与后站通信中断

(1)故障信息说明(解释这种故障由哪些情况引起的)

主备机串口3通信失败,能够引起的原因有:

①CPU/PD1板或VLE板上串口故障,更换CPU/PD1板或VLE板即可恢复。

②检查该联锁机串口3的通信电缆。

(2)处理过程(步骤说明)

①关闭联锁备机,更换相应CPU/PD1板或VLE,开启联锁机试验是否恢复。

②若还不能恢复,人工切换联锁机,再关闭现在的联锁备机,更换相应CPU/PD1板或VLE,开启联锁机试验是否恢复。

③若还不能恢复,校核相应通信电缆及插头。

(3)校对改正

通过维护台检查是否已经没有该错误信息。

📖 知识拓展

UPS 电源维护

1. UPS 面板

UPS 面板如图 3-78 所示。

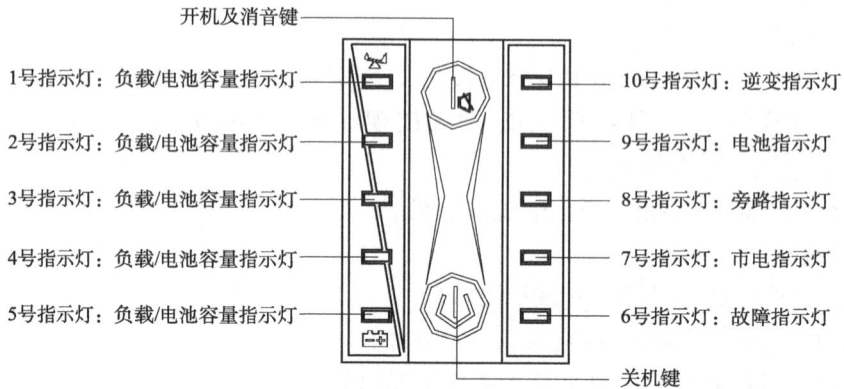

图 3-78　UPS 面板示意图

2. 开机

持续按面板"开机及消音键"1s 以上,听到"哔"一声后,UPS 开机。

(1)接通市电时,UPS 开机首先进入自检状态,自检完成后,UPS 进入逆变输出状态,此时市电指示灯、逆变指示灯、负载/电池容量指示灯亮。

(2)未接市电时,UPS 开机首先进入自检状态,自检完成后,UPS 进入电池逆变输出状态,此时电池指示灯、逆变指示灯、负载/电池容量指示灯亮。

3. 关机

持续按面板关机键 1 秒钟以上,听到"哔"一声后,UPS 关机。注:

（1）接通市电时，UPS关机首先进入自检状态，自检完成后，UPS进入旁路工作模式。

（2）未接市电时，UPS关机首先进入自检状态，自检完成后，UPS关闭输出。

4. 静音

电池逆变输出状态下，UPS每隔4s发出一次告警声，可持续按开机及消音键1s以上，告警声消除。

5. UPS故障排除

如果UPS不能正常工作，详细说明请参阅UPS的使用手册。

思考与练习

1. 6502电气集中联锁控制台盘面设置了哪些按钮和表示灯？

2. 6502电气集中联锁车站和计算机联锁车站排列基本进路和变通进路的基本方法是什么？

3. 在选变通进路时哪些按钮可以做变通按钮使用？

4. 6502电气集中联锁车站和计算机联锁车站在取消进路、人工解锁进路、区段故障解锁、道岔单独控制的操纵和显示方面有何不同？

5. 引导接车在什么情况下办理？有哪几种方式？6502电气集中联锁和计算机联锁车站分别如何办理？

6. 计算机联锁车站与6502电气集中车站相比增加了哪些操作？如何办理？

7. 计算机联锁车站与6502电气集中车站相比有哪些操作不同？如何办理？

8. 计算机联锁车站与6502电气集中车站相比增加了哪些显示功能？

9. 6502电气集中为什么单置DA不能设一个AJ，而其他进路按钮均设一个AJ？

10. 联锁控制系统中，为何要把进路选择和排列分开控制？

11. 6502电路1~6网络所控制的继电器及动作顺序是什么？

12. 6502电气集中怎样实现进路选排一致性的检查？

13. 6502电气集中电路中各条网络线的作用是什么？

14. 根据选岔电路原理解释为什么1、2线未动作时，5、6线也不能动作？

15. 建立进路应检查的基本联锁条件有哪些？电路中是如何检查的？

16. 简述信号机的关闭时机？

17. 道岔有哪几种锁闭方式，6502电气集中电路中是如何实现道岔锁闭的？

18. 排列进路的过程中某道岔向反位转换中途受阻，为什么必须先按下ZQA，再同时按下ZDA和CA，而不能直接回操？

19. 长调车进路如何控制由远至近开放信号？

20. 画图解释在有侵限绝缘时，6502电路中是如何实现对相邻区段进行条件检查的？

21. 什么叫接近锁闭？我国铁路对于接近区段是如何规定的？

22. 简述开放信号的技术条件，并说明在LXJ或DXJ电路中是如何检查的？

23. 画图解释什么是正常解锁的三点检查？一点检查和两点检查有何弊端？以由左至右进路为例，说明正常解锁时1LJ、2LJ的吸起时机。

24. 取消解锁及人工解锁的条件是什么？LJ的动作规律如何？

25. 如何控制一个咽喉区同时只能办理一条进路的人工解锁？各种进路人工解锁的延时时间分别为多少？

26. 调车中途返回解锁有哪两种方式？两种方式的解锁条件、解锁电源、解锁时机是什么？

27. 画图并简述计算机联锁系统的基本原理。

28. 画图并解释双机热备系统的工作原理及状态转换过程。

29. 画图并解释二乘二取二计算机联锁系统的联锁主机工作原理。

30. 画图并简述动态信息采集电路的基本原理，分析其如何实现故障导向安全？

31. 画图并简述动态输出驱动电路的基本原理，分析其如何实现故障导向安全？

32. 简述计算机联锁系统软件的功能？

33. TYJL-II 型计算机联锁系统系统开机要注意哪些？

34. TYJL-II 型计算机联锁系统由哪些部件组成，各部件的作用？

35. 简述 TYJL-II 型计算机联锁系统监控机的切换是如何进行的？

36. 简述 TYJL-II 型计算机联锁系统联锁机的切换是如何进行的？

37. 计算机联锁系统的电务维修机有哪些功能？如何利用电务维修机分析查找系统故障？

38. 简述 TYJL-II 型计算机联锁系统采集电路和驱动电路故障的查找方法？

39. 画出设备集中站 Microlok II 型计算机联锁系统构成图并标明各部分的设备名称？

40. 简述 Microlok II 型计算机联锁系统的原理？

41. Microlok II 型计算机联锁系统的主要联锁功能有哪些？

42. Microlok II 联锁控制器通过安全型接口电路与轨旁设备接口采集哪些信息；输出哪些控制信息控制轨旁设备？

43. Microlok II 联锁控制器与控制中心 ATS 及区域控制器 ZC 交换哪些信息？

44. 简要说明 Microlok II CPU 前面板可以进行哪些操作？并说明面板指示的含义？

45. Microlok II 型计算机联锁系统维护工具软件有哪些功能？

46. DS6-60 型计算机联锁系统主要由哪几部分组成，有何作用？

47. DS6-60 型计算机联锁系统中，联锁双系的每一系分别由哪些电路板组成？各电路板有何作用？

48. 阐述 DS6-60 型计算机联锁系统的联锁逻辑部主板 CIL-F2230 板上各指示灯的含义。

49. 阐述 DS6-60 型计算机联锁系统的联锁逻辑部双系通信接口板 CIL-F2241 板面板指示灯及开关功能。

50. 阐述 DS6-60 型计算机联锁系统输入接口电路的工作原理。

51. 阐述 DS6-60 型计算机联锁系统输出接口电路的工作原理。

52. 说明 DS6-60 型计算机联锁系统开机、关机顺序。

53. DS6-60 型计算机联锁系统，有输出命令，但驱动的继电器不动作，说明可能的原因及处理办法。

54. DS6-60 型计算机联锁系统，信号无法开放或道岔无法转换，说明可能的原因及处理办法。

55. DS6-60 型计算机联锁系统，鼠标不能操作，显示器不能正常显示，无语音，说明可能的原因及处理办法。

56. iLOCK 型计算机联锁系统主要由哪几部分组成,有何作用?

57. iLOCK 型计算机联锁系统如何区分是室外故障还是室内故障?

58. iLOCK 型计算机联锁系统更换电路板的步骤?

项目小结

本项目的主要内容包括联锁系统操作、联锁控制原理、联锁试验以及我国城市轨道交通广泛采用的计算机联锁系统的原理及维护。

1. 联锁系统操作包括 6502 电气集中联锁和计算机联锁控制台的操作。6502 电气集中联锁通过按压控制台各种用途的按钮可以完成对车站信号设备的操作。计算机联锁车站的大部分操作均以 6502 电气集中为基础,各种需要动作信号设备的操作,必须采用双按钮操作方式。

排列基本进路时,可顺序按压进路的始终端按钮;排列变通进路时,在按下始端按钮后,应按下变通进路中起区分作用的变通按钮,最后按下终端按钮。

通过按压控制台上带有各种文字标牌的按钮,可以完成排列进路之外的其他操作;通过控制台的各种表示灯及轨道区段光带可以监督系统的运行情况、信号设备的状态及列车或车列所在的位置。

计算机联锁设备的操作有文字提示。根据作业需要,通过单击鼠标可完成各种操作。对于应破铅封按下的按钮,可采用输入密码的方式代替铅封。

2. 联锁控制原理部分将继电集中联锁控制系统按照联锁控制系统的控制功能和设备动作程序划分,大体上可分为进路选择与排列、信号开放与关闭、进路锁闭与解锁三个部分。

①选择进路是指在进路始、终端之间选择一条符合操作人员操纵意图的路径,即预先确定进路中各个道岔的位置;排列进路是按照选路的结果将进路中的有关道岔转换到规定的位置。进路选择与排列控制主要包括操作记录控制、进路选择控制、进路排列控制、接续记录控制、进路选排校核控制。

由进路的始、终端 AJ 电路来记录按压按钮的动作,由方向继电器来记录进路的性质和方向;由进路上各组道岔的 DCJ 和 FCJ 按照操纵意图自动地选出进路上的道岔位置,由 JXJ 来选出进路上始端、终端信号点(包括中间信号点)的位置;道岔原来所处的位置与选路要求不一致,则控制道岔转换到进路要求的位置,控制道岔转换的过程就是进路排列的过程;用来记录选路操作命令的 AJ、方向继电器以及 JXJ 在进路选出后,已相继落下复原,由 FKJ 和 KJ 接续记录进路的始端,由 LKJ 区分列车进路始端还是调车进路始端,由 ZJ 记录调车进路终端;KJ 在接续 FKJ 记录进路始端的同时,检查了进路的选排一致性。

②信号的开放与关闭直接影响车站作业的安全,因此必须严密检查开放信号的各项联锁条件。

根据进路选排电路的 KJ、FKJ 和 ZJ 传来的指令,由信号检查继电器 XJJ 来检查进路空闲、道岔位置正确、敌对进路未建立 3 项基本联锁条件,进路锁闭后,重新检查开放信号的各项联锁条件,若各项条件具备,控制信号继电器吸起,从而控制信号点灯电路,使信号开放。

信号开放过程中,当联锁条件不具备或需要关闭信号时,必须能够实现信号及时关闭。列车信号应在列车进入进路后立即自动关闭;调车信号应在车列全部越过调车信号机后自动关闭,如果调车进路接近区段留有车辆,则调车信号应在车列出清进路内方第一区段后自动关闭;不论列车信号还是调车信号,在车务人员办理取消进路(包括办理取消解锁和人工解锁)手续时,能适时关闭;当发生故障,办理取消进路手续不能使信号关闭时,通过办理强制关闭信号的手续能使信号关闭。

③进路排列完毕后,需将进路先锁闭,然后才能开放信号;进路使用或人工取消,应先关闭信号,然后使进路解锁。

对道岔的锁闭控制分为进路锁闭、区段锁闭、故障锁闭、引导总锁闭和单独锁闭五种方式。进路锁闭、区段锁闭、故障锁闭、引导总锁闭都是通过 SJ 实现了对道岔的锁闭;单独锁闭是通过拉出道岔按钮(或按下道岔单独锁闭按钮和道岔按钮),直接切断道岔启动电路,实现对道岔的单独锁闭。

3.联锁控制系统的联锁试验分为室外信号设备联锁试验和室内信号设备联锁试验。

①室外联锁试验包括核对室内外轨道区段是否一致、室内外道岔表示是否一致、室外信号机号码及信号显示与室内是否一致。

②室内联锁试验包括核对进路及范围、正常开放信号试验、道岔位置不对信号不能开放试验、带动道岔试验、轨道区段占用信号不能开放试验、超限绝缘的检查试验、信号开放后对道岔的锁闭试验、敌对进路试验、人工手动关闭信号试验、进路预先锁闭与取消解锁试验、进路接近锁闭与人工解锁试验、防止信号重复开放试验、进路正常解锁试验、调车进路中途返回解锁试验、发车进路区间闭塞条件试验、引导接车试验、平行进路试验、防止迎面错误解锁试验、轨道通电恢复试验以及场间联系等试验。

4.计算机联锁设备维护部分包括计算机联锁系统的基础知识和几种典型计算机联锁系统的使用与维护。

①计算机联锁系统是以计算机为核心,完成对车站联锁关系的检查核对,实现对车站信号设备的控制监督,联锁计算机通过开关量输入接口采集现场信号设备状态信息,通过操作输入通道和接口接收控制台发来的操作信息,计算机按照联锁程序的要求进行联锁运算,产生输出命令,通过开关量输出接口驱动继电器,实现对道岔和信号机的控制;通过表示输出通道和接口输出表示信息控制显示器的显示。

计算机联锁系统主要由人机对话设备、计算机联锁系统主机、输入/输出通道与接口、继电器结合电路及其监控对象等部分组成。主机由上位机、下位机和电务维修机组成,是计算机联锁系统的核心,上位机完成操作表示信息的处理及与外部设备的信息交换;下位机对输入的信息进行逻辑处理、联锁运算,根据运算结果,形成控制命令和表示信息;电务维修机将各种信息的数据储存记忆,供电务维护人员查询。人机对话设备利用显示器显示状态,鼠标输入命令,音箱提供语音报警。接口是连接主机与外部设备的纽带,通过计算机与监控对象之间的接口采集设备状态信息和输出对现场信号设备的控制信息。

②Microlok II 型计算机联锁系统是 US&S 公司研制的多用途的铁路和快速轨道交通轨旁联锁设备的控制监视系统,采用双机热备型的冗余结构,在我国多应用于地铁正线。

Microlok II 联锁控制器采集设备状态信息以及接收现地控制工作站的操作命令,进行联锁逻辑运算后控制室外设备改变状态,并输出表示信息。每个 Microlok II 联锁控制器包括一个主单元和一个备用单元。每个单元包括系统机笼、安全断路继电器(VCOR)、电源监控、电路绝缘/保护以及电码化轨道电路和机车信号接口。系统机笼用来安装 CPU 印刷电路板、多块安全的I/O印刷电路板、电源板、串口适配器电路板、多块非安全的I/O印刷电路板等,用于完成所有信息的处理、接口管理及与外部设备的信息交换。安全断路继电器由CPU控制,对所有安全输出板进行电源控制。采用一个断电继电器提供当Microlok Ⅱ的电源故障时的非安全指示。电码化轨道电路和机车信号接口用于电码化轨道电路信号及不同载频时车载信号接口。

③DS6-60型计算机联锁系统是一套二乘二取二结构的系统。该系统由电源子系统、联锁子系统、输入输出子系统、控显子系统和电务维修子系统五个部分组成,各个系统之间采用光缆连接。

系统联锁逻辑部为二乘二取二结构,分为Ⅰ系和Ⅱ系,各系内部为二取二结构,任何一系都可以独立工作,双系采用主从方式运行,任一系检测到严重故障都会主动切换,保证系统功能正常执行,使系统具有高可靠性。

为适应轨道交通现场环境分散的特点,系统的构成采用模块化结构,通过增减模块可灵活适应不同规模站场的需要。联锁机的2重系安装在一个机架的一个底板上,双机信息交换通过底板互联。联锁双系中每系均包括两个独立的CPU单元,两个CPU单元实现二取二比较,只有两个CPU的运算结果一致才能对外输出;输出单元采用双断控制,动态和静态两路驱动串联输出,静态和动态输出分别由输出机笼内的两个独立的CPU单元控制,当一路输出无效时,总输出则为无效,构成硬件相异的二取二故障——安全输出。双系中每系两个CPU单元的软件分别采用不同编译器编译,可以有效防止编译器产生共模错误,使系统具有高安全性。

DS6-60型计算机联锁系统软件包括联锁机软件、控显机软件和监测机软件。

DS6-60型计算机联锁系统具有完善的自检测和自诊断功能,电务维修人员可以根据系统的各种记录、屏幕显示、机柜面板指示灯情况分析和判断故障。

④iLOCK型计算机联锁系统是卡斯柯信号有限公司引进法国ALSTOM公司SMARTLOCK系统核心技术并进行了国产化开发的二乘二取二系统。该系统在一般的"二取二"硬件冗余结构基础上,采用NISAL专利技术,增加了独立的故障——安全校验用CPU模块,使系统比一般的二取二具有更高的安全性。

iLOCK系统采用全热备(冗余)体系结构,即人机接口(MMI)、联锁机、网络及通信部分、UPS电源等均为冗余热备设置,提高了系统的可靠性。联锁机采用同步跟踪技术,系统间无扰动切换,提高了系统的稳定性。iLOCK型计算机联锁系统在计算机之间采用了多通道重组技术,系统重组灵活,提高了系统的可用性。iLOCK系统的联锁功能、系统可靠性、可维护性、系统带载能力及系统抗干扰能力等,均满足铁道部相关标准和现场的实际需要。系统具备现场仿真测试接口、出厂测试接口。系统的软件及系统硬件的防雷和电磁兼容特性等,均通过了轨道交通行业的测试。

附录1 常用缩略语英汉对照表

缩　写	英 文 解 释	中 文 解 释
ACS	Axle Counter System	计轴系统
AP	Access Point	无线接入点
AS	Access Switch	接入交换机
ATS	Automatic Train Supervision	列车自动监控
BS	Backbone Switch	骨干交换机
DTI	Departure Time Indicator	发车指示器
ESB	Emergency Stop Button	紧急停车按钮
IBP	Integrated Backup Panel	综合后备盘
LCW	Local Control Workstation	本地控制工作站
MSW	Maintenance Workstation	维护工作站
PSD	Platform Safety Door	站台安全门
RI	Relay Interface	继电器接口
TR	Terminal Rack	终端架/分线架
ZC	Zone Controller	区域控制器

附录2 信号、继电器常用符号和电路画法

名 称	图形符号	名 称	图形符号		
			形象图	工程图	原理图
红色灯光	●	—	—	—	—
黄色灯光	◍	—	—	—	—
绿色灯光	○	—	—	—	—
蓝色灯光	◉	—	—	—	—
月白灯光	◎	—	—	—	—
空灯位	⊗	—	—	—	—
稳定绿灯	⊘	—	—	—	—
稳定红灯	⬤	—	—	—	—
高柱信号	⊢○ ○⊣	—	—	—	—
矮型信号	I○ ○I	—	—	—	—
无极继电器 （两线圈串接）	○	前接点闭合			
无极继电器 （两线圈分接）	⊖	前接点断开			
无极缓放继电器 （两线圈串接）	◗	后接点断开			
无极缓放继电器 （两线圈分接）	◑	后接点闭合			
加强接点缓放继电器	◑	极性定反位接点组 （定闭合、反断开）	112 111	112 111	112 111
有极加强继电器	⊘	极性定反位接点组 （定断开、反闭合）	112 111	112 111	112
极性保持加强 接点继电器	⊘	非自复式按钮 按下闭合接点			
偏极继电器	4 ⊘ 1	非自复式按钮 拉出闭合接点			
整流式继电器	⊕	自复式按钮 按下闭合接点			
半导体时间继电器	3′	电气连接与端子	• ⤙		

注：半导体时间继电器中的3′表示延时3min。

参考文献

[1] 翟红兵.铁路车站自动控制系统维护[M].北京:中国铁道出版社,2012.

[2] 高嵘华.城市轨道交通信号基础设备维护[M].成都:西南交通大学出版社,2011.

[3] 张德昕.城市轨道交通联锁设备维护[M].成都:西南交通大学出版社,2012.

[4] 王永信.车站信号自动控制[M].北京:中国铁道出版社,2007.

[5] 翟红兵.铁路信号实训教学指导[M].北京:中国铁道出版社,2008.

[6] 翟红兵.铁路信号培训教程[M].成都:西南交通大学出版社,2010.

[7] 林瑜筠.城市轨道交通联锁系统[M].北京:中国铁道出版社,2013

[8] 中华人民共和国建设部.GB/T 12758—2004 城市轨道交通信号系统通用技术条件[S].北京:中国标准出版社,2004.

[9] 中华人民共和国铁道部.铁路技术管理规程[M].北京:中国铁道出版社,2006.

[10] 中华人民共和国铁道部.铁路信号维护规则技术标准[M].北京:中国铁道出版社,2008.